北京师范大学教育学部2018年度学科建设综合专项资金资助
(Funded by 2018 Comprehensive Discipline Construction Fund of Faculty of Education, Beijing Normal University)

侯龙龙◎著

学校积极领导力评论

School Positive
Leadership Review

北 京

图书在版编目（CIP）数据

学校积极领导力评论/侯龙龙著．
—北京：中国经济出版社，2019.2
ISBN 978-7-5136-5532-3

Ⅰ.①学… Ⅱ.①侯… Ⅲ.①学校管理 Ⅳ.①G47

中国版本图书馆 CIP 数据核字（2019）第 016875 号

策划编辑	崔姜薇
责任编辑	焦晓云
责任印制	马小宾
封面设计	任燕飞

出版发行	中国经济出版社
印 刷 者	北京富泰印刷有限责任公司
经 销 者	各地新华书店
开　　本	710mm×1000mm　1/16
印　　张	16.5
字　　数	271 千字
版　　次	2019 年 2 月第 1 版
印　　次	2019 年 2 月第 1 次
定　　价	58.00 元

广告经营许可证　京西工商广字第 8179 号

中国经济出版社 网址 www.economyph.com 社址 北京市西城区百万庄北街 3 号 邮编 100037
本版图书如存在印装质量问题，请与本社发行中心联系调换（联系电话：010-68330607）

版权所有　盗版必究（举报电话：010-68355416　010-68319282）
国家版权局反盗版举报中心（举报电话：12390）　　服务热线：010-88386794

前言
PREFACE

本书是作者继《学校积极领导力》和《学校积极领导力探索》之后,以"学校积极领导力"为主题的第三部著作。这三部著作的结构框架大体一致,但又各具特色。第一部《学校积极领导力》是在作者给北京师范大学经济与工商管理学院教育运营与管理方向MBA学员授课内容的基础上形成的,所以,从内容体例方面讲,更多地考虑了授课的需要,用了较多视频案例、阅读案例等,以加强课堂教学效果。第二部《学校积极领导力探索》是作者对教育领域诸多现象的分析和思考,相比第一部书,这部书中更多的是个人的思考、探究和分析。对于写作的感受,作者认为:第一部书的写作过程是愉悦的、酣畅淋漓的;而第二部书的内容多是理性的、有挑战性的。本书是作者对自己以往教育观念、一些似是而非观点的"革命",其特色在于,它更多是基于"阅读"进行的思考。在这部书的写作过程中,作者阅读了大量关于教育实践和管理实践的著作,例如,反映北京大学国家发展研究院(原北京大学中国经济研究中心)教授汪丁丁所进行的跨学科教育实验的《我的教育生涯》;反映清华大学经济管理学院院长钱颖一所进行的十年大学教育改革的《大学的改革》学校篇和学院篇;反映香港科技大学创校校长吴家玮的办学理念和管理实践的《同创香港科技大学:初创时期的故事和人物志》,以及记载他在美国求学经历和后来任系主任、院长、州立大学校长经历的《洋墨水》《红墨水》和《玻璃天花板》;反映南加利福尼亚大学教授沃伦·本尼斯如何由麻省理工学院终身教授转变为纽约州立大学水牛城分校教务长和辛辛那提大学校长的

《依然惊奇：沃伦·本尼斯自传》；人本主义领袖亚伯拉罕·马斯洛的传记《做人的权利：马斯洛传》。同时，作者还深入阅读了一些思想性的图书，如反映对美国精英教育进行反思和批判的威廉·德雷谢维奇的《优秀的绵羊》，以及介绍人本主义的专业性图书《人格理论》，等等。

当然，《学校积极领导力》《学校积极领导力探索》和《学校积极领导力评论》这三部著作并非从一开始就设计好了一个整体的写作大纲，然后按照写作计划一步步填充完成的。三部书的特点都是在写作过程中自发形成的，这些"特点"也仅仅是作者自己对写作过程的印象和理解。实际上，每部书中也都有不符合各自"特点"的内容，《学校积极领导力》中关于消极领导力的管理现实、精英教育的现实和创造力的"天才观"等内容的写作都是不"愉悦"的；《学校积极领导力探索》虽然对作者自己的很多传统观点有着"革命"和"颠覆"，但是关于"学校积极领导力"的人本主义思想从来没有改变过，反对精英主义的管理观、精英主义的教育观和精英主义的创造力观的一贯主张没有改变过；《学校积极领导力评论》除了大量的阅读和基于阅读的分析评论之外，有很多关于政策分析和作者在中小学调研时的观察、思考和探究。

不论作者本人如何看待这部书，如何看待以"学校积极领导力"为主题的这三部书，重要的是读者如何看待本书和"学校积极领导力"主题系列。本书适合中小学管理者和一线教师、社会培训机构从教者等教育实践者阅读，更欢迎教育理论界同仁的批评指正，以及任何对人本主义思想感兴趣的读者交流反馈（作者邮箱：76618967@qq.com）。

目 录
CONTENTS

第 1 章　积极的教育政策 ························· 1
　1.1　创新创业教育任务如何完成 ························· 1
　1.2　免费师范生政策及其影响 ························· 11
　1.3　如何实现"双一流"建设目标 ························· 17
　1.4　公立大学、私立大学与问责制 ························· 20
　1.5　关于"减少教师非教学工作"的调查报告 ························· 26

第 2 章　积极的学校管理 ························· 30
　2.1　人本主义管理在实践中的应用 ························· 30
　2.2　什么样的管理者更有可能采用人本主义的管理方式 ························· 34
　2.3　控制导向的职称制度对教师工作动机的影响 ························· 37
　2.4　绩效考核：为创造性留余地 ························· 41
　2.5　校长的教育家精神与学校自主权 ························· 43
　2.6　学校管理中的"学而优则仕" ························· 46
　2.7　大学的定位与学校管理者的纠结 ························· 52
　2.8　"教授是大学的灵魂？"——从吴家玮回忆录看大学校长在教学上的管理 ························· 58
　2.9　《依然惊奇》的惊喜 ························· 60
　2.10　公共事业单位中的消极领导力：低工资+绩效管理 ························· 63
　2.11　强化绩效管理对离职率的影响：企业的证据 ························· 67
　2.12　为何学校不向企业界学习好的管理 ························· 69

2.13 从绩效管理的角度看北大人事制度改革 ……………………… 72

第 3 章 积极的教育理念与实践 …………………………………… 75

3.1 专业化分工与大学教师的注意力 ……………………………… 75
3.2 羊磴艺术合作社与人本主义教育 ……………………………… 82
3.3 "干枯"与"活蹦乱跳" ………………………………………… 86
3.4 计算机精英本科教育的"北大模式" ………………………… 87
3.5 精英大学的就读体验 …………………………………………… 90
3.6 从美国名校录取标准看中国高考改革 ………………………… 91
3.7 从《优秀的绵羊》一书看中美两国的家庭教育 ……………… 94
3.8 "时代空心病"与"优秀的绵羊" ……………………………… 96
3.9 《优秀的绵羊》中的因果导向类型 …………………………… 100
3.10 博雅教育如何实践 ……………………………………………… 104
3.11 《优秀的绵羊》一书的写作动机 ……………………………… 108
3.12 实践人本主义教育很难吗 ……………………………………… 112
3.13 教育的逻辑与管理的逻辑 ……………………………………… 117
3.14 精英教育的三种形态与人本主义教育 ………………………… 119
3.15 人工智能（AI）时代的教师工作：教师绩效工资研究的作用 …………………………………………………………… 125

第 4 章 积极的创造力观 …………………………………………… 133

4.1 为何"研究的意义与价值""问题的提出"十分重要 ……… 133
4.2 教师的创造力与校长的创造力 ………………………………… 134
4.3 校长的经验与创造力 …………………………………………… 137
4.4 领导风格与组织创造性的关系 ………………………………… 139
4.5 对创造力进行评价 ……………………………………………… 144

第 5 章 积极心理与积极教育 ……………………………………… 147

5.1 教师因果导向类型的转变案例 ………………………………… 147
5.2 空心病与致良知 ………………………………………………… 153
5.3 职业倦怠的解决办法在工作之外 ……………………………… 155

5.4 有深度的幸福 ·· 156
5.5 职业认同与自我效能 ······································ 158
5.6 消极关键事件与个体选择 ·································· 165

第 6 章 职业发展的驱动力 ······································ 174

6.1 意义感的判断：内化过程因人而异 ························· 174
6.2 外部动机的内化与因果导向类型的关系 ···················· 179
6.3 职业不认同与职业倦怠的关系 ······························ 181
6.4 外部激励、自我效能感与内在动机的关系 ·················· 182
6.5 经历、动机与创造性 ······································· 184
6.6 读《马斯洛传》 ··· 190
6.7 从《洋墨水》《红墨水》《玻璃天花板》看驱动力 ··········· 197
6.8 职业驱动力案例：周国平 ··································· 205
6.9 驱动力转换的时机与自省能力 ······························ 218

第 7 章 人本主义的学习与课程教学 ······························ 221

7.1 通识教育与跨学科教育 ···································· 221
7.2 《我的教育生涯》与跨学科教育 ···························· 223
7.3 钱颖一与清华大学经管学院改革 ···························· 226
7.4 何以为师：教师专业发展和教师教育的挑战 ················ 236
7.5 语文教材编写的决策机制 ··································· 244
7.6 为什么会有"星期一" ······································ 245
7.7 新高中应该建在哪里 ······································· 246
7.8 数学教育、数学竞赛与数学研究 ···························· 250

后记 ·· 255

第1章　积极的教育政策

1.1　创新创业教育任务如何完成

2015年两会期间,《政府工作报告》中就"2015年工作总体部署"提出,政府要"推动大众创业、万众创新。这既可以扩大就业、增加居民收入,又有利于促进社会纵向流动和公平正义"①。此前,2015年2月10日,李克强总理邀请60余名外国专家举行座谈。关注中国"大众创业、万众创新"的诺贝尔经济学奖得主埃德蒙德·菲尔普斯提到,中国经济新引擎将带来"非物质性好处"。他说:"如果大多数中国人,因为从事挑战性工作和创新事业获得成就感,而不是通过消费得到满足的话,结果一定会非常美好。"② 然而,问题是如果创新创业不是来自当事人、科研人员和大学生自己,不是每年几百万高校毕业生自己要求创新创业的话,而是由政府抛给高校毕业生,甚至是找不到合适工作的大学生的一个任务的话,对许多人来说,可能不仅仅是挑战,而是恐怖的事情,这样的结果未必就"一定会非常美好"。

2015年4月,国务院下发了《国务院关于进一步做好新形势下就业创业工作的意见》③,其中提到要"调动科研人员创业积极性",这本身就说

---

① 参见2015年《政府工作报告》(全文实录)(http://lianghui.people.com.cn/2015npc/n/2015/0305/c394298-26642056-3.html)。
② 参见"新引擎释放新动力　大众创业　万众创新"(http://www.gov.cn/zhengce/2015-03/06/content_ 2828676.htm)。
③ 参见《国务院关于进一步做好新形势下就业创业工作的意见》(国发〔2015〕23号)(http://www.gov.cn/zhengce/content/2015-05/01/content_ 9688.htm)。

明科研人员缺乏进行创业的积极性。科研人员的本职工作是进行科学研究，并非创业，在科学研究成果和产业化应用、创业之间有着天壤之别，国内创业企业，尤其是互联网企业的创业者中，很难看到高校和科研院所的研究人员，即使有，也只占创业人数的很小比例。一份来自北京中关村创业者的问卷调研报告显示，教师及科研人员仅占创业者总数的6%，比大学生创业者（占10%）还要少；而创业主力军则是企业骨干离职创业者（占47%）和连续创业者（占37%）。① 相关的激励措施也都是保留人事关系、职称评聘、岗位晋升以及股权激励和奖励，激发的也是科研人员的控制性动机，而非出于对科研成果本身的自发性动机。这很容易导致创业成为一种任务，而非科研人员的自主需求。

2015年5月，国务院办公厅下发了《国务院办公厅关于深化高等学校创新创业教育改革的实施意见》②，文件一开头就提到："党的十八大对创新创业人才培养作出重要部署，国务院对加强创新创业教育提出明确要求。"所以，对高等院校和科研院所来讲，创新创业并非出自科研人员和高校毕业生的自发需求，而是来自中央政府的一项任务的"部署"和"要求"。文件中也提到了创新创业教育存在"一些不容忽视的突出问题"："主要是一些地方和高校重视不够，创新创业教育理念滞后，与专业教育结合不紧，与实践脱节；教师开展创新创业教育的意识和能力欠缺，教学方式方法单一，针对性实效性不强；实践平台短缺，指导帮扶不到位，创新创业教育体系亟待健全。"不仅高校对创新创业教育重视不够，高校教师对创新创业教育既缺乏意识又缺乏能力。那么问题来了，谁来提供创新创业教育的培养和指导呢？文件中提到，"加强教师创新创业教育教学能力建设，各地区、各高校要明确全体教师创新创业教育责任，完善专业技术职务评聘和绩效考核标准，加强创新创业教育的考核评价。配齐配强创新创业教育与创业就业指导专职教师队伍，并建立定期考核、淘汰制度。聘请知名科学家、创业成功者、企业家、风险投资人等各行各业优秀人

---

① 参见《中关村创业者呈现年轻化趋势》（http：//chuangye.yjbys.com/news/535827.html）。
② 参见《国务院办公厅关于深化高等学校创新创业教育改革的实施意见》（国办发〔2015〕36号）（http：//www.moe.edu.cn/publicfiles/business/htmlfiles/moe/moe_1778/201505/187212.html）。

才,担任专业课、创新创业课授课或指导教师,并制定兼职教师管理规范,形成全国万名优秀创新创业导师人才库。"前面既然提到专职教师往往"意识和能力欠缺",那么如何能"配齐配强创新创业教育与创业就业指导专职教师队伍"?从高校外部"聘请知名科学家、创业成功者、企业家、风险投资人等各行各业优秀人才"作为兼职教师是不是可行?从能力的角度显然是具备的,然而这些"创业成功者、企业家、风险投资人"有没有意愿、时间以及足够的精力投入在创业教育上呢?情况恐怕就不那么乐观了。

教育部高教司委托北京航空航天大学创业管理培训学院举办的"高校《创业基础》示范教材骨干教师培训班"(共计80人,分别是来自80所高校的教师)进行的调查发现[1],创业教育兼职教师占创业教育教师总量的比例低于1/4的学校占71.79%,也就是说,聘到的创业教育兼职教师数量很少,即使在这样一个兼职教师队伍很少的情况下,聘到的兼职教师也不全是"社会创业成功人士"或"优秀校友创业典范",而是包含了很多像"政府人力资源管理人员""工商行政管理部门人员""司法机关工作人员""企事业单位技术人员"和"政府及高校设立的科技园人员"等,虽然与创业相关,但却没有自己有创业经历的人作为创业教育的兼职教师,这部分人占到兼职教师的40%左右。对于聘请到的创业教育兼职教师所承担的任务,也主要是"开展创业实践实训活动"和"开设创业教育专题讲座",两者合计占到85%左右,不到15%的创业教育兼职教师会"承担创业教育课程教学任务"。

2015年6月,国务院又发布了《国务院关于大力推进大众创业、万众创新若干政策措施的意见》[2]。这份文件中提出,"把创业精神培育和创业素质教育纳入国民教育体系,实现全社会创业教育和培训制度化、体系化。加快完善创业课程设置,加强创业实训体系建设。加强创业创新知识普及教育,使大众创业、万众创新深入人心"。把创新创业教育纳入国民教育体系,同时支持科研人员创业、支持大学生创业,问题是科研人员和

---

[1] 参见季学军《高校创业教育兼职教师队伍现状与对策探析》(《黑龙江高教研究》2015年第11期,114—117页)。

[2] 参见《国务院关于大力推进大众创业、万众创新若干政策措施的意见》(国发〔2015〕32号)(http://www.xinhuanet.com/info/2016-10/24/c_135776660.htm)。

大学生中有多少人真正有创新创业的需求？需求量有多大？集中在哪些行业、哪些专业中？这些似乎并不清楚。大学毕业生中有多少比例的学生是有创新创业需求的？如果对这些需求没有扎实的调研和了解，那么创新创业无疑就成为政府派给学校的一项任务。

2015年9月，国务院发布《国务院关于加快构建大众创业、万众创新支撑平台的指导意见》①，其中提到"鼓励各类科技园、孵化器、创业基地、农民工返乡创业园等加快与互联网融合创新，打造线上线下相结合的大众创业、万众创新载体"。实际上，各类科技园、孵化器、创业基地、创业园原本就一直存在，而且这些实体存在的目的就是为了创新创业，这次"大众创业，万众创新"原本就是这些机构的职责所在，本不必动员对创业没有兴趣的大学教师、科研人员和大学生。下面的一些调研情况也许能说明问题。

在高校大学生创新创业教育方面，2014年底，教育部发布了《教育部关于做好2015年全国普通高等学校毕业生就业创业工作的通知》②，文件提出："全面推进创新创业教育和自主创业工作……将创新创业教育贯穿人才培养全过程，面向全体大学生开发开设创新创业教育专门课程……高校要建立弹性学制，允许在校学生休学创业。高校要聘请创业成功者、企业家、投资人、专家学者等担任兼职导师，对创新创业学生进行一对一指导。"

全国高校毕业生创业的实际情况是怎样的呢？北京大学教育学院的"高等教育规模扩展与劳动力市场"课题组针对全国应届高校毕业生就业情况开展了抽样调查。该课题组从2003年开始，每两年进行一次调查，截至2015年，共开展了七次调查（2003年、2005年、2007年、2009年、2011年、2013年和2015年）③。根据2013年调查样本，"包括东、中、西

---

① 参见《国务院关于加快构建大众创业、万众创新支撑平台的指导意见》（国发〔2015〕53号）（http://www.gov.cn/zhengce/content/2015-09/26/content_10183.htm）。

② 参见《教育部关于做好2015年全国普通高等学校毕业生就业创业工作的通知》（教学〔2014〕15号）（http://www.moe.gov.cn/srcsite/A15/s3265/201412/t20141202_180810.html）。

③ 参见杨中超、岳昌君《学历、专业对高校毕业生初职社会经济地位的影响研究——基于全国高校毕业调查数据的实证分析》（《教育研究》，2016年第10期，68页）。

部 21 个省份的 30 所高校。东部地区包括北京、天津、河北、辽宁、山东、江苏、广东、浙江、海南 9 个省市；中部地区包括武汉、江西、黑龙江、吉林、河南、安徽 6 个省市；西部地区包括四川、陕西、重庆、云南、甘肃、宁夏 6 个省（区、市）。东、中、西部分别有 11 所、7 所和 12 所高校。其中'211 工程'重点高校 9 所，一般本科院校 11 所，独立学院 3 所，高职高专院校 7 所，每所高校根据毕业生学科和学历层次按一定比例发放约 500~1000 份调查问卷，共回收有效问卷 14909 份"[1]。可以说，这样的全国性高校毕业生调查是具有相当代表性的，在缺乏全国高校毕业生数据调查的背景下，这样的调查信息也是相当珍贵的。岳昌君和张恺（2014）根据 2013 年的数据调查结果发现，自主创业的大学生只有 316 人，仅占毕业生总人数的 2.1%。[2] 而在"2015 年全国高校毕业生就业状况调查"中，"参与本次调查的有我国东、中、西部地区 17 个省（区、市）的 28 所高校，东地区包括北京、天津、上海、河北、山东、浙江、广东和海南 8 个省（区、市）的 13 所高校；中部地区包括江西、河南、湖北和湖南 4 个省（区、市）的 8 所高校；西部地区包括内蒙古、四川、甘肃、宁夏和新疆 5 个省（区、市）的 7 所高校。其中，'985'大学 4 所，'211'大学 5 所，一般本科院校 10 所，高职院校 5 所，民办高校 1 所，独立学院 3 所。每所高校根据毕业生学科和学历层次按一定比例发放 500~1000 份调查问卷，共回收有效问卷 15421 份"[3]。这次调查仍然是全国性的高校毕业生调查，在这 15421 份高校毕业生调查数据显示中，仅有 4.6%的大学毕业生从事"自主创业"。[4] 将 2007 年以来北京大学教育学院的高校毕业生就业状况调查汇总，高校毕业生自主创业的比例在 2007 年、

---

[1] 参见岳昌君、张恺《高校毕业生求职结果及起薪的影响因素研究——基于 2013 年全国高校抽样调查数据的实证分析》(《教育研究》，2014 年第 11 期，74 页)。

[2] 参见岳昌君、张恺《高校毕业生求职结果及起薪的影响因素研究——基于 2013 年全国高校抽样调查数据的实证分析》(《教育研究》，2014 年第 11 期，74 页)。

[3] 参见岳昌君、周丽萍《经济新常态与高校毕业生就业特点——基于 2015 年全国高校毕业生抽样调查数据的实证分析》(《北京大学教育评论》，2016 年第 2 期，66-67 页)。

[4] 参见岳昌君、周丽萍《经济新常态与高校毕业就业特点——基于 2015 年全国高校毕业生抽样调查数据的实证分析》(《北京大学教育评论》，2016 年第 2 期，68 页)。

2009年、2011年、2013年和2015年分别是3.2%、2.4%、3.2%、2.1%和4.6%。① 虽然自主创业高校毕业生比例有一点波动，但是显然在高校毕业生中属于少数人的行为，绝大多数毕业生仍然是选择就业、升学。类似的发现也在其他地方的调研中出现，如杨晓波、花慧和刘树佳（2016）对278位北京在校大学生进行的问卷调查和对50位大学生的访谈表明②，明确自己要创业且一直在计划自己创业的大学生占32.2%；陈美君、徐双燕和林觐民（2014）对杭州市10所高校363位在校大学生进行的问卷调查表明，"有7.71%的人正在创业，有66.94%的人想过创业但没有实践，还有25.34%的人没有想过创业"③。重庆市2009年"八大举措促进高校毕业生就业"④ 中，第七项举措"促进大学生自主创业"中提到，"力争自主创业毕业生达到毕业生总数的1‰，每年约150名毕业生成功创业，并带动1500名大学生就业"，即2009年重庆市自主创业的毕业生在毕业生总数中所占比例不到1‰。且不说高校大学生创业能不能成功，他们是不是真的做好了准备，单就大学生创业意向调查来看，有创业需求，并且付诸实施的只是大学生中的少部分人，为何不能有针对性地对这少部分学生进行相应的创业指导，而一定要"全面推进创新创业教育和自主创业工作"和"深入推进创新创业教育和自主创业工作"呢？

在岳昌君和周丽萍（2016）的研究中，北京大学教育学院所进行的全国性高校毕业生就业状况调查显示，每年高校毕业生中有相当的比例是"待就业"的状态，2003—2015年，这一比例在12.9%和35.8%之间波动，多数年份都在20%以上，如果考虑到"不就业拟升学""其他暂不就业"

---

① 参见岳昌君、周丽萍《经济新常态与高校毕业就业特点——基于2015年全国高校毕业生抽样调查数据的实证分析》（《北京大学教育评论》，2016年第2期，69页。）
② 参见杨晓波、花慧和刘树佳《"双创"背景下大学生创业教育需求分析》（《教育教学论坛》，2016年6月第22期，35-36页）。
③ 参见陈美君、徐双燕和林觐民《杭州市大学生创业需求研究与分析》（《科技创业家》，2014年第3期，200-202页）。
④ 参见《教育部办公厅关于印发部分地区积极促进高校毕业生就业工作举措有关材料的通知》（教学厅函〔2009〕5号）（http：//www.moe.gov.cn/srcsite/A15/s3265/200902/t20090217_80070.html）。

等情况，最近十多年来高校毕业生每年未按时就业①的大学生比例均在20%以上，这是已经考虑了"已确定单位""升学（国内）""出国、出境""自由职业""自主创业"和"其他灵活就业"这6种落实工作单位的情况。面对这种情况，2014年7月，教育部办公厅发布《教育部办公厅关于做好2014年离校未就业高校毕业生就业服务工作的通知》②，提出"大力扶持未就业毕业生自主创业。各地各高校要把国家支持、鼓励高校毕业生自主创业的创业培训、注册登记、税费减免、小额贷款等优惠政策及时推送到每一名未就业毕业生，发挥政策效应促进自主创业"。2015年6月，教育部办公厅发布《教育部办公厅关于做好2015年离校未就业高校毕业生就业服务工作的通知》③，提出要"积极推进未就业毕业生自主创业"。2016年6月，教育部办公厅发布《教育部办公厅关于促进2016届尚未就业高校毕业生就业创业的通知》④，提到"目前，高校毕业生离校在即，但仍有部分毕业生未落实就业岗位"。于是提出"各地各高校要积极鼓励和支持尚未就业毕业生创新创业"。在这里，创新创业被当作解决大学生失业的出路之一，然而，通过求职无法就业的这部分大学生是不是有能力、有潜力去走创新创业之路？这是在制订政策之前应当调研了解清楚的关键问题。实际上，早在2008年，政府政策文件中就开始出现了"以创业带动就业"的说法⑤；而此前，政府的政策文件中还只是有类似"切

---

① 严格来说，属于经济意义上的失业状态，考虑到"失业"一词的敏感性，往往以"待就业""未按时就业""暂不就业"等词汇取而代之。

② 参见《教育部办公厅关于做好2014年离校未就业高校毕业生就业服务工作的通知》（教学厅〔2014〕3号）（http://www.moe.gov.cn/srcsite/A15/s3265/201407/t20140729_172464.html）。

③ 参见《教育部办公厅关于做好2015年离校未就业高校毕业生就业服务工作的通知》（教学厅〔2015〕43号）（http://www.moe.gov.cn/srcsite/A15/s3265/201507/t20150710_193370.html）。

④ 参见《教育部办公厅关于促进2016届尚未就业高校毕业生就业创业的通知》（教学厅函〔2016〕42号）（http://www.moe.gov.cn/srcsite/A15/s3265/201607/t20160701_270424.html）。

⑤ 参见《教育部 人事部 劳动保障部关于积极做好2008年普通高等学校毕业生就业工作的通知》（教学〔2007〕24号）（http://www.moe.edu.cn/publicfiles/business/htmlfiles/moe/moe_1898/200712/29935.html）。

实加大对高校毕业生自主创业和灵活就业的扶持力度"①、"积极鼓励、支持高校毕业生自主创业和灵活就业"②的表述。也就是说，2008年之前，大学生创业与尚未就业的大学生是不相干的，政府政策对创业的支持是单独设立的；而2008年之后，对大学生创业的政策突然有个转变，就是创业成为解决大学生"待就业"的一个途径了。2009年，教育部办公厅发布《教育部办公厅关于当前做好高校困难毕业生就业帮扶工作的通知》③，当时"待就业"大学生还是用"困难毕业生就业"这样的表述，其中就提到通过"专项就业帮扶活动"来解决这些"困难毕业生就业"问题，其中一项举措是"女大学生创业就业行动"；2011年教育部对高校毕业生就业问题发布的相关文件中提到，"对高校毕业生就业困难群体实施积极有效的帮扶"要"加强就业创业指导"④；在政府政策文本中，专门以创业作为"未就业"高校毕业生的解决办法则出现在前述的2014年的文件中⑤。

在创新创业教育高校课程方面，2015年底，教育部发布了《教育部关于做好2016届全国普通高等学校毕业生就业创业工作的通知》⑥，提出"从2016年起，所有高校都要设置创新创业教育课程，对全体学生开发开设创新创业教育必修课和选修课，纳入学分管理"。这样的要求是根据高校创业大学生的需求，还是根据创业教育教师的需求提出的？抑或是政府

---

① 参见《十四部门关于切实做好2006年普通高等学校毕业生就业工作的通知》（教学〔2006〕8号）（http：//www.moe.gov.cn/srcsite/A15/s3265/200605/t20060529_80071.html）。

② 参见《国务院办公厅关于切实做好2007年普通高等学校毕业生就业工作的通知》（国办发〔2007〕26号）（http：//www.offcn.com/jiaoshi/2007/0422/2230.html）。

③ 参见《教育部办公厅关于当前做好高校困难毕业生就业帮扶工作的通知》（教学厅〔2009〕7号）http：//www.moe.gov.cn/srcsite/A15/s3265/200906/t20090618_80074.html

④ 参见《教育部关于做好2011年全国普通高等学校毕业生就业工作的通知》（教学〔2010〕11号）（http：//www.moe.gov.cn/srcsite/A15/s3265/201011/t20101115_111911.html）。

⑤ 参见《教育部办公厅关于做好2014年离校未就业高校毕业生就业服务工作的通知》（教学厅〔2014〕3号）（http：//www.moe.gov.cn/srcsite/A15/s3265/201407/t20140729_172464.html）。

⑥ 参见《教育部关于做好2016届全国普通高等学校毕业生就业创业工作的通知》（教学〔2015〕12号）（http：//www.moe.gov.cn/srcsite/A15/s3265/201512/t20151208_223786.html）。

对高校单方面提出的一项任务和要求？仅仅只有少部分学生需要的创业教育，为何会变成"所有高校都要设置创新创业教育课程"，对"全体学生开发开设创新创业教育必修课和选修课"？

政府有关创新创业教育政策的各项文件发布后，对高校产生了怎样的影响呢？2016年教育部简报《各地各高校深入推进创新创业教育改革》①中提到，"黑龙江高校普遍开设创业基础课，85%的高校开设了创新创业必修课，覆盖学生10万余人……清华大学推进创新创业教育通识化，面向全校开设旨在培养创新思维方法、首创精神及企业家精神的创新创业通识课程。华中科技大学把创新创业教育与人文教育、科学教育相融合，建成创新创业教育课程群。上海交通大学2010年成立创业学院，各学院与创业学院打通培养计划和课程平台，便于学生修读创业教育相关课程。"似乎全国很多高校都具备开设创新创业教育的师资能力，事实真是这样吗？令人好奇的是，开设创新创业必修课、基础课的教师是什么样的？有过创新创业经历吗？这些创业课程是针对大学生的创业需求设计的吗？王珍义、郭丹丹和郑静闲（2010）对武汉市291位大学生进行的问卷调查发现②，"74.4%的被调查者期望通过亲身实践获取创业知识和创业技能，21.5%的被调查者期望通过参加各种模拟训练达到目的，而期望通过教师授课、其他方式的均为2%"，也就是说，对那些有创业需求的大学生来说，绝大多数是希望通过亲身实践和参加模拟训练来进行创业的，教师授课并不是大学生创业的实际需求，"但事与愿违，实际状况是：61.4%的被调查者是通过教师授课和其他方式接受创业教育的，38.6%的被调查者是通过亲身实践和模拟训练获取"。类似的发现也在徐礼堂、陈旭阳（2013）的调研中出现，他们在对安徽5所高校1953名大学生进行的调研中发现③，"大部分学生希望通过活动训练和亲身实践等方式来获取创业技能和知识，占93.5%，'亲身实践'是绝大多数学生所需求的，占总样本的63.9%。希

---

① 参见《各地各高校深入推进创新创业教育改革》（《教育部简报》〔2016〕第48期）（http：//www.moe.gov.cn/jyb_xwfb/s3165/201611/t20161117_289175.html）。

② 参见王珍义、郭丹丹和郑静闲《地方高校大学生创业教育需求特征研究——基于武汉高校的分析》（《经济研究导刊》，2010年第7期，226-228页）。

③ 参见徐礼堂、陈旭阳《大学生创业能力需求特征实证研究——基于安徽省本科高校调研分析》（《洛阳师范学院学报》，2013年9月，123-127页。）

望通过'老师授课'和'其他'方式的只占6.5%，而现实情况则占了56.4%"。在创业教育里，像上述简报提到的，全国很多大学都开设了创业课程，然而，这类以授课为主要方式的创业教育并非大学生创业的需求所在，忽视创业需求是导致创业教育成为一种任务的主要原因。之所以会出现这样一种局面，原因在于高校教师并不具备提供创业教育的能力，而创业成功的企业家真正愿意投入足够时间和精力在高校创业教育上的少之又少。杨晓波、花慧和刘树佳（2016）对278位北京在校大学生进行的问卷调查和50位大学生访谈表明①，"有74.7%的大学生希望创业教育师资选择'企业家、创业成功人士或风投专家'，认为在校老师缺乏创业经验，并不适合进行创业指导。"

尽管几年前的研究都已发现这类创新创业课程的问题，然而，很多高校依然进一步强化授课式的方式。2016年教育部简报《各地各高校深入推进创新创业教育改革》中还提到，"陕西大部分高校设置了创新创业学分，中国计量大学获得专利的学生可获得最高每项3分的创新学分。安徽将学生开展创新创业实践、发表论文、获得专利等纳入学分管理，并作为创新创业学分的重要内容。厦门大学学生在学校认定的各级各类竞赛、创新实验、发明创造、发表论文等方面取得的成果，通过申请和认定后可获得相应的创新学分。西安电子科技大学设置创新能力素质培养'第二张成绩单'，制定认定办法，对创新活动、创业实践、论文发表、专利获得等进行量化评价，全校超过80%的本科生参加了认定。"只有少部分大学生会从事的创新创业，要求大部分或全部学生去接受；接受的是大学生不希望接受的授课式的课程；即使拿了一堆所谓"创新创业学分"，如何就对创新创业有实际的帮助呢？这种对授课式创新创业教育的强化，不仅通过学分去"激励"学生，也有一些高校在"激励"教师："上海理工大学完善教师教学绩效考评机制，在教师晋升晋级、年度考核中将创新创业教育的投入与成效作为重点考核指标之一。"

2016年底，教育部发布的《教育部关于做好2017届全国普通高等学

---

① 参见杨晓波、花慧和刘树佳《"双创"背景下大学生创业教育需求分析》（《教育教学论坛》，2016年6月第22期，35-36页）。

校毕业生就业创业工作的通知》①，提出要"深入推进创新创业教育和自主创业工作"，然而，所谓"深入推进"，既不讨论高校大学生中对创业有实际需求的情况是怎样的，如何有针对性地满足这类需求；也不讨论以"企业家、创业成功人士或风投专家"为主体进行创新创业教育的师资队伍如何去建设。对如何确保供给方提供的创新创业教育满足需求方的实际需要这个根本性的问题没有进行深入讨论和提出建议，而是在"创新创业政策""创新创业场地建设和资金投入"等辅助性措施上着墨甚多。这进一步预示着创新创业教育成为高校教师和大学生的一项任务。

综合上述分析，有关创新创业教育的核心问题是，创新创业的源泉是什么，要靠哪些人、什么样的人才能源源不断地进行创新创业？这个问题不解决，自上而下颁布的政策文件只会令创新创业成为来自政府的一项"任务"，同政府下达的其他任务一样，会令任务执行者停留在重复性、机械式、算法式的工作状态；同政府下达的其他任务不同的是，创新创业要求的是探究式、创造性的工作，而探究性、创造性的工作是不可能依靠外界布置任务要求出来的，真正创造性的工作来自独立的、分散的个体内在动机的高度驱动，政府可以做到的是培育土壤、营造氛围，而不是通过部署、下达任务提出要求，这两种做法有着天壤之别。

1.2 免费师范生政策及其影响

1.2.1 免费师范生政策

先来看看对免费师范生动机影响巨大的相关政策措施。2007 年 5 月，国务院办公厅转发了《教育部等部门关于教育部直属师范大学师范生免费教育实施办法（试行）的通知》②。这份通知里提到了《教育部直属师范

---

① 参见《教育部关于做好 2017 届全国普通高等学校毕业生就业创业工作的通知》（教学〔2016〕11 号）（http://www.moe.gov.cn/srcsite/A15/s3265/201612/t20161205_290871.html）。

② 参见《国务院办公厅转发教育部等部门关于教育部直属师范大学师范生免费教育实施办法（试行）的通知》（国办发〔2007〕34 号）（http://www.gov.cn/zwgk/2007-05/14/content_614039.htm）。

大学师范生免费教育实施办法（试行）》（以下简称《实施办法》）。具体来看《实施办法》中的内容会发现，其中的很多举措同免费师范生的学习和未来工作的动机密切相关，那么，实施的具体办法主要是在激发免费师范生报考者的什么动机呢？正如赵宏玉和张晓辉（2015）对《实施办法》的总结①，《实施办法》可以归纳为十项具体措施，包括"免除学费和住宿费""补助生活费""服务期内可在学校间流动或从事教育管理工作""省级教育行政部门负责为每位毕业生安排落实教育岗位，确保有编有岗""符合条件的毕业生可免试在职攻读教育硕士专业学位和与教学相关的学术硕士学位""毕业后须从事中小学教育十年以上""毕业后一般回生源所在省份中小学任教""未按协议从事中小学教育工作的，要退还已享受的免费教育费用""未按协议从事中小学教育工作的，要缴纳已享受的免费教育费用50%的违约金""未按协议从事中小学教育工作的，要记入诚信档案"。这十项措施全部是激发免费师范生控制性动机的措施，也就是说，读这个免费师范生对一个中学生而言有什么实际的好处及限制。尽管《实施办法》第三条中提到要"择优选拔热爱教育事业，有志于长期从教、终身从教的优秀高中毕业生"，然而，一个18岁左右的中学生还未体验过任何职业，在其人生经历得到丰富、历练之前，如何就能够"热爱教育事业，有志于长期从教、终身从教"②？即使真有这样的中学生，又如何在高考选拔时鉴别出他（她）是真"热爱教育事业，有志于长期从教、终身从教"，而不是冲着《实施办法》中提到的好处而来的呢？即使有这样的中学生，而且还幸运地被选拔出来了，《实施办法》的十条措施对他（她）而言也非常不利，因为在激发他（她）的控制性动机，而且是持续

---

① 参见赵宏玉、张晓辉《教育政策对免费师范生从教动机、职业认同的影响》（《北京师范大学学报》，2015年第4期，53页）。

② 多数随大流的学生都是在工作之后经过一定年限的历练，才能确定自己真正热爱的职业。作者在《学校积极领导力》一书中对李健、黄西、崔永元等人的案例进行了研究，李健是在国家广电总局工作两年后才辞职做歌手的；黄西是在美国获得生物化学博士学位以后才接触到脱口秀职业的；崔永元则是在央视经历长期的职业倦怠之后才到中国传媒大学任教的；作者在《学校积极领导力探索》一书中提到的黄景老师，对教师职业身份的认同问题是经过了近二十年才得以解决的。让一个中学生在18岁就为自己的未来职业甚至一生职业做决定，显然是很不容易的一件事。

性的，要从上大学一直到"毕业后须从事中小学教育十年以上"①。

1.2.2 免费师范生的动机与意愿

有关免费师范生的《实施办法》颁布后，张晓辉等（2011）以284名免费师范生为调查对象②，通过问卷调查发现，"32.4%的学生是因为'家人或重要他人的意向和期望'而选择就读免费师范生；31%的学生由于'所在省份只招收师范生''提前批次'或'对政策不了解'而做出就读免费师范生的选择；15.5%的学生因为'家庭经济条件限制'而选择读免费师范生；只有13%的学生是'出于自身的意愿'而选择读免费师范生。选择免费师范生的动机中，有46.5%是控制性动机（'所在省份只招收师范生''提前批次''家庭经济条件限制'），32.4%是非人格化动机（'家人或重要他人的意向和期望'），两者相加为78.9%是《实施办法》可以实际影响到的学生比例；只有13%是自发性动机（'出于自身的意愿'）选择读免费师范生"。也就是说，《实施办法》颁布后，招到的大多数学生并不是"热爱教育事业，有志于长期从教、终身从教的优秀高中毕业生"。上述调查发现，"当被问及'如果没有相关的政策限制，是否仍然会选择当教师'时，64.8%的学生作了否定回答，甚至有54.9%的学生表示'即使自己将来成为一名教师，也不会选择终身从教'"。

《实施办法》第四条提出："到城镇学校工作的免费师范毕业生，应先到农村义务教育学校任教服务二年。"③ 然而，付卫东和曹清林（2013）以全国6所教育部直属师范大学1059名免费师范生为样本的问卷调查发

---

① 在2018年7月发布的《教育部直属师范大学师范生公费教育实施办法》中（http：//www.gov.cn/zhengce/content/2018-08/10/content_ 5313008. htm），把"免费"师范生，改为"公费"师范生，"毕业后须从事中小学教育十年以上"改为"承诺从事中小学教育工作6年以上"。

② 参见张晓辉、赵宏玉、齐婷婷《免费师范生从教意愿及相关影响因素的调查研究》（《山西高等学校社会科学学报》，2011年第1期，88-90页）。

③ 在2018年7月发布的《教育部直属师范大学师范生公费教育实施办法》中，改为"到城镇学校工作的公费师范生，应到农村义务教育学校任教服务至少1年"。

现①,"就部属师范大学而言,分别仅有2.8%和4.7%的免费师范生表示'非常愿意'或'比较愿意'去农村中小学任教,而表示'非常愿意'或'比较愿意'长期待在农村中小学任教的免费师范生更少,分别仅占0.7%和3.2%。"可见,《实施办法》所招收的免费师范生对于解决农村地区师资队伍薄弱问题,基本脱离了免费师范生自己的意愿。调查还进一步发现,"如果没有师范生免费教育政策的限制,有19.9%的部属师范大学免费师范生会选择去学校任教,26.2%的人选择去政府部门工作,12%的人选择去其他事业单位,17.3%的人选择去国企或外企,2.2%的人选择去民企,11.5%的人选择自主创业,还有2%的人选择去其他单位。"这也印证了张晓辉等(2011)的研究,免费师范生招到的大多数学生都不是"热爱教育事业,有志于长期从教、终身从教的优秀高中毕业生"。付卫东和付义朝(2015)对我国天津、广东、浙江、湖北、湖南、江西、山西、四川、云南、广西10个省(直辖市、自治区)的30所地方院校师范类专业中4009名师范大学生的抽样调查发现②,"被调查的学生中,愿意去农村中小学任教的不足1/3,愿意长期待在农村中小学任教的更少,这必须引起相关部门的高度关注。"此外,"不同性别、不同思想状态、不同的家庭背景、不同的综合能力和不同的专业及学校的地方院校师范生,在师范生免费教育及农村从教意愿和享受免费教育类型的选择上具有很大的差异。"在地方师范生的调研中发现,学生的需求是差异化、多样化的,在是否需要免费、生活费和学费的免费侧重上,以及去省内中小学、去县城以下学校、去乡镇学校、去农村偏远学校上学方面都是有不同组合需求的,这要求政策设计也要多样化、灵活化,而不能搞一刀切。

因而,上述《实施办法》由于在实施前缺少对学生意愿和动机的调研,颁布后很容易脱离免费师范生的实际需求,导致免费师范生政策成为一项政府主导的任务,而非优秀师资队伍培育的一项自主支持政策。

---

① 参见付卫东、曹青林《高校师范类学生就业需求与师范生免费教育政策调整——基于全国6所部属师范大学和30所地方院校的调查》(《华中师范大学学报(人文社会科学版)》,2013年第6期,182-188页)。

② 参见付卫东、付义朝《地方师范生享受免费教育及农村从教意愿的影响因素——基于全国30所地方院校的调查》(《河北师范大学学报(教育科学版)》,2015年第1期,114-120页)。

1.2.3 师范生就业与劳动力市场分层

我们知道，北大，清华等"985"工程院校的毕业生与地方院校的毕业生在进入就业市场后，都要接受劳动力市场的筛选，即使是同样专业的毕业生，他们通常也不大可能在同样的岗位上竞争，也就是说，他们进入的劳动力市场处于分割的状态，属于不同的劳动力市场。这是劳动力市场的经济规律在发挥作用，这种劳动力市场的筛选作用同样会发生在免费师范生身上。

2011年暑期，第一届免费师范生毕业。这批师范生的就业状况是怎样的呢？付卫东和付义朝（2012）在以全国6所教育部直属师范大学1059名免费师范生为样本的问卷调查中发现[1]，"来自985学校的免费师范毕业生就业地域较多选择大中城市，就业单位较多选择普通高中或职业学校及中专；来自211部属师范大学的，就业地域较多选择县城或乡镇，就业单位较多选择初中或小学。"付卫东和曹青林（2013）对以全国6所教育部直属师范大学1059名免费师范生为样本的调查和以10个省（直辖市、自治区）的30所地方院校4009名师范生的调查进行了对比分析，结果发现[2]："部属师范大学免费师范生从教意愿比不上地方师范类学生……如果没有师范生免费教育政策的限制，有19.9%的部属师范大学免费师范生会选择去学校任教……就地方院校师范类学生而言……选择去中小学任教的占41.6%。"为何部属师范大学免费师范生与地方院校师范生从教意愿会有较大差距呢？原因在于，不同类型师范院校毕业生可以进入的劳动力市场处于分层的状态、分割的状态：教育部直属高校免费师范生毕业后主要进入的是待遇好、办学条件好的大中城市的高中、职业学校和中专；"就

---

[1] 参见付卫东、付义朝《首届免费师范毕业生就业情况及其影响因素分析——基于全国6所部属师范大学的调查》（《河北师范大学学报（教育科学版）》，2012年第7期，54-59页）。教育部直属的6所师范大学为北京师范大学、华东师范大学、华中师范大学、东北师范大学、陕西师范大学和西南大学。其中，北京师范大学和华东师范大学为"985工程"和"211工程"大学，其余4所院校为非"985工程"的"211工程"大学。

[2] 参见付卫东、曹青林《高校师范类学生就业需求与师范生免费教育政策调整——基于全国6所部属师范大学和30所地方院校的调查》（《华中师范大学学报（人文社会科学版）》，2013年第6期，182-188页）。

就业地域而言，首届免费师范毕业生在大中城市任教的分别占 13.5% 和 42.2%，在县城任教的占 35.5%，在乡镇和农村任教的比例很少，分别仅占 6% 和 2.8%；就就业单位来说，有 63% 的首届免费师范毕业生在普通高中任教，在职业学校或中专任教的占 6.5%，在初中和小学任教的分别占 20.6% 和 4.5%，在其他学校任教的仅占 5.4%"[1]；就部属师范大学免费师范生而言，"从就业单位的性质来看，调查结果显示，有 42.7% 的免费师范毕业生在重点学校任教，57.3% 的免费师范生在普通学校任教"[2]。与之形成对比的是，地方院校师范生则进入待遇差、办学条件普通的中小学。据付义东和曹青林的调研，"我们对江西、湖南等地定向师范生进行调研后发现，分别有 47.2% 和 38.5% 的'3+2'形式专科师范生表示毕业后'非常乐意'或'比较乐意'去农村初小和教学点任教"[3]。而教育部直属师范大学免费师范生就业意愿选择农村的仅占 2%，首届毕业生实际去农村的仅占 2.8%。

从以上问卷调查对比的结果中可以发现，即使在师范生这一群体中，师范生就业意愿也深受就业市场的影响，教育部直属师范大学免费师范生、地方院校师范生、"3+2"形式专科师范生的就业去向处于劳动力市场分层、分割的状态，从大中城市高中、职业学校和中专到乡镇、农村小学构成了一个分层的劳动力市场结构。从师范生就业市场分层的状况看，免费师范生政策某种程度上仍然在强化义务教育的不均衡状况，对薄弱学校尤其是农村学校师资改善并未起到太大作用，而且这种改善仍然是以增强高中、大中城市中小学师资为前提的。而真正需要政策支持、实施免费师范生资助的应是地方师范院校"3+2"形式的专科师范生，因为从这里毕业的师范生更多地进入了乡镇学校和偏远农村小学。这个问题经过两会代

---

[1] 参见付卫东、曹青林《高校师范类学生就业需求与师范生免费教育政策调整——基于全国 6 所部属师范大学和 30 所地方院校的调查》(《华中师范大学学报（人文社会科学版）》，2013 年第 6 期，184 页)。

[2] 参见付卫东、付义朝《首届免费师范毕业生就业情况及其影响因素分析——基于全国 6 所部属师范大学的调查》(《河北师范大学学报（教育科学版）》，2012 年第 7 期，55 页)。

[3] 参见付卫东、曹青林《高校师范类学生就业需求与师范生免费教育政策调整——基于全国 6 所部属师范大学和 30 所地方院校的调查》(《华中师范大学学报（人文社会科学版）》，2013 年第 6 期，184 页)。

表的呼吁,已经得到了重视和改善。截至 2012 年,"全国有 16 个省(区、市)也开展了师范生的免费教育,比如新疆、西藏在全区范围内实行了师范生的免费教育,上海、云南等地在部分师范院校开展了师范生免费教育的试点。"①

从改进和完善免费师范生政策的角度而言,政策设计需要一开始就考虑各方的需求,包括接受师范教育的学生和家庭、提供师范教育的师范院校、接收师范生的中小学等方面。只有从各方需求的角度出发进行的政策设计,才可能是自主支持的,而非任务导向的。

1.3 如何实现"双一流"建设目标

国务院 2015 年印发《统筹推进世界一流大学和一流学科建设总体方案》②(以下简称《总体方案》),提出"到 2020 年,若干所大学和一批学科进入世界一流行列,若干学科进入世界一流学科前列。到 2030 年,更多的大学和学科进入世界一流行列,若干所大学进入世界一流大学前列,一批学科进入世界一流学科前列,高等教育整体实力显著提升。到本世纪中叶,一流大学和一流学科的数量和实力进入世界前列,基本建成高等教育强国"③。那么,在中央政府提出的这一"双一流"建设的目标和时间表中,采取什么样的方式能够保证这样的目标和时间表安排能够顺利实现呢?《总体方案》中提出的主要办法是基于绩效的大力经费投入,"坚持以绩效为杠杆","强化绩效,动态支持"。

2017 年 1 月,教育部、财政部和国家发展改革委根据《总体方案》制定了《统筹推进世界一流大学和一流学科建设实施办法(暂行)》④(以下简称《实施办法》)。在《实施办法》中,有两章内容(第二章"遴选

---

① 参见《免费师范生期待星火燎原》(http://paper.jyb.cn/zgjyb/html/2012-03/12/content_61122.htm)。
② 参见 http://www.gov.cn/zhengce/content/2015-11/05/content_10269.htm。
③ 参见 http://www.gov.cn/zhengce/content/2015-11/05/content_10269.htm。
④ 参见《教育部、财政部和国家发展改革委关于印发〈统筹推进世界一流大学和一流学科建设实施办法(暂行)〉的通知》(教研〔2017〕2 号)(http://www.gov.cn/xinwen/2017-01/27/content_5163903.htm#allContent)。

条件"和第三章"遴选程序")谈了以何种方式确定哪些学校和学科能够进入"双一流"建设目标的名单;第四章"支持方式"主要谈中央政府和地方政府在经费支持中的分工;第五章"动态管理"是确保进入"双一流"建设名单的高校和学科能够在规定时间表里达到建设目标的具体方式,主要方式就是绩效评价,即"以学科为基础,制定科学合理的绩效评价办法,开展中期和期末评价,加大经费动态支持力度,形成激励约束机制,增强建设实效"①。具体来说,就是"对实施有力、进展良好、成效明显的建设高校及建设学科,加大支持力度;对实施不力、进展缓慢、缺乏实效的建设高校及建设学科,提出警示并减小支持力度……建设过程中,对于出现重大问题、不再具备建设条件且经警示整改仍无改善的高校及建设学科,调整出建设范围……对于建设成效特别突出、国际影响力特别显著的少数建设高校及建设学科,在资金和政策上加大支持力度"②。在这章内容里,比较多提到的就是各种评价方式:"高校自评""有影响力的第三方评价""专家委员会评价意见""中期评价和期末评价"等。教育部、财政部和国家发改委在2017年9月公布"双一流"建设高校和学科名单后③,又于2018年8月发布了《关于高等学校加快"双一流"建设的指导意见》④,提到要"全面实施预算绩效管理,建立符合高等教育规律和管理需要的绩效管理机制"。这种绩效导向的管理方式导致的后果是什么?文件中提到,要"建立内部监测评价制度,按年度发布建设进展报告,加强督导考核,避免简单化层层分解、机械分派任务指标"⑤,实际上,绩效导

---

① 参见《教育部、财政部和国家发展改革委关于印发〈统筹推进世界一流大学和一流学科建设实施办法(暂行)〉的通知》(教研〔2017〕2号)(http://www.gov.cn/xinwen/2017-01/27/content_ 5163903. htm#allContent)。

② 参见《教育部、财政部和国家发展改革委关于印发〈统筹推进世界一流大学和一流学科建设实施办法(暂行)〉的通知》(教研〔2017〕2号)(http://www.gov.cn/xinwen/2017-01/27/content_ 5163903. htm#allContent)。

③ 参见《教育部、财政部、国家发展改革委关于公布世界一流大学和一流学科建设高校及建设学科名单的通知》(http://www.moe.gov.cn/srcsite/A22/moe_ 843/201709/t20170921_ 314942. html)。

④ 参见 http://www.moe.gov.cn/srcsite/A22/moe_ 843/201808/t20180823_ 345987. html。

⑤ 参见 http://www.moe.gov.cn/srcsite/A22/moe_ 843/201808/t20180823_ 345987. html。

向的管理方式是无法避免学校工作的这种"简单化"和"机械"的。那么，绩效评价真的能保证"双一流"建设目标的实现吗？除了绩效评价，有没有其他更好的办法来实现"双一流"建设目标？

要回答上述问题，我们就需要讨论绩效评价这种管理手段究竟可以实现什么样的目标？"双一流"建设的目标对相关高等院校的校长和教师而言究竟意味着什么？需要相关高校的校长和教师以怎样的方式去努力？上述问题笔者曾在《学校积极领导力探索》一书第2章中"学校工作任务的类型转变与教育改革的方向"部分有过讨论。绩效评价是来自企业管理界工业生产时代的一种管理方式，根据德西和瑞安对动机的研究，绩效评价主要激发起的是人们的外部控制性动机，即为了获得绩效评价的外部目标而进行工作的动机，当人们以外部控制性动机驱动去工作的时候，工作会停留在重复性、机械式、算法式的状态。这显然不是"双一流"建设的目标所需要的。在《总体方案》所提出的"双一流"建设目标中，提到最多的就是"创造""创新"这样的要求，当"双一流"建设目标要求相关高校的校长和教师们以挑战性、探究性、创造性的状态进行工作时，根据哈佛大学教授阿玛贝尔提出的"创造力内在动机原则"，就要求校长和教师们以内在动机、自发性动机进行持续性的工作，这恰恰是绩效评价的管理方式所不能带来的。不仅如此，绩效评价所带来的控制性动机还会"挤占""削弱"教师们的内在动机、自发性动机，原因在于为了达到外部绩效考评的目标，校长和教师们不得不把注意力放在这些外部考核目标上，这分散了教师们的注意力，令他们无法投入、专注于自己设定的目标。显然，绩效考评不是实现"双一流"建设目标的积极方法。

那么，要采取什么样的方式才能更积极有效地实现"双一流"建设目标呢？根据德西和瑞安对工作中动机和创造力的研究，创造性的工作需要在自主支持的管理环境中，当事人以自发性工作动机进行工作。自主支持意味着对于经过遴选条件和程序进入了"双一流"建设名单的高校和学科，不能采取绩效考评的办法进行管理，而是应当对建设条件和基础好的相关教师进行必要的调研和了解，在对这些优秀的教师需求进行充分调研的基础上，提供从经费、人员到管理各方面的支持和满足；了解一线科研人员的个性化的需求并提供恰当的支持和满足，这才能保障"一流高校"和"一流学科"的基础——相关的教授和科研人员能够以自发性的工作动机去工作，才可能将工作以探究性、挑战性、创造性的方式进行和完成。

除了上述《总体方案》和《实施办法》，各省地方政府也出台了相应的政策方案。例如，辽宁省人民政府于 2017 年 1 月出台了《辽宁省统筹推进世界一流大学和一流学科建设实施方案》（以下简称《实施方案》）①。《实施方案》中明确了辽宁省"双一流"建设的高校和学科名单，所以不需要再考虑遴选条件和遴选程序。

现有的"双一流"建设目标，主要是以工程化的、"两弹一星"的项目方式来实施的，这种方式在工程类学科中或许有效，然而在基础科研、人文学科中是否有效还未可知。现有措施往往集中在学科布局、人才引进等宏观方面，落实到教师个体微观层面，如何能保证每个教师在规定的时间表里达到世界一流？如果在教师个体的微观层面无法落实，那么宏观层面的目标是缺乏支撑的。

1.4 公立大学、私立大学与问责制

回想起 2001 年笔者在北京大学读书期间的一次课间讨论，至今记忆犹新。讨论的题目是北京大学到底该不该给北京生源的学生以特殊优惠的招生政策。在全国统一试卷的高考未改革之前，这种来自招生分数上的"照顾"政策非常直观，"据统计，1999 年，北京理科考生 600 分以上的有 600 多人，清华大学在北京招收 400 人；而湖北当年 600 分以上的考生有 8000 人，清华大学只在那里招收 100 人。2001 年，北京的文科重点控制线是 454 分，而青岛却是 580 分，相差达 120 多分！整个北京市 2001 年高考录取比例是 1.43∶1，而山东省的比例是 2.2∶1。按照这个比例推算，山东一个孩子考上大学，要比北京的孩子多付出 50%的努力"②。当时影响最大的莫过于 2001 年 8 月 3 名青岛学生状告教育部侵犯公民平等受教育

---

① 参见《辽宁省人民政府关于印发辽宁省统筹推进世界一流大学和一流学科建设实施方案的通知》（辽政发〔2016〕93 号）（http://www.lnen.cn/zwgk/zwtz/287309.shtml）。

② 参见张建平《从青岛学生状告教育部一案谈宪法司法化》（《河北法学》，2002 年第 4 期，120 页）。

权。① 在外地生源追求平等教育权的同时，北京生源同学的声音却少有听到，"北京大学占用了多少北京市的公共用地、公共经费投入和其他优惠照顾政策，作为北京的纳税人，是否应当享有在北京大学入学机会上相应的权利？更何况每个省份都有当地所在大学对本地生源的照顾政策，怎么没有人提出异议？"当时笔者和其他外地同学对这些说法虽不那么信服，却也找不到依据来据理力争。

2015年5月至2017年5月，笔者在澳门政府高等教育辅助办公室任顾问期间，再次接触到类似的话题：高等教育中的"地方保护"现象。举例来说，澳门的公立高校在招生时需要优先考虑招收本地生源，非本地生源在公立大学和私立大学有不同的规定，公立大学招收非本地生源不得超过15%②，私立大学招收的非本地生源则不得超过50%。在港澳地区，这种地方性的保护政策如果得不到严格执行，往往会引起公众问责，引发政治风波。

又如香港科技大学在建校过程中，由于实际建设成本远超预算，"1988年5月，立法局按此审议（指城市理工学院的建设经验）通过16.2亿元（当时的币值）的估计，加上未知而低估为3亿元左右的通货膨胀"③。实际动用的经费则是35.48亿元（分别是赛马会捐出的19.26亿元和政府拨给的16.22亿元）④，不仅受到公众舆论问责，更导致一场政治风波。对于科大创校校长吴家玮而言，"我很不愿意写这些，因为它让我回忆到创校前后最困扰和痛苦的时期。困扰的是：我没法理解为什么众多有心人合力细心孕育的新生婴儿，会惹来暴徒式的肆意践踏。痛苦的是：至此才了解香港正在进入风雨飘摇的时代，任何新事物若要生存成长，都必

---

① 参见张建平《从青岛学生状告教育部一案谈宪法司法化》（《河北法学》，2002年第4期，120页）。

② 后来由于澳门本地生源数量下降，才被迫将非本地生源的录取比例从15%调升至20%。

③ 参见吴家玮《同创香港科技大学：初创时期的故事和人物志》（清华大学出版社，2007年10月，290页）。

④ 参见吴家玮《同创香港科技大学：初创时期的故事和人物志》（清华大学出版社，2007年10月，291页）。

须顶得住强大的负面和消极势力"①。可见，吴校长至今都没能理解为何会有这样一场风波，他的解释是"暴徒""强大的负面和消极势力"。政府的核数署（审计局）"武断地发表了'超支'报告，无意中误导了社会大众"；某些议员"误导了媒体和市民"；问题是，以香港居民的公民素养，这么容易就被人"误导"？"怎么可能发生在香港这个知识水平相当高的文明社会？"，吴校长自己的解释是香港人"对以科技为基础的现代经济发展和必要的、及时的转型，缺乏认识""并不很清楚科大的理念、方向、课程或企望""与社会人士接触后，发现他们对大学教研的了解这般保守""社会对科技的重要性总是不很接受。对我们的宣传感到新鲜，但可以说基本上无动于衷。对我不遗余力地推动科技和文化发展，反应以敷衍为主，无意跟进"。既然香港社会公众对科技大学及科技的作用如此缺乏认识、了解，为何会去建这样一所大学？连香港社会这样知识水平的公众都无法理解，其他地区为何能顺利建设研究型的科技大学？最后，吴校长把问责归咎于"照本子办事""碰上过时的条例或僵化的执行"，甚至列举了不少实例来说明"本子主义可以泛滥成灾"。似乎公众对政府和大学问责是"本子主义"泛滥成灾的恶果。

表面上看，香港科技大学的风波来自预算"超支"，然而真正原因其实同样是地方保护意识。如果香港科技大学的建立对本地人群有实际的好处，"超支"如若带来更大回报，又怎么会演变为一场公众问责风波？可以说，在香港以公共经费建立"研究型的科技大学"必然会遇到公众问责的问题。为什么这么说？下面我们做详细的分析和讨论。在吴校长为科大预算"超支"的辩护中，花了比较大的篇幅引用香港大学测绘学教授、著名项目管理权威 Anthony Walker 所著 *Building the Future*②，足见这部著作在评价科大建校工程中的权威性。问题并不是这部书权威与否，更多症结恐怕出在香港科大并不符合香港本地经济社会需求的定位上。由于香港社会以商业、金融服务业为主导，对科技的经济社会需求并不明确，且规模

---

① 参见吴家玮《同创香港科技大学：初创时期的故事和人物志》（清华大学出版社，2007年10月，288页）。

② 在吴家玮所著《同创香港科技大学：初创时期的故事和人物志》一书中连续用了"校园规划比赛和建筑费用的估计""无妄之灾——建造校园的一场风波"两节内容较多引述该书，289页还注出了该书的封面，显示出对该书的权威性的认同。

有限，因此在香港设立一所以科技为主导的研究型大学本身并不符合香港的本地化需求。

根据香港教育大学郑燕祥教授提出的分析框架①（如图1-1所示），由于公立高校和私立高校在获得公共财政资助上差异较大，那么表现在高校产出上也会有不同的侧重。

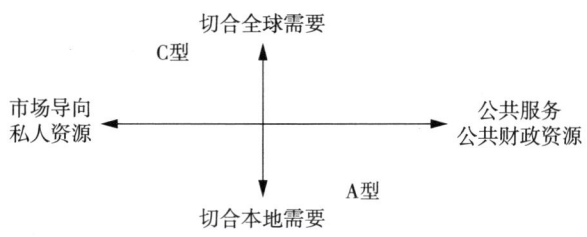

图1-1　海峡两岸暨香港、澳门高等教育面临的基本张力

就过去香港高等院校的发展模式来说，香港八大公立院校主要接受大学资助委员会的公共财政资助，因而香港高校虽然在逐渐扩大外地生源、增加自费课程类型，然而总体上是偏重右下角的发展模式，即郑燕祥教授所称的A型取向："多年来，香港高教主要是A型取向，用公共资源经营，配合本地需要，提供本地社会必需的高教服务及人力规划所需的人才，促进社会稳定发展。重要特征是中央人力规划，协调各院校供应，强调供求平衡，讲求稳定，培养本地精英。对外来学生的数量有严格限制，避免公帑外流。但高校研究经费不多，研究成果不一定要与本地经济关系密切。本地自费市场较小，大多是海外经营者，以兼读为主。"② 显然，学校财政经费来源不同，导致公立高校与私立院校的不同发展取向。具体来说，公立高校由于主要以公共财政作为办学经费来源，那么在产出上就需要更多体现院校所在地的本地化需求。这体现在，招生和教学（包括专业设置）更多需考虑本地生源和就业需求，科学研究和社会服务也应更多考虑本地社会经济发展的需求。而私立院校由于主要依靠自筹资金运行，可以鼓励

---

① 此处参考了郑燕祥教授在2017年3月28日澳门城市大学举办的"海峡两岸港澳地区人口变化与高等教育研讨会"上的发言《高教与人才扩展：竞争、创新、模式转变》，以及郑燕祥著《香港教改：三部变奏》（中华书局，2017年2月，191-192页）。

② 参见郑燕祥著《香港教改：三部变奏》（中华书局，2017年2月，190页）。

产出和服务更多面向国际化、非本地化的需求。因此，反映在对高等院校的问责上，公立高校和私立高校当然就会有差异。例如，世界不少高等院校以关键绩效指标（KPI）作为问责的考量标准，在KPI指标设计上，公立院校同私立院校有不同的侧重，公立院校应更多以图1-1右下角（A型取向）作为KPI的侧重，教学、研究和社会服务更多考虑本地化、区域化需求；私立院校则更多以图1-1左上角（C型取向）作为KPI的侧重，教学、研究和社会服务更多应考虑非本地化、国际化的需求，更多依赖私人学费和资助谋求发展。

实际上，同上面的分析类似，对于香港科技大学的定位，吴校长也有相似的判断。在对高等院校的定位中，吴校长在自己的回忆录中详细讨论了地区观、国家观和世界观："其一，地区观。香港科大是香港纳税人资助的公立大学，而在'一国两制'的原则下，香港保持经济独立自主，于是香港科大必须把服务香港特区定为自己的地区观。既然资源来自香港市民，他们就有权要求香港科大以贡献香港为首要任务。这方面与加州大学（加大）和加州州立大学（州大）有所区别：加大和州大也都是公立大学，教学资源依托加州政府，可是研究经费几乎完全来自国家（联邦政府），因此它们的地区观远不如香港科大强。"① 尽管吴校长认为香港科大还有国家观、世界观，但不能否认的是科大的地区观同国家观、世界观是相冲突的，资源和经费有限，投资于科技定位的大学，就不可能以金融、商业为主导，反之亦然。"九七回归后，由于'一国两制'，香港特区的经济继续独立。中央政府的研究经费不能过境，因此高等院校的经费继续全部来自地方政府。这方面，香港科大的定位和负责对象与旧金山州大相仿，因而政府的管治体制亦与旧金山州大相仿……公立大学由地区和国家的纳税人奉养，自然要向纳税人负责。美国州立大学的经费来源有二：笼统来说，教学经费来自州政府，研究经费来自联邦政府。《加州高等教育总体规划》要求加大成为公立的研究型大学、州大成为公立的教学型大学；于是，加大的经费分别来自州政府和联邦政府，而州大的经费绝大部分来自州政府。加大须兼顾地区和国家的利益，对州民和国民有所回报；而州大须以

---

① 参见吴家玮著《吴家玮回忆录——玻璃天花板》（海天出版社，2016年9月，183页）。

地区利益为焦点，主要是对州民有所回报。"①

既然吴校长对香港科技大学的定位以地区观、服务香港社会为主要导向，而科技恰恰并不符合香港社会的实际需求，正如前文所述，"社会对科技的重要性总是不很接受。对我们的宣传感到新鲜，但可以说基本上无动于衷。对我不遗余力地推动科技和文化发展，反应以敷衍为主，无意跟进。"那么，为何吴校长在自己的回忆录和公开的文字中从来没有反思，甚至反对科大以科技为主导的定位？让创校校长公开反对自己学校的定位，似乎有悖常理，但是作为主事人，如果自己没有这个层面的反思，那么不得不说，这一定是当事人自己的主观意愿问题了。吴校长是一个相当矛盾的校长，从任职旧金山州立大学校长开始，对于是否接受这个聘任是矛盾的；他在西北大学任物理系主任时期设想出的"滚动合同制"，尽管目前很多美国高校已经推行了类似的"终身职后评审"（post-tenure review），他自己到香港科技大学任校长期间13年也没有实施；吴校长认为香港科技大学的定位应以服务香港社会需求为主，但是他对香港社会对科技缺乏需求又不大能接受。

话说回来，既然香港科技大学的定位并不符合20世纪90年代香港的社会经济需求，为何还会创立这样一所以科技为主导的研究型大学呢？现在只是事后看香港科大在亚洲甚至全球大学中的排名不错，但这显然是服务于吴校长所说的"国家观"和"世界观"的，一开始的建设并不知晓后来的结果，初创时期主要定位无法回避"地区观"的问题。

与上述公立高校"地区观"或"A型取向"相配合的，就是公众的问责制，反映在政府行政管理上，就变成了一种类似学校内部的绩效管理措施，而非自主支持的方式：吴校长在提到香港教资会对大学的管理时，批评了政府简单化的"照本子办事"，导致"制度的不平和僵化"。例如，教资会在给大专院校分配经常性开支时，采取的是与内地很多高校类似的公式拨款，主要依据学生人数、课程规划、专业性质等，实际操作当中，主要依据一位号称高等教育管理专家的外国委员带来的两招："一是数字化，

---

① 参见吴家玮著《吴家玮回忆录——玻璃天花板》（海天出版社，2016年9月，261-262页）。

二是填交表格。"① 这种简单化的绩效管理必然要与校长的设想发生冲撞。在吴校长举的例子中，就有数学系的教学和科研不合生师比的要求；表格管理的结果是，"一次，学术部门赶完一种报表，放在会议室里，静候送货。我让人拍了照；足足四十一大纸箱！你想教资会的委员们和政府的官员们哪能花这么多时间去看、去分析！这还只是多种报表之一"②。显然，校长们在面对这类数字化、表格化的管理时是非常反感的，"数字挂帅的时代，往往有不学无术的'专家'，摈弃理智思考，以意义不清的统计法取代开心分析。跟着又有不善思考的'评论家'，有意无意间鼓励公众机构包装交代、敷衍了事。于是'本子化'带来了僵化和不平"。吴校长对香港教资会及其聘用的专家的批评不可谓不尖锐。在学校内部让普通教师和学生面对同样的绩效管理，采用数字化、表格化的管理方式，教师和学生的反应不是一样吗？

综上所述，学校的经费来源、公立还是私立的性质对学校的定位有莫大的影响，也直接影响着学校办学所面临的问责。

1.5 关于"减少教师非教学工作"的调查报告

"减少教师非教学工作"的调查报告是由原四川武侯实验中学校长、现任新教育研究院院长的李镇西，以自己的微信公众号"镇西茶馆"为平台，在全国范围内进行的一项关于中小学教师教学工作的网络调查。③ 在这次网络调查中，参与调查的人数是 2787 人，教师的分布主要以中部、东部和南方省份为主，教师以小学（47.7%）和初中（34.3%）为主，以基层学校教师为主，主要在三四线城市及所属乡镇地区（88.46%），参与调查者以普通教师（37.8%）和班主任（34.5%）为主。

这次调查在社会科学调查方法方面可能会受到很多来自高校学者的批

---

① 参见吴家玮《同创香港科技大学：初创时期的故事和人物志》（清华大学出版社，2007 年 10 月，300 页）。
② 参见吴家玮《同创香港科技大学：初创时期的故事和人物志》（清华大学出版社，2007 年 10 月，301 页）。
③ 关于此次调查情况及讨论见《关于"减少教师非教学工作"的调查报告》（http://www.hao123.com/mid/8884118095649888120?key=&from=tuijian&pn=1）。

评,因为它在严格的社会调查方法方面存在不少问题,但是,笔者认为,高校学者尤其是教育学者应该反思的一件事情就是,这样的工作本来不是应该由我们来进行的吗?高校目前的科研经费、课题数量和层次相当充裕,怎么就没有人来研究这样的现实问题?"减少教师非教学工作"这样的调研中缺失高校教育学者的声音,并不是一个偶然现象。高校教育学者的研究注意力并不是主要放在一线教师真正关注的问题上。这在一定程度上表明大学科研导向出了方向性的问题。正因为如此,笔者认为,不论这样的调查在调查方法上存在怎样的问题,它的价值和意义要比方法本身重要得多。

  这次调查反映出的一个主要问题就是,教师们没有足够的时间和精力用于教师的本职工作,如备课、教育教学研究等,只有利用各种形式的"加班"时间才能完成;而造成这一严重问题的关键就是,"非教学工作"严重干扰、挤占教师的本职教学工作。"完成各级各类检查、参与临时交办的非教学类任务、完成各类网上学习、参与各级各类会议培训,成为占用教师时间的四大因素。而这些,跟日常的教学工作并无直接关系……真正用于教学及相关准备的时间在工作时间中占比不足 1/4,剩下的 3/4 是更为耗时耗力的非教学任务。"① 那么,是什么导致教师们把大量的时间和精力花在这些"非教学任务"上,而舍本求末地忽视本职的教学准备和教育教学研究?原因就在于目前中小学的考评机制,"地方行政管理部门众多,学校成了大家都可以过问的单位。除了教育行政部门以外,其他部门也将学校纳入各自业务管辖范围,要求开展各自活动、进行检查评比、报送相关材料……为迎接上级的各类检查或创建工作,许多学校会专门抽调教师组成小组做材料,如教育科研领导小组、文明创建领导小组、安全管理领导小组、标准化建设领导小组、信息化建设领导小组、体育工作领导小组、艺术工作领导小组、推普工作领导小组等"②。难道学校不可以对这些与教育教学不直接相关的事情说"不"吗?"学校无权拒绝,因为年终督导考评时,这些全部都要纳入考评范围。一旦考评不合格,后续还将有

---

  ① 参见《关于"减少教师非教学工作"的调查报告》(http://www.hao123.com/mid/8884118095649888120? key=&from=tuijian&pn=1)。

  ② 参见《关于"减少教师非教学工作"的调查报告》(http://www.hao123.com/mid/8884118095649888120? key=&from=tuijian&pn=1)。

诸多惩罚措施。这样一来，学校不得不硬着头皮先应付各种检查，而将首要的教育教学任务退居其次。"① 难道是因为教师的教育教学工作太简单，不需要投入那么多的时间和精力，所以需要给老师们增加一些不直接相关的工作内容？显然不是。"除了课堂教学，教师通常有制定教学计划、备课、批改作业、评价学生、辅导学生、组织活动、管理班级、早晚自习、沟通家校、参加会议培训、听课、教研、记录工作日志、撰写各种学习笔记等。这些工作都是持久性和延时性的，单单较好地完成这些工作，教师们的工作量就已经饱和甚至超出。"② 此外，除了教师本职的这些工作，还有很多教育行政部门"安排的各项督导评估、达标验收、检查评比、会议培训、安全管理等事务"。在教育行政部门之外，还有其他地方行政部门给学校安排各项活动、评比。这些活动、评比往往"都有一套烦琐的检查评价标准，还有各种等级指标，学校需要对照这些标准来一项项准备材料，如通知、方案、过程、总结、文档照片视频等，各个环节都要事无巨细"③。

笔者在《学校积极领导力》和《学校积极领导力探索》两本书中已经做过分析讨论，过多、过繁、过细的考评机制不仅扼杀了创造力需要的内在动机，而且导致教师和校长的工作以控制性动机为主导，教育工作停留在重复性、机械式、算法式、常规性的任务状态；李镇西校长的调查发现，目前的考评机制更进一步将教师的时间和精力（即教师们的"工作注意力"）主要引向了"非教学工作"上，而教师的本职工作如备课、教育教学等"成了副业"。

更可怕的是，"干不完的非教学任务，让许多教师不止一次产生厌倦心理和应付思想，教育理想和教育热情受到了前所未有的打击，正常的教学工作也受到很大影响，应当开展的教育活动也收不到应有效果。时间和精力耗费了，教师们身心俱疲，看不到教育的希望和成就，最终形成恶性

---

① 参见《关于"减少教师非教学工作"的调查报告》（http://www.hao123.com/mid/8884118095649888120? key=&from=tuijian&pn=1）。
② 参见《关于"减少教师非教学工作"的调查报告》（http://www.hao123.com/mid/8884118095649888120? key=&from=tuijian&pn=1）。
③ 参见《关于"减少教师非教学工作"的调查报告》（http://www.hao123.com/mid/8884118095649888120? key=&from=tuijian&pn=1）。

循环的结果。"① 即我们在《学校积极领导力探索》一书第 5 章中所提到的教师职业倦怠进入"消极螺旋"。

李镇西校长在这篇报告结尾提出的建议笔者非常赞同。这篇调查报告所反映出来的一线教师在教育教学中存在的问题比我们一直批评的"消极领导力"还要严重得多，大部分一线教师的工作不仅没有自主支持的政策和管理环境，以控制性的考评、绩效考核为主导，而且考评机制已经将教师的主要精力引向了"非教学工作"的歧路，这是教育行政部门和各级政府不能不予以重视的问题。

---

① 参见《关于"减少教师非教学工作"的调查报告》（http：//www.hao123.com/mid/8884118095649888120？key=&from=tuijian&pn=1）。

第 2 章　积极的学校管理

2.1　人本主义管理在实践中的应用

以亚伯拉罕·马斯洛、道格拉斯·麦格雷戈等为代表，在20世纪50年代形成的人本主义管理思想很快在工商界产生了广泛影响。这里笔者对人本主义管理思想在实践中的应用进行简要的梳理，这对学校应用人本管理不无借鉴意义。

在人本主义管理思想的早期应用中，安迪·凯（Andy Kay）和他的"非线性系统"公司值得介绍。这不仅是因为该公司从1960年起就以马斯洛的《动机与人格》一书为指导进行管理变革，还因为凯邀请马斯洛于1962年参观了该公司，马斯洛根据他对"非线性系统"公司的观察和思考，完成了《尤赛琴管理》（*Eupsychian Management*）一书①。"非线性系统"公司主要从事商用数字电压表的生产，凯在这里进行的管理革新包括，由自我管理的小组代替原来的流水线分工模式，小组成员共同参与决策并负责完整的生产过程。拆除装配线，用6人或7人的生产小组代替它们，每个小组都要学习生产过程的每个方面，并且参与管理。小组成员与领导共同决定如何最好地完成本小组的任务，并且对安装、检查、排除障碍、整理工具等负全部责任。每个小组成员都熟悉几种产品的全部生产过程，休息时间不再是事先统一安排，而是由小组根据需要自行决定。另外，每个小组都在一个独立的车间工作，车间的布置也由工人自己选择方案。此外，除了付给雇员高出当地普遍工资水平25%的高薪外，他还废除

---

① 也有翻译为《优心态管理》。

了工时卡、销售人员的支出账目、对迟到和生病者进行惩罚等旧规定。由于各部分有包括保留自己经费在内的较多的自主权，他和其他高级管理人员便只是全力从事长期规划。① 这些看起来"激进的"管理措施一开始的效果并不理想："这种实验的第一个结果就是士气空前高涨，却把生产搅得一片混乱。3个月后生产才能恢复到采用流水线生产方式时的那个水平。"② 但是，之后的情况就发生了变化："不到3年，公司的销售额就增加了1倍。人均生产力约上升了30%。而缺补工人数则下降到了全国水平的1/4。顾客批评也减少了70%。一个没有想到的收益就是公司的灵活性。要生产新的型号曾需要8至10个星期，而现在只需要2至3个星期就够了。"③

  第二个早期的案例来自生产睡衣的服装公司的试验。哈伍德服装公司生产男士睡衣，由于生产设备和经营方法的变革，需要转移一批员工到新的部门，结果遇到员工的抱怨、辞职率上升、生产率下降等一系列问题。在这种情况下，董事长邀请了心理学教授库尔特·卢因（Kurt Lewin）作为顾问。在卢因的指导下，工人被编入三组进行了一次管理试验。④ 第一组工人是这样安排的：召集工人们开会，告诉他们新的职责和工作方法。监督人员作了详细解释后，让雇员就刚才所说提问。第二组工人这样安排：工人被允许选出代表与管理人员一起工作，研究问题，并制定新的工作方法和程序。小组代表先与管理人员碰头听取问题的详细情况，再向工人解释，之后把工人的观点和建议带给管理人员。在帮助管理人员制定计划后，这些代表再把定下的计划向他们的伙伴解释清楚。第二组工人跟第一组的不同在于有工人代表作为工人与管理人员之间的沟通者。第三组工人这样安排：所有工人都应邀同管理人员一起决定必要的工作方法和程序。经过一段时间的试验发现，同之前的工作情况相比，第一组产量下降

---

① 有关非线性系统公司和安迪·凯的内容参见爱德华·霍夫曼著、许金声译《做人的权利——马斯洛传》（改革出版社，1998年，298-299页）；以及弗兰克·G.戈布尔著，吕明、陈红雯译《第三思潮：马斯洛心理学》（上海译文出版社，2006年，166-167页）。
② 参见《第三思潮：马斯洛心理学》（上海译文出版社，2006年，167页）。
③ 参见《第三思潮：马斯洛心理学》（上海译文出版社，2006年，167页）。
④ 有关试验内容参见弗兰克·G.戈布尔著，吕明、陈红雯译《第三思潮：马斯洛心理学》（上海译文出版社，2006年，158-165页）。

了35%，而且整整一个月没有回升，干劲很差，劳资对立明显，9%的工人辞职，6周后小组解体。第二组14天后生产率达到标准水平，月底产量高于变化前，没人辞职，工作态度良好。需要说明的是，这两组由同一位经理指导。这应该是比较有说服力的，在同一位经理的管理下，由于管理组织方式不同，导致生产效果差异。第三组第二天的产量就恢复到了原来水平，而且之后产量不断提高，直到高出14%；工人的干劲很高，无人辞职。这个试验说明，鼓励工人承担责任、参与管理可以发挥工人的积极性和主动性，生产绩效也会更好。

与哈伍德服装公司的试验相关，还有另一家后来被哈伍德兼并的韦尔登服装公司。该公司创立于20世纪40年代初，主要生产睡衣，到1955年雇员高达3500人，成为睡衣行业的领头羊。而这一时期两位公司合伙人采用高度集中的管理方式，一人负责生产，一人负责销售。在公司创业和发展时期，集中决策的管理方式是有效的。然而，1955年之后，公司开始走下坡路，雇员减少到1000人，公司规模缩减至不到原来的1/3。到1962年被哈伍德公司兼并时，韦尔登公司有一半员工想辞职，平均每个月补缺10%工人，旷工率6%，亏本15%；相比较而言，哈伍德公司想辞职的员工为17%，补缺工人只有0.75%，旷工率3%，盈利17%。哈伍德接收韦尔登后，进行了长达3年的管理转型。首先进行技术改进。技术设备更新、保养投资，工人的产量和干劲都很低；接着进行了管理改进，一个合伙人辞职，另一个放弃原职，由原来的集中决策转变为参与式经营，在1962年至1964年近3年的转变过程中，韦尔登公司投资盈利从-15%升至17%，补缺工人从10%下降至4%，旷工率从6%下降至3%。也就是说，哈伍德公司经过3年的管理转型，成功地将收购的韦尔登公司转变为和自己一样的状态。并且，在密歇根大学社会研究所调研人员的后续调查中发现，这种状态在之后4年中仍然得到了有效的保持。他们报告说"韦尔登公司近年来不仅没有回到原来的状况中去，而且还向1962年时企业主和经理们所期望的组织化目标大大迈进了……"①。

第三个案例是在《学校积极领导力》一书第二章"积极管理观"中提

---

① 参见弗兰克·G.戈布尔著，吕明、陈红雯译《第三思潮：马斯洛心理学》（上海译文出版社，2006年，163-164页）。

到的,**邀请道格拉斯·麦格雷戈对宝洁公司位于佐治亚州的奥古斯塔洗涤剂厂设计的管理结构**。麦格雷戈基于 Y 理论,对该厂管理采取非科层式管理,即更多采用自我管理、自主驱动的团队式管理。这种管理设计不仅让奥古斯塔工厂的生产效率比其他工厂高出 30%,在将其推广后,也成为宝洁公司的竞争优势之一。①

第四个案例是位于美国加州的幸福生活酒店集团。该集团在 CEO 奇普·康利(Chip Conley)的带领下,在 2001—2004 年酒店业面临行业性衰退影响时,运用马斯洛的需求层次理论,对酒店雇员、顾客和投资者的需求进行了深入分析,并推行了大量管理措施,尤其是对酒店的企业文化进行了全方位提升。当最大的竞争对手面临破产时,幸福生活酒店集团的市场份额却上升了 20%,营业收入翻了一番,推出了集团有史以来最成功的酒店,每年雇员流动率降到了业内平均值的 1/3,并被选为旧金山湾区十大雇主之一。②

第五个案例来自一家电子公司的总裁。他显然不相信耶鲁大学管理科学教授克里斯·阿基里斯的观点:"一般工人只在公司工作上用了全部潜力的 1/3。"阿基里斯在这家电子公司进行了为期一年的试验。③ 他给 12 名电器装配女工一定的责任,让她们自己安装一个电器单元。他并没有让效率专家去告诉工人如何工作,而是让她们自己找出方法。另外,12 位姑娘中每人都要检查装配好了的单元,在上面签名,并处理有关信件和顾客意见。试验的第一个月,产量比传统流水线作业法工作时下降了 30%,工人们的情绪也相当低沉,但等到第 8 周结束时,生产开始上升。到第 15 周,产量达到了从未有的高度,而且检查、包装、管理和操作的费用全都降低了。到一年结束时,生产继续比以流水线作业法更快的速度增长。返工费用下降了 94%,用户批评从原来的 75% 降到 3%。于是,这位总裁开始在他的公司全面推广这种方法。

以上只是人本主义管理应用的一些简单案例介绍,实际上,以马斯

---

① 参见 http://www.economist.com/node/12366698。

② 参见奇普·康利著、朱雁斌等译《巅峰:马斯洛赋予伟大公司的魔力》(机械工业出版社,2009 年)。

③ 参见弗兰克·G. 戈布尔著,吕明、陈红雯译《第三思潮:马斯洛心理学》(上海译文出版社,2006 年,165-166 页)。

洛、麦格雷戈、德鲁克等为代表的人本主义管理在现代企业中应用相当广泛。Sorensen 和 Minahan（2011）从分权与授权、工作的丰富化、参与式管理、绩效评价和欣赏式探究等方面对麦格雷戈的 Y 理论在工商管理界的应用进行了梳理。其中，不乏像谷歌①、IBM、强生、福特、丰田、西南航空、沃尔玛②、克莱斯勒公司贝尔维迪尔工厂等世界五百强的大公司。既然作为一种更为先进的管理理念和方式，为何没有在我国的工商企业界得到广泛的应用？为何我们的学校没有普遍采用这样的管理方式？现实的情况是，基于绩效的消极领导力、经验式管理、科层制管理、方便管理、军事化管理在企业和学校管理中普遍存在。在我国企业和学校的未来管理变革中，人本主义的管理方式应得到更为广泛的应用和实践。③

2.2　什么样的管理者更有可能采用人本主义的管理方式

通过对上述人本主义管理在实践中应用的梳理，很容易发现这种应用同企业管理者密切相关。那么，为何有些管理者很乐意采用人本主义的管理方式，而（数量上）很多管理者却没有这样做？或者从另一个角度看，好的管理思想必须有管理者愿意使用才会真正起作用，商学院的教授们或者像马斯洛这样的学者们发明了很多管理思想，如何才能被企业的领导者接受和使用呢？为了回答这个问题，我们需要对上述案例中来自企业的管理者进行单独的分析。

积极邀请马斯洛到非线性公司访问的安迪·凯（Andy Kay），值得进行专门的介绍。有关他的背景介绍内容不多，主要来自马斯洛的传记记载。④ 凯的父母都是来自东欧的移民，在美国新泽西州从事织布工的工作，

---

① 参见奇普·康利著、朱雁斌等译《巅峰：马斯洛赋予伟大公司的魔力》（机械工业出版社，2009 年，50-52 页）。

② 参见 Sorensen and Minahan, Mcgregor's Legacy: The Evoluation and Current Application of Theory Y Management. Journal of Manament History, 2011, 17（2）: 178-192。

③ 所以，像北京十一学校的管理变革，以及《北京市十一学校章程》这样的管理方式值得研究推广。参见《北京市十一学校章程》（《中小学管理》, 2015 年第 1 期, 43-45 页）。

④ 参见爱德华·霍夫曼著, 许金声译《做人的权利——马斯洛传》第十五章的相关内容。

这说明凯的家庭背景属于普通的工薪阶层，在凯成年之后的职业发展上并不能提供多少帮助。凯在中学时期就表现出对科学发明的浓厚兴趣，他在十几岁时就在自家地下室重复了特斯拉（Nikolas Tesla）的实验，并且在制作火箭时差点炸掉自己的一条腿。凯于1938年进入麻省理工学院学习，1942年获得理工学位后进入一家仪器制造公司，从事仪器制造和检测工作。这家公司有8家工厂，9200个工人，却只雇用了几百位管理人员，公司的合伙人威廉·杰克显然对凯后来的管理方式产生了影响，他确信工人可以自我管理。"他引导雇员批评那些上班迟到的同事，还向全体工人提供维他命和免费午餐。当时流水线上装配工人的报酬是每小时1美元，他却定期发给所有工人50美元的奖金。杰克一天两次通过扬声器向工人作鼓舞士气的讲话，其中一次是早上4点钟夜班换班的时候。"所以，凯对第一个工作单位的老板的评价是"他是我所见到的最伟大的鼓动家"[1]。7年之后，1949年，凯到另一家科学仪器公司出任副总经理，负责监管航空侦察照相机的制造。"在这个位置上，他决心使自己像精通工程学那样精通管理。为此他废寝忘食地几乎阅读了这方面的每一本书。"[2] 事实上，凯不仅阅读了大量的管理书籍，而且将马斯洛的《动机与人格》作为他后来创业时进行管理改革的理论依据。这一点尤其值得公办和民办中小学的校长、行政部门的管理者注意。安迪·凯其实完全可以像我们很多校长和管理者一样，凭借经验进行管理，完全不理会所谓的管理理论。3年之后，即1952年，凯创立了自己称为"非线性系统"的公司，主要生产商用数字电压表。一开始这家公司的产品就因质量优良获得好评。尽管如此，公司在没有遭遇市场竞争压力的情况下，还是进行了管理上的革新，从而让安迪·凯和他的"非线性系统"公司闻名商界。

从安迪·凯的案例来看，他是一位非常积极主动获取管理思想的管理者，他不仅主动学习和阅读了许多管理著作，还将它们运用到他的公司中，他不仅邀请马斯洛到他公司进行实地指导，而且早在马斯洛到来之前，他已经依据《动机与人格》一书对公司进行了几年的管理革新。

第二个企业管理者是20世纪40年代末美国哈伍德服装公司的董事长

---

[1] 参见爱德华·霍夫曼著、许金声译《做人的权利——马斯洛传》，297页。
[2] 参见爱德华·霍夫曼著、许金声译《做人的权利——马斯洛传》，298页。

艾尔弗雷德·J. 马罗。他不仅聘任心理学家库尔特·勒温（Kurt Lewin）作为该公司的顾问，还邀请密西根大学利克特博士领导下的鲍尔斯和西肖尔参与收购公司韦尔登的管理转变。有关马罗的介绍不多，主要是他曾获得纽约大学心理学博士学位，"是动机理论在工业界的倡导者之一"①。这位企业领导者的背景似乎说明该公司采用开明管理方式是水到渠成的事情，尤其董事长的心理学博士背景，对动机理论在企业界的应用提供了有利条件。

第三个企业管理者是20世纪50年代中期宝洁公司在佐治亚州建立的奥古斯塔工厂的高级经理。这位经理参加过朝鲜战争，他意识到军队的命令—控制式管理不适合企业，于是邀请道格拉斯·麦格雷戈帮助设计该工厂的管理方式。② 关于这位军人出身的高级经理，只在关于道格拉斯·麦格雷戈的生平中有简要介绍。他同前面两位共同的特点是，他们都主动去寻找 Y 理论的思想者，如马斯洛、勒温、利克特、麦格雷戈等。

第四个企业管理者是奇普·康利（Chip Conley）。他是美国幸福酒店集团的创始人兼 CEO，拥有斯坦福大学的经济学本科和工商管理硕士学位。他是在美国酒店业面临整体衰退时，一个偶然的机会阅读了马斯洛的书籍，然后开始在幸福酒店进行管理改革的。2001—2004 年，美国酒店业面临"9·11"、非典的爆发等影响，陷入整体衰退，在郁闷之中，他很偶然地走进酒店集团总部附近的一家书店，开始翻阅马斯洛的《存在心理学探索》一书，此后就开始不断阅读马斯洛的著作，以至于后来在酒店集团推行新的管理改革③。奇普·康利相比于前述的几个管理者而言，并非有意识、完全主动地应用 Y 理论的思想，而是在酒店集团遭受衰退压力之下，偶然受到马斯洛思想的影响，当然，他在斯坦福求学和营运酒店的 15 年间都或多或少是赞同这种思想的。

第五个企业管理者是一家电子公司的总裁，他一开始完全不相信 Y 理

---

① 参见弗兰克·G. 戈布尔著，吕明、陈红雯译《第三思潮：马斯洛心理学》（上海译文出版社，2006 年，158 页）。

② 参见道格拉斯·麦格雷戈在经济学家网站的介绍：http://www.economist.com/node/12366698。

③ 参见奇普·康利著、朱雁斌等译《巅峰：马斯洛赋予伟大公司的魔力》（机械工业出版社，2009 年，5-6 页）。

论的这套说法，所以他"曾质问阿基里斯博士，要他证明他关于一般工人只在公司工作上用了全部潜力的1/3的论点"①。如果这位总裁一开始就接受Y理论的思想，也就不会有耶鲁大学教授克里斯·阿基里斯在这家公司进行的为期一年的试验了。"试验结束后，那位不愿透露姓名的总裁终于为试验的结果所折服，并开始在他的公司里全面推广这种方法。"② 相比于前面几位管理者，这家电子公司总裁恐怕是比较消极看待Y理论的，而且他只看重结果，就是生产效率是否得到提高，这是他接受这一思想的前提。

当然，还有很多采用Y理论管理方式的公司案例值得进一步去收集。从这里收集到的案例可以看出，人本主义管理方式要在企业实践中得到应用，企业的管理者起着关键角色，那些认同马斯洛、道格拉斯·麦格雷戈思想的管理者通常都会积极主动地将其运用在自己的企业管理实践中，如安迪·凯、艾尔弗雷德·J.马罗；而不认同Y理论的管理者，通常关注的是企业的管理结果、生产效率的提升，除此之外，并无更好的办法在企业界推广人本主义管理。这后一种情形恐怕恰恰是我国大部分公司、学校面临的情况。实际上，回想一下我们在《学校积极领导力》一书第二章中提到的克拉玛依一中的案例，便是这方面一个很好的例证③，在尝试过半封闭化管理，集中优秀生源和师资进行试验后发现此路不通，才采用向十一学校学习的办法。

2.3 控制导向的职称制度对教师工作动机的影响

大学现行的职称晋升制度中一个常见的现象就是"捆绑"现象，即职称晋升不是简单地看论文、著作等成果的产出水平，而是将一系列的事件与职称晋升"捆绑""挂钩"在一起。这种"捆绑""挂钩"不仅包括各

---

① 参见弗兰克·G.戈布尔著，吕明、陈红雯译《第三思潮：马斯洛心理学》（上海译文出版社，2006年，165页）。
② 参见弗兰克·G.戈布尔著，吕明、陈红雯译《第三思潮：马斯洛心理学》（上海译文出版社，2006年，165页）。
③ 参见侯龙龙编著《学校积极领导力》（机械工业出版社，2017年4月，38-40页）。

种级别的课题、项目,研究报告的"领导批示",还包括了师德等因素。最后,职称晋升到底是一种专业水平的表现,还是一种为了"调动"教师积极性,可以与之"捆绑""挂钩"的利器,就分不清楚了。以各种级别的课题来说,与其说课题是一种科学产出,不如说是一种科研投入;与其说是一种学术能力水平,不如说是某种程度的公关能力。

在职称晋升中采取"捆绑""挂钩"策略的一个后果就是,大大激发了教师们的"积极性":为了满足晋升各项条件,教师的外部控制性动机异常活跃,然而,正如哈佛大学教授阿玛贝尔所提出的"创造力的内在动机原则"所揭示的,这种外部控制性动机对产生创造力的内在动机其实是有害的,有害的原因之一是,它挤占了教师原本的专注力,让他们分散注意力在外在职称评审的指标上。实际上,职称晋升应以代表作作为学术水平的证明,加上诸如陈平原教授建议的,一应取消名额限制,二应该由内部评审转变为匿名外部评审。

华南师范大学政治与行政学院教授郭台辉[1],在对自己的求学和学术生涯回顾中提到课题申报对自己学术兴趣的影响:"历史常常出现悲喜剧,我也不例外。就在我明确自己的研究领域的同一年,却命中关于农民工研究的国家社科基金项目[2]。这个项目似乎来得很不是时候,过去五年我孜孜以求却毫无音讯,如今我明确了自己的研究后却不召而至。但话又说回来,这个项目来得又是时候,不仅仅为晋升教授增加亮点,更重要的在于,如果这个项目提前到来,我准备付诸终生的公民身份研究和研究方法可能被永远扼杀在摇篮里。就这样,为了按时结项,我不得不暂且搁置钟情的理论与历史研究,而去收集那些通过问卷设计与访谈得来的数据资料,完成自己并没有多大兴趣却有严格时限的研究成果和调查报告。"[3] 郭教授申请成功的国家社科基金项目对于他的学术职业影响到底是积极的,还是消极的?从职称晋升角度看,当然是积极的:"为晋升教授增加亮

---

[1] 郭台辉教授个人简介参见 http://baike.baidu.com/item/%E9%83%AD%E5%8F%B0%E8%BE%89/9774384?fr=aladdin。

[2] 该项目是指"新生代农民工的公民身份认同与政治行为方式之内在关系研究"(编号11CZZ004,主持)。来源:国家社科基金规划课题青年项目。

[3] 参见郭台辉《我的学术逆袭之旅》(http://www.aisixiang.com/data/101222-5.html)。

点。"然而，对于郭老师内在学术兴趣和学术方向的发展却是不利的："为了按时结项，我不得不暂且搁置钟情的理论与历史研究，而去收集那些通过问卷设计与访谈得来的数据资料，完成自己并没有多大兴趣却有严格时限的研究成果和调查报告。"这种不利影响不仅耽误了他真正感兴趣的学术方向，而且对研究动机影响巨大，进而影响研究产出。没有多大兴趣却有严格时限的研究成果和调查报告如何可能体现出创造性？不仅如此，郭老师自己的反思是："在完成项目过程中，自己暗下决心，结项之后绝不再做违背自己兴趣爱好而只是迎合现实意图的研究，因为人的学术精力和知识储备总是有限的。只有经得起时间检验的研究成果才是真实的，有意义的，才能让自己信服，到老态龙钟时才敢回首自己的研究历程，才对得起学者这个身份。"① 显然，总体而言，这项国家社科基金项目申请成功对郭老师的职业发展是不利的，他还庆幸这个项目晚了5年申请成功，如果更早成功的话，他的时间和精力都会被卷入一个没有多大兴趣的项目之中，"如果这个项目提前到来，我准备付诸终生的公民身份研究和研究方法可能被永远扼杀在摇篮里"②。

既然如此，读者会问了，那郭老师为何非要申请这个项目？不申请不就没有这么多麻烦了吗？这就涉及职称评审的问题，国家级项目是教授评审的"亮点"。当然，我们不能苛求郭老师别着急评教授，身处这样的评审制度中，有几位教师可以不受影响呢？所以，问题出在职称评审制度本身。如果没有国家级项目的要求，或者仅仅通过代表作判断学术水平，没有名额限制，没有人情关系干扰，自然教师可以安心于自己的学术志向。目前，职称评审制度会在很大程度上干扰教师的工作动机，上述郭台辉教授的案例就是很好的证明。

同职称相关的，对教师影响较大的因素就是大学教师的收入，尤其是青年教师（简称"青椒"）工资待遇低下。工资待遇低下不仅会影响教师的研究方向，让他们尽可能短平快地发表论文、提升职称，达到涨工资的目的，具备承接更多科研项目的资质；还会迫使青年教师"不得不"去申

---

① 参见郭台辉《我的学术逆袭之旅》（http://www.aisixiang.com/data/101222-5.html）。

② 参见郭台辉《我的学术逆袭之旅》（http://www.aisixiang.com/data/101222-5.html）。

请各种项目经费，或者参与其他科研项目获得一定的经费回报，这样科研项目实际上变相成为一种补偿低工资、获取灰色收入的方式。大学中找发票报销是一种令人不得不关注的现象，原因也在于此。上面提到的郭台辉教授提到了他博士刚毕业时如何为了"维持生计"，而不得不放弃自己真正感兴趣的"鲍曼思想研究"："不能挪用博士论文，这对于一个仍沉醉于其中的新毕业博士来说，心里顿感压力巨大。不仅如此，我也尝试用博士论文没有用过的材料，撰写鲍曼思想的其他内容，但任何投稿都是石沉大海，毫无回音……在这种情况下，我开始意识到，博士论文的出版意味着自己的鲍曼思想研究也可能到头了，必须转入新的研究主题，否则就难以在学术道路上维持生计了……为了在学术道路上求得生存，我不得不忍痛割爱，告别鲍曼研究，隔断与博士论文的联系。当时辛辛苦苦从各地收集来的诸多关于鲍曼思想的著述，没日没夜研读鲍曼思想并翻译整理相关文献的大量笔记，也束之高阁。如今，一沓沓沉甸甸的论文复印件和装订完好的复印的书籍堆得几尺高，躺在办公室书橱一个冷僻的角落，无人问津，纸张开始泛黄，并发出某种霉味。虽然新的研究领域还没有完全进入，但已经釜底抽薪，结束了对鲍曼思想的跟踪与关注。"① 郭台辉教授在自己的这篇学术生涯回顾中提到，博士阶段对鲍曼思想的研究被迫中断、转向，不是他对这一领域的研究没有了研究兴趣和热情，而是由于不能尽快发论文、评职称，"维持生计"都有困难，这显然同青年教师工资待遇低直接相关。

这种为了"维持生计"而进行的研究转向并不顺利。"博士毕业随即就遭遇研究转型的辛酸与苦楚，表现为，既要冷血告别'热恋'多年的鲍曼思想研究，又要重新去苦苦'追求'另一个'精神恋人'——曾经擦肩而过的公民身份研究。这种徘徊、犹豫、挣扎与坚持一直延续了至少三年之久。实际上，我从2008年开始正式告别鲍曼研究，但对于如何研究公民身份问题，我却并没有清晰的认识，这主要归因于自己没有明确的方法论指导。"②

---

① 参见郭台辉《我的学术逆袭之旅》（http://www.aisixiang.com/data/101222-5.html）。
② 参见郭台辉《我的学术逆袭之旅》（http://www.aisixiang.com/data/101222-5.html）。

在这次研究方向转变的过程中，郭老师提到了国内研讨班的学习和去美国进修对自身的帮助和提升。"2009年中国政法大学举办首届政治思想史方法论研讨班，我有幸作为正式学员参加全过程的学习。我记得，那个班邀请了思想史研究领域几位知名学者来主讲。给我启发最大、受益最多的是李剑鸣与方维规两位教授。李老师列举西方近代历史上的概念所指与能指以及国人理解误区，使我认识到概念应用的语境差异是一项有意思的研究。方老师讲述近代中国的民族、共和、民主这些概念的西方来源与当下语境，使我第一次了解到概念史方法，并且意识到这应该可以运用到公民身份研究中。因此，此后我开始主动与两位教授取得联系，并得到他们的指导。方维规老师的关照尤其让我感激不尽。他鼓励我，公民概念史是有意义、有前途的研究，并几次给我寄来德语、日语方面的相关文献。"①

在郭老师的职业生涯发展中，我们并没有看到同待遇、收入挂钩的职称制度起到积极的推动作用，而是起着放弃原有研究兴趣（鲍曼思想研究），暂时搁置新的研究兴趣（公民身份研究）的作用；而对教师职业成长真正起到帮助作用的却是同职称评审不相干的研讨班的学习和交流。这对大学教师职称制度的设计不能不说有一定的警示作用。

2.4 绩效考核：为创造性留余地

我们在《学校积极领导力探索》第2章"80年代学校中教师的工作动机"这部分内容中，比较了80年代同目前学校管理的显著不同。表现在绩效考核上，80年代的学校更多表现为平均主义的色彩，而目前的学校则是绩效管理大行其道。这两种不同的管理主导方式，导致的后果差异巨大，正如一些学者对80年代的回忆，"现在这种强调效率的生活方式，把人推到一条轨道上，把你的时间精力全部都塞满了，让你永远绷着一根弦，结果呢，你真正想做的事情也许倒没精力做，都忙瞎了……80年代是高校最宽松的时代，各种管理没有健全，也不大管教授，教师们都有空间时间做各种各样的事情。虽然那种制度有它的问题，比如养了一群不学无

---

① 参见郭台辉《我的学术逆袭之旅》（http://www.aisixiang.com/data/101222-5.html）。

术混饭吃的人,但你要矫枉过正,走到另一个极端,也很可怕,搞得人人神经质,疲于奔命,哪里还谈得上游刃有余呢。"① 当前的绩效管理、考核评价虽然让"不学无术"的人也被迫去干活,但这个活的质量能怎样呢?现在绩效管理大行其道的结果就是学术界大量低水平的论文、著作被不断生产出来,更为可怕的是这种绩效考核会威胁到真正的创造性工作所需要的"悠闲":"特别是做思索性的、创造性的工作,这种适度的'闲'是非常重要的……这种'悠闲',对于人文学者来说,太可贵了。不敢说所有学科都如此,但对于人文学者来说,没有海阔天空、漫无边际的思考,整天忙于日常事务,是不可能做出大学问的。"② 目前的学校管理,尤其是高校管理,内部越来越强化绩效导向的管理方式,职称评定与各种评优评奖挂钩。而外部则是不断加强对学校的管制和评价,中小学从教师到校长有各种各样的"标准":准入标准、业务标准、管理标准等;大学则是强调外部的质量保障(Quality Assurance)、大学办学的 KPI(关键绩效指标)。这种内外结合的管理措施,对今日学校中的教师和校长工作动机影响巨大,外部的控制性动机被大大激发出来,而发挥创造性需要的内部动机、自发性动机则被挤占和压抑,是非常不利于学校中创造性工作的发生的。

简单梳理一下 20 世纪 80 年代学校管理中的平均主义同现在学校管理中的绩效评价,见表 2-1。

表 2-1 20 世纪 80 年代学校管理中的平均主义和当前学校中的绩效管理的比较

	优势	劣势
20 世纪 80 年代学校管理中的平均主义	自由度大,利于自发性动机、内在动机的发挥和创造力的表现	"混日子"、"吃大锅饭"、论资排辈
当前学校中的绩效管理	根据绩效决定奖励和评优看似公平,"混日子"的人少了,似乎产出增加	平庸的产出大大增加,创造性失去空间和自由度

在以效率、产出和绩效为主题词的今天,学校越来越公司化、企业

---

① 参见陈平原《我的"八十年代"——答旅美作家查建英问》(选自《大学何为》,北京大学出版社,2016 年,340-341 页)。

② 参见陈平原《我的"八十年代"——答旅美作家查建英问》(选自《大学何为》,北京大学出版社,2016 年,341 页)。

化，每个部门、每位教师日益成为独立的"成本—收益""投入—产出"核算单位，比起论资排辈、人浮于事的 20 世纪八九十年代，似乎学校改革在进步。① 然而，问题在于，绩效导向的管理在大量增加平庸产出的同时，却牺牲了人们做出创造性需要的内在动机、自发性动机。高晓松在《晓说》中专门探讨了"大师照亮八十年代"②，而今日学校面临的主题和挑战却是"钱学森之问"，这其中的反差同绩效导向的考核评价大行其道不无关系。

2.5 校长的教育家精神与学校自主权

从自我决定理论的视角来看，校长的教育家精神和学校的办学自主权是同一件事情的两个方面：校长的教育家精神是学校的管理者能够持续地、自觉地按照教育自身的规律进行办学，在这个过程中，尤其重要的是能够自觉地防止和过滤政府行政力量和市场资本力量对教育的干扰和各种负面影响；而学校办学自主权则是赋予校长足够的权力空间去行使教育家精神的各项措施。这两者是相辅相成，缺一不可的。

然而，现实之中我们往往看到脱离一方而片面强调另一方的做法。例如，在不对学校进行放权，不给予学校充分自主权的前提下，大谈教育家精神；或者在校长普遍不具有教育家精神的情况下③，大谈学校办学自主权，要求政府下放权力的各种声音。

今日学校管理的现实是，学校缺乏办学自主权，同时大多数的校长并不具备教育家精神④。作为同一个硬币的两面，政府行政和校长管理是互

---

① 回想一下《学校积极领导力探索》一书第 4 章的内容，山东潍坊的教育改革不正是如此吗？
② 参见 http://new-play.tudou.com/v/109987761.html？recoid=&itemid=。
③ 许多校长自身并没有注重自己的教育家精神的成长与培养，而是以升职、权力和荣誉这些外部目标作为自己的驱动力。
④ 简单而言，大多数校长不是以"初心""教育理想""情怀"来驱动自己的职业发展，而是将外在的绩效考评、评优评奖作为自己的职业驱动力。仅有少数校长像原中科大原校长、南方科技大学前校长朱清时，武汉大学原校长刘道玉，北京十一学校校长李希贵，成都武侯实验中学校长李镇西，深圳明德实验学校校长程红兵等，是具有教育家精神的校长。

相配合、互相强化的，正因为学校长期缺乏办学自主权，所以，校长也难以发挥教育家精神，校长更多趋向于控制型、官僚型的管理者；同时，正是由于校长们更多地趋向于采取控制型、官僚型的管理方式，政府也就不大可能对其进行授权和放权。在这样一个教育现实之中，不能一般意义地谈下放学校办学自主权。如果校长本身不具有教育家精神，主要是依赖外部绩效考核、评优评奖驱动自己的职业发展，依靠从外部评价体系获得的优势走到校长的岗位上，对这样的校长进行下放办学自主权的话，对于学校的教师来说，无异于一场灾难。原因在于，这类校长走向高度专制和控制型管理的可能性非常之大。从这个角度来说，似乎政府不对学校下放自主权是有"借口"的：为什么要对低层级的官僚下放权力？

还是要回到校长队伍的教育家精神培育和成长上来。校长的教育家精神如何培养？从根本上说，就是要解决校长职业成长和发展的驱动力问题，也就是校长的职业发展主要依靠什么驱动，是依靠外部评价体系驱动职业发展，还是依靠自己的内在动机、自己对教育的独特理解和认识来驱动自己的职业发展。驱动力问题不解决，教育家精神的培养就无从谈起。在校长群体之中，大多数的校长似乎都"选择"了一条外部驱动、外力制动的职业发展道路。那么对他们来说，该如何解决职业驱动力问题？或者对他们来说，还有没有机会转换轨道，改变自己的职业驱动力？答案当然是肯定的！

笔者对职业驱动力的研究表明，职业倦怠是转换职业驱动力的重要契机。对于以控制为导向、以外部评价为驱动的校长而言，控制性因果导向类型是比较常见的。[①] 长期控制导向的后果是压抑、削弱内在动机，校长的自我很容易消失不见，进入职业倦怠，甚至不断地经历职业倦怠在其职业生涯中几乎是不可避免的。职业倦怠无法借助外部评价体系的不断刺激来解决，因为外部升职、奖励的刺激只能维持短暂的"积极性"，无法解决长期的"积极性"问题。要解决职业倦怠，只能依靠"更换跑道"：黄西从生物化学博士转换到脱口秀；李健从国家广电总局的电子工程师转换到歌手；崔永元从央视主持人转换到传媒大学的教师；北京大学教育学院

---

① 德西和瑞安根据动机将人们区分为三类：自主导向、控制导向和非人格化导向。

教授文东茅从教育政策研究转换到"致良知"的学习和推广；笔者从教育经济学的研究转换到学校积极领导力的研究；等等。上述案例都是在"更换跑道"的过程中，重新寻找、培育、建立自我，重新发现、培养内在动机和内在驱动力。"更换跑道"只是表现出来的职业发展路径变化，而隐藏在下面的是由外部评价驱动的职业发展转换为内在动机驱动的职业发展。

作为对上述观点的一个佐证，我们可以比较一下高校和中小学的办学自主权。很显然，高等院校的办学自主权明显要比中小学大得多，这体现在人事、财务、教学等各个方面，同中小学相比，高校可以自主招聘教师，财务相对独立，教学活动更多是自主进行。尽管如此，2014年7月8日，国家教育体制改革领导小组办公室下发了《关于进一步落实和扩大高校办学自主权、完善高校内部治理结构的意见》[①]（以下简称《意见》）。《意见》主要从七个方面"落实和扩大高校办学自主权"："支持高校科学选拔学生，深化考试招生制度改革""支持高校调整优化学科专业，鼓励高校办出特色""支持高校自主开展教育教学活动，深化人才培养模式改革""支持高校自主选聘教职工，发挥各类人才的积极性创造性""支持高校自主开展科学研究、技术开发和社会服务，为提升创新能力创造条件""支持高校自主管理使用学校财产经费，提高经费使用效益""支持高校扩大国际交流合作，提高高等教育国际化水平"。不仅如此，还提出"在近期取消下放国家重点学科审批、利用互联网实施远程高等学历教育的教育网校审批等教育行政审批项目的基础上，继续研究取消下放一批教育行政审批事项"。可以说，在高等院校层面，大学校长获得的办学自主权是比较多的，那么高等院校是否"用好办学自主权"了呢？或者，大学校长获得的自主权空间要比中小学校长大得多[②]，然而大学校长比中小学校长是不是相应比例地表现出更多的教育家精神呢？这恐怕很难说，全国两千多所高校，并没有看到大学校长比中小学校长表现出更多的教育家精神，更

---

① 参见《国家教育体制改革领导小组办公室关于进一步落实和扩大高校办学自主权、完善高校内部治理结构的意见》（教改办〔2014〕2号）（http://www.moe.edu.cn/publicfiles/business/htmlfiles/moe/s6529/201412/182222.html）。

② 所以，当前高等教育领域改革面临的主要问题是"去行政化"，还不是大学办学自主权不够的问题。

多的还是把校长当作行政职务来看待。

从大学校长和中小学校长在办学自主权方面的比较可以看出,仅仅是下放办学自主权并不能确保学校就办得更好,其中很关键的因素在校长,校长本人是教育家意义上的校长还是官僚型的校长,直接影响着学校办学自主权能否得到充分的利用和发挥。

2.6 学校管理中的"学而优则仕"

在中小学和大学管理中,一种常见的现象就是校长的人选往往采取"学而优则仕"的办法,或者说中小学校长往往是"教而优则仕",大学校长则往往是"研而优则仕"。前者是说,中小学校长大都是从一线教学教师,尤其是语文、数学等主科任课教师中,教学表现优异者中选拔而出;后者则是说大学校长往往从学术科研表现卓越者,如院士、有突出科研成就者中选出。这种选拔方式比较常见,然而问题也往往明显:教学优秀如何能同管理水平高画等号?科研出色如何能同管理水平高画等号?校长似乎不需要专门学习和提升管理能力和水平,自然而然就会当。由此带来的问题就是中小学校长和大学校长往往容易出现经验式管理、示范型管理,要么重业务、轻视人事关系和学校文化塑造,出现高任务、低关系的专制型校长;要么过于重视人际关系,做老好人,只知道自己如何提升业务,却无法为教师发展提供指引。真正能做到高任务、高关系的校长少之又少。

香港科技大学创校校长吴家玮,提到他早年在美国西北大学任物理系系主任一职时,进行人事管理的根据:"我没有学过人事管理,薪酬分配该是非常头痛的事。西方大学里的学术行政人员,据我所知都是搞学术出身,都没有学过人事管理。"① 既然没有学过人事管理,为何不进行系统的学习、实践,从而进行理论和实践的往复提升呢?吴家玮在其回忆录中提到,"大学的性质和企业界和政界不同,行政管理方面不能以企业界或政界的规律为准则。加上各院各系都有自己的学术标准,公立和私立大学又

---

① 参见吴家玮著《红墨水》(海天出版社,2016年9月,249页)。

有不同的传统和规章制度，就算学过人事管理，亦未必能妥善运用。"① 显然，学过人事管理而未能妥善运用同完全没学过人事管理的学术领导所进行的管理，完全是两码事。"当然，若有书籍能把一般性的原则和思路说得简明清楚，让初入门的系主任、院长等作为参考，该是好事。可是至今没见到这样的书。"② 看到这段话，笔者不由自主地想起自己遇到培训班里的中小学校长和幼儿园园长学员经常有的一个倾向：为什么不能有一本按部就班的操作手册作为校长和园长的管理指引？言外之意是，校长们大都不想了解那么多所谓人事管理、财务管理的各种理论，你只要告诉我该如何具体操作即可。可是，这类所谓操作手册本就应该校长、系主任、院长自己写就，然而从吴家玮任系主任的 70 年代至今，近半个世纪过去了，为何没有这样的手册出现？这个问题值得探究，但是退一步讲，没有手把手的指引手册，为何不能先从企业界的人事管理学起呢？时至今日，多数校长管理者仍然存在类似的问题。笔者以为，对一般的人事管理理论进行学习，进而同学校管理实践相结合，是一件需要长期投入、反复修炼才能见效的事情，多数校长对立竿见影事情的热情远远超越于对长期性、持久性的学习才能见效的努力。所以，吴家玮在任物理系主任时所进行的管理措施主要是根据"常识和逻辑"："我只得按照常识和逻辑，与同事们一起拟定一套适合本院本系使用的规则。"③

具体看吴家玮的这些"常识和逻辑"，有些是符合笔者所说的学校积极领导力的原则的，例如在教授治校下的薪酬分配问题上，采用全体物理系教师会议，对于教学、科研和服务三者如何平衡进行比较充分的讨论，是比较常见的参与式管理的做法，这种做法的效果也很明显："话语权和参与权的发挥，大大增加了每个人对所得结论的自主感和拥有感。"④ 又如，在具体实施评估和薪酬分配上，采用"自定工作任务"的办法："每年春季请各人给我一份简报，分别在研究、教学、服务方面自述该年的成绩和下年的计划。做系主任的当然不能照单全收，必须与各人小谈，酌情调整"，"让同事们每年自定工作的计划，预计一年里的教研成绩，以此为

---

① 参见吴家玮著《红墨水》（海天出版社，2016 年 9 月，249 页）。
② 参见吴家玮著《红墨水》（海天出版社，2016 年 9 月，249 页）。
③ 参见吴家玮著《红墨水》（海天出版社，2016 年 9 月，249 页）。
④ 参见吴家玮著《红墨水》（海天出版社，2016 年 9 月，252-253 页）。

年终评估和加薪的准则"①。对于工作任务采用自我评定的方式，也是学校积极领导力所倡导的管理方式，通过自定工作任务，让每位教师自己承担起自身工作任务的责任。

当然，这种"常识和逻辑"除了上面提到的好处之外，更有许多像经验式管理、方便管理的坏处。例如，对于每位教师教研成绩的评估，吴家玮认为，"教学方面比较一致：学生对教师的评估可引为参考。大班学生参加统一考试，学生考试成绩的高低多数能反映教师的教学成效。"② 一方面，像西北大学这样的研究型大学本身轻视教学；另一方面，又用学生评估和考试成绩这种简单、直观，更主要是方便的管理方式来评定教学，显然是一种省事的办法。这种办法的常见后果就是教师讨好学生、分数膨胀、"水课""标题党"的出现。教学水平的高低、效果的好坏，本身是不易判断的一件事情，对教学的评估本就忌讳采取简单、方便的评估办法，依靠经验进行管理评估总是会出问题的。再如，较为敏感的薪酬分配，并非依靠全体教师的参与决策，而是系主任决定："作为系主任，我根据上述客观资料，对比预计成绩，作出最终判断，以此决定加薪多少。"③ 这种在薪酬上的系主任个人决策，同样会削弱学系教师的参与感和凝聚力。第三，吴家玮就终身职制度提出了所谓"滚动合同制"（Rollling Contract）的做法，即"恢复合同制：合同要长，五年七年皆可，却非终身；每年习惯性加签一年，重新开始五年七年"④。这种做法同助理教授升职到原来的副教授、教授的做法如出一辙，事实上，就是将传统研究型大学中助理教授七年内非升即走的合同制一直延续到副教授、教授等所有教师身上，从而"取代终身职制度"。为何吴家玮会想出这样一种管理教授的做法？这种做法岂不是目前国内追求"双一流"大学建设中许多名校校长梦寐以求的东西吗？在回忆录中，吴校长的逻辑是：反对终身职的理据和支持"滚动合同制"的理据都有，前者主要涉及政治迫害对学术自由、言论自由和思想自由的限制和影响，目前终身职的这些因素已不存在；即使是同系主任、院长不合，院系领导的任期一般三至六年，并不需要终身职；更重要

---

① 参见吴家玮著《红墨水》（海天出版社，2016年9月，253-255页）。
② 参见吴家玮著《红墨水》（海天出版社，2016年9月，256页）。
③ 参见吴家玮著《红墨水》（海天出版社，2016年9月，256页）。
④ 参见吴家玮著《红墨水》（海天出版社，2016年9月，260-261页）。

的是,"对拥有终身职(tenure)身份而全不尽责的教授,校方即使持有很强的理据,也不敢考虑解聘。久而久之,难免有人滥用终身职身份,既不从事研究,也不好好教书,年纪轻轻就养成慵懒习惯,自享清福"①。而后者的理据主要是"只是在'滚动合同制'下,如果不负教研责任,校方可以拒绝加签,五年七年之后合同到期,到时有权解聘。受这制度约束,任意旷职的人应会大幅度减少"②。依靠合同到期是否续期,"非升即走"的管理措施来保障教授们不偷懒的做法,是很典型的绩效管理,一点也不新鲜,因为欧美多数研究型大学从助理教授到副教授便是如此,现在只是将这套办法延伸至所有教授而已。问题出在为什么需要终身职,真的如吴校长所说,为了避免政治迫害或者校内迫害吗?这岂不是把终身职看得太负面、太狭隘了。终身职更重要的是影响教授们的工作动机,没有丢掉饭碗的后顾之忧,工作动机就不再是为了工作合同这样的外部目标而工作,研究也好,教学也好,通过终身职保障了教授们可以发自内在的工作动机、自发地进行工作。工作动机对创造性的影响,我们在学校积极领导力中已经反复论述,这里不做赘述。相比较而言,助理教授为了拿到终身职而不断发表论文,其实是受到工作合约这样的外部目标的制约,控制性动机更容易成为工作的驱动力,助理教授要在七年之内证明自己的研究能力,这种做法只是为顶尖研究型大学"筛选"优秀后备学术人才而设计,并非真正为了助理教授可以更好地发挥创造性而设计。我们在《学校积极领导力探索》一书的第2章"学校管理中的绩效主义时代"部分,以及20世纪80年代学校管理同目前学校绩效管理的对比中,都指出了绩效管理措施的后果:以牺牲多数人的创造性为代价,换取原本可能偷懒的一批教师,得到一批平庸的、低水平的产出。

值得注意的是,这样的思路不仅仅是吴家玮在36岁任系主任时的想法,还是他在做香港科技大学创校校长后写回忆录时的想法。然而,令人疑惑不解的是,吴家玮在接任香港科技大学创校校长之后,并未将自己的

---

① 参见吴家玮著《红墨水》(海天出版社,2016年9月,260页)。
② 参见吴家玮著《红墨水》(海天出版社,2016年9月,261页)。

这套设想付诸实施，仍然采取的是资深教授终身职的做法。① 吴家玮在介绍香港科技大学初创过程时，确实仍旧持有这样的想法，"获取永久职后在工作上开始放松者，这儿那儿都有。当然不能为了少数这样的人而更改制度，但是有些人实在过分，非但降低了自己的教研素质，还搞坏了校风，影响师生大众的情绪。怎么处理这么一小撮害群之马，是每所大学都避免不了的挑战。不瞒你说，连年轻有为的科大，都已经发生过两三次这种情况，使我们备受困扰。"② 为了解决这个问题，吴校长想到的办法就是上述"滚动合同制"。"我曾经提倡过一种改革，把永久职改为卷帘式的限期合同（例如以五年为期）：只要没有特别问题，就每年自动更新，连续提供（五年）保障。……碰到真正的害群之马，有理由不更新他的合同。容忍几年总比接受一辈子好。"③ 那么，为何这种设想没能在香港科技大学推行？"这个改革倡议没有找到支持，甚至没人愿听。既得利益很难拿走，国外也好，国内也好，这种倡议不会有多大市场。"④ 吴家玮虽身为校长，却也找不到支持者，而无法推行的原因则是"既得利益"，因为要动教授们的既得利益，所以无法推行。"滚动合同制"的想法在 50 年后的今天，不论在美国高校还是中国高校，都仍然难以付诸实施，可见这种依据"常识和逻辑"、依靠以往经验而不进行专门的管理学习得出的管理方式是行不通的。

与吴家玮作为大学校长依靠"常识和逻辑"进行管理不同，曾在山东高密四中、高密一中任校长，后又在北京十一学校任校长的李希贵，虽然也遵循了"学而优则仕"的过程，由中学语文教师、班主任、副教导主任、副校长到校长的过程，"教而优则仕"，但是李希贵校长却在做学校管理的过程中不断进行管理学的学习，尤其是对企业管理的学习。以李希贵

---

① 参见香港科技大学社会科学部创办者齐锡生所著《香港科大还有什么好说的》（海天出版社，2014 年，97 页，"……校方对于终身职缺乏明文规定，……校方花费了许多精力去填补漏洞，其结果还是全盘采取北美洲规则，资深教授有终身职保障"）。
② 参见吴家玮著《同创香港科技大学：初创时期的故事和人物志》（清华大学出版社，2007 年，314 页）。
③ 参见吴家玮著《同创香港科技大学：初创时期的故事和人物志》（清华大学出版社，2007 年，314 页）。
④ 参见吴家玮著《同创香港科技大学：初创时期的故事和人物志》（清华大学出版社，2007 年，314 页）。

2014年出版的《面向个体的教育》一书为例，这种学习几乎随处可见。例如，这本书中引用的管理学理论和案例有：1987年以来美国著名领导力专家库泽斯和波斯纳在20多年时间里针对追随者对领导者的期望进行的四次调查①；学校组织从层级结构向扁平化的组织再造，苹果手机的创新、卡特皮勒的六西格玛质量管理②；大工业时代的管理学与领导学③；美国通用电气总裁杰克逊·韦尔奇的教练式领导④；管理思想家彼得·德鲁克对会议的论断⑤；等等。李希贵首先对这些来自企业界、商业界的案例和商学院的管理研究进行了认真学习；其次，把这些案例和研究同学校管理的实践紧密结合，北京十一学校在学校管理方面的诸多举措都是这种理论学习和学校实践反复结合的产物。

再如，新教育实验发起人，曾任苏州市副市长的苏州大学教授朱永新，他在回忆对自己影响巨大的几本关键书籍⑥时提到《产生奇迹的行动哲学》《管理大师德鲁克》《如何改变世界——社会企业家与新思想的威力》《从优秀到卓越》这四本书，其中后三本书可以说都是管理类的图书。在回忆里，朱永新教授谈了这几本书对自己的影响。《管理大师德鲁克》一书中提到熊彼特对德鲁克父子说的话："我现在已经到了这样的年龄了，知道仅仅靠自己的书和理论而流芳百世是不够的，除非你能够改变人们的生活，否则就没有什么重大的意义。"⑦ 这句话，不仅改变了朱永新作为学者对出版和发表作品的看法，"这彻底颠覆了我关于学术的梦想"，更是改变了他的工作方向和内容："这句话，也是直接导致我发起新教育实验的一个重要的精神来源，它使我下决心走进教室，走进教师的生活。……这本书让我意识到，行动是改变社会的、改造生活的最有力的武器。这本书，在管理学和教育学上也不是最有影响的名著，但是，它的确对我的生

---

① 李希贵著《面向个体的教育》（教育科学出版社，2014年2月，119页）。
② 李希贵著《面向个体的教育》（教育科学出版社，2014年2月，122页）。
③ 李希贵著《面向个体的教育》（教育科学出版社，2014年2月，125-126页）。
④ 李希贵著《面向个体的教育》（教育科学出版社，2014年2月，127-128页）。
⑤ 李希贵著《面向个体的教育》（教育科学出版社，2014年2月，143页）。
⑥ 参见朱永新《影响我生活与生命的几本关键书籍》（http://blog.sina.com.cn/s/blog_4aeb7d930102wyr4.html）。
⑦ 参见朱永新《影响我生活与生命的几本关键书籍》（http://blog.sina.com.cn/s/blog_4aeb7d930102wyr4.html）。

命产生了至关重要的影响，直接导致了新教育实验的诞生。"①《如何改变世界——社会企业家与新思想的威力》一书提出了一个重要的概念"社会企业家"。传统企业家是以资本运作和追求利润为主要特征的，而社会企业家则是"被理想驱动、有创造力的个体，他们试图改变现状，拒绝放弃，最终要重新创造一个更美好的世界"。反观新教育实验，以湖北随县为例，正是在做着类似的社会企业家的活动。《从优秀到卓越》一书则提出优秀是卓越最大的敌人，这对朱永新一直努力推动的新教育实验产生了警示作用，新教育实验也面临着从优秀到卓越的一个跨越和过渡。从朱永新的回忆中可以看出，管理学的书籍对他的工作方向、新教育实验都产生了重要影响②，他推动新教育实验并不是依靠"逻辑和常识"来进行的。

不论"研而优则仕"还是"教而优则仕"，在学术研究或教学等业务上的优秀和卓越，并不能自动等同于管理水平的高低，在职位和角色的转变过程中，更为重要的是当事人自身有意识地对管理学和领导力的学习和提升。经验式管理依靠经验和常识行事或许有它的作用，但无法达至管理的卓越和创造性境界。

2.7 大学的定位与学校管理者的纠结

承接上节内容，以香港科技大学创校校长吴家玮为例。他在任西北大学物理系主任期间，管理能力的来源主要是"常识和逻辑"。然而这种依靠"常识和逻辑"的管理办法，有其胜任的一面，也会带来很多经验式管理的局限。

再如，在就任旧金山州立大学校长后，尽管这所大学的定位是教学型大学，然而吴家玮却做了很多努力让教授们向科研方面靠近："我设法让教授们把多点时间和精力放在研究和创作上。也就是说，虽被置于夹缝

---

① 参见朱永新《影响我生活与生命的几本关键书籍》（http：//blog.sina.com.cn/s/blog_4aeb7d930102wyr4.html）。

② 关于朱永新与新教育实验，参见 http：//baike.baidu.com/link？url=7hZL_omabRYRLWUlEbzyjYSXiDSGXREMtisvBBweLWmKy － PrJG7x_ uSiaG0jFPYQZlsyFlX－evV-loKot16lFDrAPow-dAU-KD8aqR_ k7aqut7v6FuFf_ nzwUYYMO2JVQjYA2aL-L4sEkBpob5vxeyq。

里，仍尽可能向学术研究和创作方面倾斜。"① 这些倾斜政策在州大各个学院都有所体现，具体的管理举措表现为：对人文学院的教授，"与学术副校长商量是否可以把教学的课时改得稍微灵活，让特别善于研究或创作的教授教的少些，挪出部分时间来创造知识和学问"②。在理学院同院长合作，推动建立了"蒂布龙环境研究中心"，并"设法寻找更多联邦政府的研究经费及社会人士和企业界的资助，以便增加教授人数、减低人均课时"③。对教育学院而言，"《加州高等教育总体规划》替州大系统的教育学院群留下特殊地位，额外资助几所水平特高的教育学院，鼓励它们颁授博士学位，并从事专业研究。旧金山州大的教育学院名正言顺地支持我向学术研究倾斜的观点和政策，全力培养研究生，加强博士课程，在有关领域里占很高的学术和社会地位"④。创意艺术学院院长奥古斯特·科波拉"十分支持旧金山州大向研究和创作倾斜，因为创作原本就是艺术的命脉，不能被硬性的《总体规划》扼杀"⑤。

为何吴家玮会作出上述管理改革，而不是服从旧金山州立大学教学型大学的定位？吴家玮自己的表述是："我不是一个喜欢大动干戈的人。只是从'研究型'的加大系统（指UCSD）来到'教学型'的州大系统，没能死心塌地地接受这个断层的《总体规划》。"⑥ 这里的《总体规划》即《加州高等教育总体规划》，对美国加利福尼亚州的大学进行了不同的分类和定位，加州大学系统侧重于学术研究，以研究型大学为主；加州州立大

---

① 参见吴家玮著《吴家玮回忆录——玻璃天花板》（海天出版社，2016年9月，221页）。

② 参见吴家玮著《吴家玮回忆录——玻璃天花板》（海天出版社，2016年9月，223页）。

③ 参见吴家玮著《吴家玮回忆录——玻璃天花板》（海天出版社，2016年9月，224-225页）。

④ 参见吴家玮著《吴家玮回忆录——玻璃天花板》（海天出版社，2016年9月，231页）。

⑤ 参见吴家玮著《吴家玮回忆录——玻璃天花板》（海天出版社，2016年9月，232页），吴家玮在回忆录中对创意学院的描述主要是院长科波拉带头举行的"旧金山州大日"的活动，严格来说，这类活动与教学型的定位并无冲突，肯定不是学术研究的导向，因为教师被看重的不是发表论文，而是艺术创作。

⑥ 参见吴家玮著《吴家玮回忆录——玻璃天花板》（海天出版社，2016年9月，220页）。

学主要以教学型为特色；而加州社区学院主要提供普及性的大学预科教育。① 既然吴家玮很清楚《总体规划》对旧金山州立大学的定位，那么为何不能接受这样的定位，还推动旧金山州立大学向学术研究型转变呢？从吴家玮的回忆录来看，主要是两个原因导致了他的这一管理方向：一是长期在研究型大学的学习和工作经历。无论是西北大学，还是 UCSD，都是以学术研究为导向的，这导致了他在心态上不愿接受教学型的定位，更愿意从学术研究的角度去考虑大学发展。② 二是接掌旧金山州立大学时，对《总体规划》的定位认识不够清楚。"作为大学校长，首先需要认清他那所大学的定位和定型……需要承认：当年我接受聘任时，对《加州高等教育总体计划》有点认识，但是并没认清。或许应该说：我没有感到加州两大高等教育系统的功能会分得那么极端。"③ "在研究型大学里'长大'的人，从头就没看透《总体规划》给教学型大学扣上的桎梏。"④

然而，在吴家玮从应聘旧金山州立大学校长期间，到走马上任之前，已有多次来自校董会和总校校长的提醒，在校董会对吴家玮的面试中，"一位看来最懂得高等教育的校董问及教学与研究的关系……校董之所以这样提问，大概是因为旧金山州立大学是一所教学型大学，对我这个背景全属研究型大学的人不很放心。后来才知道，不很放心的还不止他一位。他们心理上都有些矛盾：既怕我不清楚州大系统的教学型定位，又为能破天荒从加大系统——特别是 UCSD——把人挖来感到自傲"⑤。而在正式上任之前，加州州立大学的总校校长在约见吴家玮时，也提到，"现在你不再在加大系统，而在州大系统当校长了。今后不能花时间干科研工作了。这话有两种意思：一是校长的行政工作繁重，不可能继续从事科研……另

---

① 有关《加州高等教育总体规划》和加州高等教育的大学定位可参见《吴家玮回忆录——玻璃天花板》（海天出版社，2016 年 9 月，193-194 页）。

② 此说，还必须考虑吴家玮在 UCSD 任热菲尔学院院长的经历，因为院长经历主要是面对本科生教学的，所以，不能说吴家玮没有在教学型学院管理方面的经历。

③ 参见吴家玮著《吴家玮回忆录——玻璃天花板》（海天出版社，2016 年 9 月，204 页）。

④ 参见《吴家玮回忆录——玻璃天花板》（海天出版社，2016 年 9 月，220 页）。

⑤ 参见吴家玮著《吴家玮回忆录——玻璃天花板》（海天出版社，2016 年 9 月，157 页）。

一种意思却是：州大与加大不同，不能把科研当作正事来干"①。可见，在吴家玮正式上任校长之前，也已经有来自管理层对他的提醒，然而，上任旧金山州大校长后，吴家玮仍采取了将旧金山州大"尽可能向学术研究和创作方面倾斜"的政策。

  尽管在旧金山州立大学实施了上述学术研究的"倾斜"政策，但是有些学院不受其影响，仍然专注于教学型大学的定位，办得非常成功。以商学院为例："我任期内，商学院的在校学生多至3000，今已增至6000。毕业生应用能力强，不愁就业；企业界的招聘部门给予很高评价。学位毕业生的年数量多于伯克利加州大学和斯坦福大学的总和。"② 而商学院的教学成就同学院院长有莫大关系："商学院院长原是企业界的高级市场经理，富有实际经验。"院长的这个背景至关重要，在今日，绝大多数院长都没有企业管理经验，而博士毕业后就直接进入大学从事学术之路升迁至院长的居多，这类学院不可避免地以学术研究为导向，即便在商学院这样的应用学院里也是如此。其实，商学院如此，其他的职业性学院同样如此，教育学院、法学院、设计学院、新闻学院、公共管理学院、工学院、医学院等，如果学院院长没有在相应行业的工作经验和管理经验，仅仅是从博士读书在学校，到学校院系一直任职，再升任院长，这类学院往往会走上学术性的发展道路。"旧金山州大这位企业界出身的院长，向我说明他不走学术研究路线，不掉在我所说的夹缝里，因此我那'在夹缝里尽可能向学术研究和文艺创作方面倾斜'的政策与他无关。"而这位院长，"教授们对他非但接受，甚至爱戴。1974年上任，2002年退休，一口气干了28年！"③ 可见，以教学见长的学院并不会因为缺少来自联邦政府的科研经费支持就发展不好，这本身就是对吴家玮科研倾斜政策的很好反证。

  尽管上面对吴家玮就任旧金山州立大学校长后的"倾斜"政策进行了分析，但是，不得不说，吴家玮是一个相当矛盾的人。例如，在就任旧金

---

① 参见吴家玮著《吴家玮回忆录——玻璃天花板》（海天出版社，2016年9月，212页）。

② 参见吴家玮著《吴家玮回忆录——玻璃天花板》（海天出版社，2016年9月，229页）。

③ 参见吴家玮著《吴家玮回忆录——玻璃天花板》（海天出版社，2016年9月，228页）。

山州大校长之前，就应聘和接掌旧金山州立大学校长这一决定，无论是当时，还是后来吴家玮写回忆录的态度，都处于不明朗、矛盾的状态，这种矛盾的状态首先起源于校长招聘并非吴家玮刻意为之，而更像是一种"意外"。1982 年秋，吴家玮还在任 UCSD 热菲尔学院院长之时，接到一通电话邀请他应聘旧金山州立大学校长："我们正在为旧金山州立大学聘任校长，有人推荐了你，需要知道你是否有兴趣，同不同意让我们考虑你为候选人之一。"① 一直到最后参加校董会会议之前，吴家玮与夫人都认为这次应聘只是"陪跑"，等到真要进行校董会会议最后三位候选人面试时，这种矛盾的心态就更为明显，全家召开最后关头的家庭会议。吴家玮的夫人尹芳问："你自己怎么想？"吴回答说："很矛盾。好不容易回到 UCSD，不就是想在这儿过一辈子的吗？当几年院长后回系里做物理，多好的如意算盘！不还说过：在郊外找一大块地，让孩子们长大后，成家立业，围绕着我们住？"②"可是另一方面，这么多年来参加华人运动，哪能没点责任感？到这地步，总得有人打破这块天花板吧？坦白说，我若不是中国人，绝对不会去当校长。尹芳说：'我也是这种心理，很矛盾。'"③

不仅应聘校长职位时想法矛盾，在位时推行的"倾斜"政策矛盾，吴家玮在回忆录里对这段经历的描述也是矛盾的、难免感到"惋惜"的决策。他在回顾在旧金山州立大学的经历和启示时说，"其实当时去旧金山当校长，并不是一个好主意……我一辈子生活在研究型大学里，对学生人数不断增加而经费一贯不足的教学型大学，缺乏认识……凭良心说，我的工作经验不适合当教学型大学的校长，我的性格脾气也不适合 CSU（加州州立大学）系统的政治环境。五年里，尽力提高对教师学术水平和学生入学水平的要求，把资源的分配搞得科学化和系统化，把旧金山州大明确定位为面对全市的大学。又组织了筹募资源的'大学发展处'，扩建了图书馆和学生宿舍。回头看看，几方面都只是略有作为。不管人家怎么说，我

---

① 参见吴家玮著《吴家玮回忆录——玻璃天花板》（海天出版社，2016 年 9 月，148 页）。
② 参见吴家玮著《吴家玮回忆录——玻璃天花板》（海天出版社，2016 年 9 月，152 页）。
③ 参见吴家玮著《吴家玮回忆录——玻璃天花板》（海天出版社，2016 年 9 月，152 页）。

自己心知肚明：学得太慢，了解得不够彻底，没能真正当好旧金山州大的校长。"①

不仅在聘任旧金山州大校长上有这种矛盾心理，在其他多项重要决策上都显示出吴家玮的矛盾：从任职旧金山州立大学校长开始，对于是否接受这个聘任是矛盾的；尽管他清楚旧金山州立大学的教学型大学的定位，但是仍然试图将学校"向学术研究和创作倾斜"；对于他在西北大学任物理系主任时期设想出的"滚动合同制"，尽管目前很多美国高校已经推行了类似的"终身职后评审"（post-tenure review），他到香港科技大学任校长期间十三年也没有实施，他是矛盾的；他认为香港科技大学的定位应以服务香港社会需求为主，但是香港社会对科技缺乏需求又不大能接受，他是矛盾的。

从吴家玮的多次重要决定的矛盾和犹豫来看，其实吴家玮的经历是比较明显的外部动机、控制性动机驱动的一个职业发展过程，这同我们分析现在研究生、本科生在面对出国留学、保研还是工作时面对的矛盾与纠结并无本质不同。吴家玮在回忆接受旧金山州立大学校长职位的决定时，提到"当时的判断受到了客观环境的干扰"，这个所谓的"干扰"，就是打破玻璃天花板的说法："美国的最高学府里品学兼优、才干出众的华裔教授，早就不计其数。但是偌大一个国家，那么众多的主要大学，竟然没有出现过一位华裔校长！"② 仅从打破玻璃天花板的华人纪录和回到物理系做专业研究，老婆孩子热炕头的好处相互权衡是难以比较的。但是，没有任何人会意识不到做校长和在物理系做教授的职业发展及生活上有着巨大的差异，面对这种巨大的人生道路差异，如果没有足够高的内在动机、自发性动机的驱动，而主要以外部动机、控制性动机驱动的话，就会出现矛盾、纠结的情形。

---

① 参见吴家玮著《同创香港科技大学：初创时期的故事和人物志》（清华大学出版社，2007年10月，30-34页）。

② 参见吴家玮著《同创香港科技大学：初创时期的故事和人物志》（清华大学出版社，2007年10月，32页）。

2.8 "教授是大学的灵魂?"——从吴家玮回忆录看大学校长在教学上的管理

依然承接前面两部分的内容,换个主题来看吴家玮回忆录。前面提到,吴家玮从西北大学做物理及天文系主任开始,"学而优则仕",开始了在大学学术职业之外的另一条职业发展道路,那就是大学的管理工作:从 1974 年 36 岁开始任西北大学系主任 6 年,到 1979 年 41 岁任圣迭戈加州大学(UCSD)热菲尔学院院长 4 年,之后紧接着于 1983 年 45 岁任旧金山州立大学校长 5 年,又于 1988 年 50 岁任香港科技大学创校校长 13 年。在这样一个大学管理的职业生涯中,我们不探讨很多人关注的科研管理、学术管理,而是专门探讨吴家玮在做管理工作时,在教学管理上的做法和经历。

如果说西北大学物理系和香港科技大学的定位都是"研究型"的话,吴家玮在做系主任和校长时,在教学管理上没有太多独特做法,这也不值得奇怪。那么,先来看看他在任圣迭戈加州大学热菲尔学院院长和旧金山州立大学校长这两个职位时,在教学管理方面的做法。这两个职位,前者热菲尔学院的定位是博雅学院,后者旧金山州立大学根据前述《加州高等教育总体规划》的定位是教学型大学,二者的定位都要求在教学上具有一定的教学管理方法。

前面提到了吴家玮在任旧金山州立大学时,主要采取了"向学术研究和创作方面倾斜"的政策,同时,他在该校的定位上也采取了一系列的措施,就是旧金山州立大学的"城市化""社会化"和"国际化"。城市化主要结合旧金山的历史事件纪念活动与州大档案室发挥作用;社会化是通过校园活动将州大与旧金山社会相融合;国际化则是推动华人和犹太两个族群联手举办的餐会活动,以及参加各领事馆的酒会活动,等等。① 实际上,正如西部学校学院协会(WASC)对旧金山州大五年一度的鉴定中所说,"对一所欣欣向荣、充满自信的大学……鉴定委员们觉得这所大学的情况很健康……校长的活力凸现于过去被忽略良久的校友关系事务和私人

---

① 参见吴家玮著《吴家玮回忆录——玻璃天花板》(海天出版社,2016 年 9 月,301-323 页)。

捐募活动……校长于社会事务非常活跃"①，反观吴家玮对教学活动的管理，主要提到的是一些常规性的日常管理。例如，在1987年8月他任职旧金山州大的第五学年，在作为校情咨文的"一番最后的回顾"中提到的教学方面，如注册学生超额，课程供应不足而进行的学额管制；对部分申请者欠缺本科生应有的基本学习技能而被迫录取，提供相应的补习课程和基本技能；在通识教育方面，秉持了"我深信课程制定权属于教授们"的原则，在"通识课程没有达到设计者的意图，工教学辅导不足，课时安排不善，学习态度不良——总之，课程未能兑现当初的承诺"的情况下，几乎是无所作为。难道在教授招聘上不能向教学、博雅教育方面有所侧重和改进？在教学评价上，除了简单的学生评教，可否采取更为全面和综合的评价方式？如何协调博雅教育与学生就业的职业导向教育，以及学术研究取向的教育之间的关系？这些都是教学型大学都会面临的共性问题，在吴家玮的教学管理上，并未见到这方面的思考和相应的做法。此外，教学型大学更应注重各学院同本行业、产业界的合作与交流，为学生的职业发展提供更多机会，例如商学院同商业、企业的合作，教育学院同各级学校的合作，创意艺术学院与电影业界的合作等，而事实上这些似乎都是各学院自己的事情，不见校长在其中有所作为。

　　这反映出吴家玮在教学方面并无自己的独特理念和见解，也没有他作为校长在教学方面希望达成的战略目标。作为旁观者，笔者以为吴家玮的主要擅长和做法都集中在科研方面，这也体现为他在做大学管理工作时反复提到的"教授是大学的灵魂"②这句话，其实这个理念反映的是"科研第一"的管理思维。笔者对这句话的解读是，只有正教授中具有高度科研创造力的大教授才是所谓"大学的灵魂"，普通的助理教授、副教授，或者在科研方面没有突出潜质的人，是不可能代表所谓"大学的灵魂"的。显然，从人数上看，能够称得上是"大学的灵魂"人物的，与那些普通的助理教授、副教授和正教授们相比，是绝对的少数，看《同创香港科技大学：初创时期的故事和人物志》一书的目录，其中的人物志提到不过几十

---

① 参见吴家玮著《吴家玮回忆录——玻璃天花板》（海天出版社，2016年9月，325-326页）。

② 这句话在吴家玮的回忆录中反复多次出现。

人，这几十人构成了香港科技大学创校的中坚和骨干。他们所起的作用和贡献无可否认，只是从"教授是大学的灵魂"角度出发，其他占绝对多数的教职员是不是可有可无呢？难道现代研究型大学只是一个少数学术精英管制下的机构吗？

2.9 《依然惊奇》的惊喜

《依然惊奇》（*Still Surprised*）是由领导力方面的学术权威沃伦·本尼斯（Warren Bennis）与其合作者完成的一部关于他自己的个人传记。这部传记带给笔者不少惊喜。这种惊喜首先来自沃伦·本尼斯作为一名领导力研究者所进行的知行合一的实践。1954 年在麻省理工学院博士毕业后，沃伦·本尼斯像大多数商学院的教授一样，陆续在波士顿大学、研究所、瑞士洛桑的国际经济与管理学院、印度班加罗尔的印度管理学院、麻省理工学院从事大学教职。在这段大学教授的职业生涯中，他主要从事行为科学等方面的研究。直到 1967 年，"我决定去纽约州立大学水牛城分校担任社会科学系的教务长"[1]，为何他会做出这样一个决定呢？对于这个决定，他的朋友并不理解："对于这个决定，我的朋友们都感到很困惑。他们想不通我为什么会放弃麻省理工学院终身教授的职位，而跑到纽约北部一所不怎么出名的大学担任一个管理职位。最让他们感到不解的是，我居然愿意离开剑桥——一个到处都充满着想法和点子的社区——前往一个落伍的城市。"[2] 那么他本人是如何考虑这样一个不太被大家所理解的决定呢？"但是，我很早就想看看自己是否能成功领导一个机构，平时我所做的只是些分析工作而已。没有亲身体验过领导者们面临的问题和压力就对他们作出判断和评价，这似乎有点傲慢自大。真实世界中的领导者一旦作出决定，就会影响其他人的人生。我所经历的第二次世界大战还告诉我，领导者的行为还可能带来致命的结果。但战争结束后，我就成了理论家，再也没有担任过领导者的角色。我想检验一下掌握的理论，看看在遇到危机的情况

---

[1] 参见（美）沃伦·本尼斯、（美）帕翠卡·沃德·比尔德曼著，钱峰译《依然惊奇：沃伦·本尼斯自传》（中国电力出版社，2014 年，103 页）。

[2] 参见（美）沃伦·本尼斯、（美）帕翠卡·沃德·比尔德曼著，钱峰译《依然惊奇：沃伦·本尼斯自传》（中国电力出版社，2014 年，103 页）。

下，我是否能遵照这些理论采取相应的措施。当我作为一个旁观者时，我没能发现很多东西，现在我都想一一去挖掘。"① 这里沃伦·本尼斯再清楚不过地交代了他为何不安于像其他大学教授一样，享受名校的终身教职，做做研究，而要放弃这些去一所不知名的大学任教务长。主要就是出于知行合一的动机。

沃伦·本尼斯在水牛城大学的教务长工作并不顺利，主要的影响来自美国各地反对越战的学生运动，"水牛城大学经历了四年的骚乱时期。在一个接一个危机的打击下，重建这所大学的激情渐渐退却"②。"马丁（聘任沃伦的水牛城大学校长）的计划没有完全实现，这其中有很多原因，包括崩盘的经济、永无止境的校园骚乱和马丁的意外调任。"③ 由于校园骚乱，以及校长马丁和继任者彼得·里根的背叛④，沃伦·本尼斯于1970年3月辞去代理副校长一职。

为何沃伦·本尼斯会不同于当今大多数大学商学院的研究者专心于发表论文和专著，而是投入到管理实践中去呢？一方面，他有意识地希望将自己的学术研究应用于管理实践中；另一方面，则同他个人求学过程中的"贵人"有关，这个人就是管理思想史上赫赫有名的道格拉斯·麦格雷戈（Douglas Mcgregor）。沃伦·本尼斯1967年出任纽约州立大学水牛城分校社会科学系教务长除了上面提到的原因，也包括这位"贵人"的影响："自从道格去世之后，关于他所选择的道路，我思考了很多。他不仅仅从理论上观察和批评一个组织机构，还亲自领导了一所大学，这一点让我感到很钦佩。可能我也该试着领导一个组织机构了，而不应该仅仅局限在分析和研究上。"⑤ 接着他就联系了他就读过的安迪亚克大学（Antioch

---

① 参见（美）沃伦·本尼斯、（美）帕翠卡·沃德·比尔德曼著，钱峰译《依然惊奇：沃伦·本尼斯自传》（中国电力出版社，2014年，103页）。
② 参见（美）沃伦·本尼斯、（美）帕翠卡·沃德·比尔德曼著，钱峰译《依然惊奇：沃伦·本尼斯自传》（中国电力出版社，2014年，113页）。
③ 参见（美）沃伦·本尼斯、（美）帕翠卡·沃德·比尔德曼著，钱峰译《依然惊奇：沃伦·本尼斯自传》（中国电力出版社，2014年，110页）。
④ 参见（美）沃伦·本尼斯、（美）帕翠卡·沃德·比尔德曼著，钱峰译《依然惊奇：沃伦·本尼斯自传》（中国电力出版社，2014年，124页）。
⑤ 参见（美）沃伦·本尼斯、（美）帕翠卡·沃德·比尔德曼著，钱峰译《依然惊奇：沃伦·本尼斯自传》（中国电力出版社，2014年，102页）。

University)校长和南加州大学校长,让他们留意学校的管理空缺,后来接到了纽约州立大学水牛城分校校长的邀约。

1970年辞去纽约州立大学水牛城分校代理副校长一职后,沃伦·本尼斯曾尝试西北大学校长、水牛城大学校长和波士顿大学校长的职位,但都没有成功。最终,他于1971年获得辛辛那提大学的校长职位。而对于成为这所大学校长,他的想法是:"对于这一前景,我感到非常激动。尽管马丁·迈耶森(聘用他的水牛城分校的校长)的设想没有实现,我在国家训练实验室中设想的行为科学大学也没有成行,但是我仍然如饥似渴地想要尝试一下道格在安迪亚克大学采取的措施。我想带着一个变革推动者应有的热情和技巧投入到领导事业中。"① 道格拉斯·麦格雷戈在他的母校安迪亚克大学任校长的经历对沃伦·本尼斯出任辛辛那提大学校长也产生了影响。当然,除了受这位"贵人"的影响,他还有知行合一方面的考虑:"第二次世界大战以后,社会科学教会了我们很多关于人类动态性方面的知识,我就想创设一所能够反映这方面知识的大学。虽然担任辛辛那提大学的校长并不像领导耶鲁大学或斯坦福大学一样有声望,但是这样一个角色也给我提供了一定的机会,让我看看自己能否成为我一直以来敬仰的、具有社会观念的学术领导人。"②

上面提到的道格在安迪亚克大学采取的措施是什么呢?1948年,安迪亚克大学的校长亚瑟·摩根亲手挑选了道格拉斯·麦格雷戈作为他的继任者,在他举行的第一次全校评议会上,道格提出:"学校停止上课一周,这样的话,大学成员就可以分成小组,讨论并明确大学的目标。由于这其中提到了改变,因此即使在具有前瞻性的安迪亚克大学,他的建议也足以让人心绪不宁。道格按计划行事,把安迪亚克人分成小组,讨论学校的前景。他宣布周五全校停课,这样的话,小组成员就可以集合起来进行讨论。"③ 道格在安迪亚克大学推行的管理措施似乎并不成功,工作了6年之

---

① 参见(美)沃伦·本尼斯、(美)帕翠卡·沃德·比尔德曼著,钱峰译《依然惊奇:沃伦·本尼斯自传》(中国电力出版社,2014年,127页)。
② 参见(美)沃伦·本尼斯、(美)帕翠卡·沃德·比尔德曼著,钱峰译《依然惊奇:沃伦·本尼斯自传》(中国电力出版社,2014年,103页)。
③ 参见(美)沃伦·本尼斯、(美)帕翠卡·沃德·比尔德曼著,钱峰译《依然惊奇:沃伦·本尼斯自传》(中国电力出版社,2014年,37-38页)。

后，1954年春天他离开安迪亚克大学，回到了麻省理工学院。在告别演讲中，"他对领导力进行了一番深思，毫不装腔作势地分析了他担任校长时的缺点，也明确表达了对自由探索的热衷，表达这两方面都需要极大的勇气。……一直以来，道格都赞成Y理论，但是领导安迪亚克大学的经历教会了他一些只靠观察学不到的道理。正如他在告别演讲中提到的那样，对校园里的每个人，他都尝试着成为一个非独裁的顾问，但到头来却发现，一个领导者就必须执行领导职责：'最后我才发现，一个领导不可避免地要履行权力，当他领导的组织机构发生什么事情时，他也不可避免地要承担责任。'"① 从沃伦·本尼斯在一些重大职业生涯的决策中，如上面提到的接受纽约州立大学水牛城分校的教务长职位和后来出任辛辛那提大学校长，可以看出道格拉斯·麦格雷戈对他产生的巨大影响，甚至包括知行合一的做法，也可以从后者身上看到，也就是他在安迪亚克大学出任校长的经历。

在沃伦·本尼斯的这部自传中，他的求学生涯和职业生涯的相当长的时期里，都深受道格拉斯·麦格雷戈的影响，这从一些回忆的细节中可以看出，他把后者同自己的父亲相提并论②，并且有意模仿后者③。作为人本主义管理的研究者和实践者，无论是道格拉斯·麦格雷戈，还是沃伦·本尼斯，都在努力将自己的研究心得有意识地应用于管理的实践之中④，这恰恰是这一思想流派区别于当下大学研究者的重要特色。

2.10 公共事业单位中的消极领导力：低工资+绩效管理

目前，在我国的公共事业单位中，有一种比较普遍的管理方式，简单的归纳就是低工资+绩效管理。顾名思义，就是在这些单位中，给予工作

---

① 参见（美）沃伦·本尼斯、（美）帕翠卡·沃德·比尔德曼著，钱峰译《依然惊奇：沃伦·本尼斯自传》（中国电力出版社，2014年，54页）。
② 参见（美）沃伦·本尼斯、（美）帕翠卡·沃德·比尔德曼著，钱峰译《依然惊奇：沃伦·本尼斯自传》（中国电力出版社，2014年，39页）。
③ 参见（美）沃伦·本尼斯、（美）帕翠卡·沃德·比尔德曼著，钱峰译《依然惊奇：沃伦·本尼斯自传》（中国电力出版社，2014年，43页）。
④ 读者还可以参考北京大学国家发展研究院陈春花教授的职业经历。

人员较低的工资（相对于当地的房价、物价，以及各种其他职业），同时比较普遍地采取绩效管理的方式，根据工作人员的工作量（往往是计件工资）完成情况，多劳多得，按照绩效进行奖励的管理办法。

以学校为例，就是比较常见的绩效工资制度、职称等级制度，以及各种以评优、评奖为导向的管理评价方式，我们在《学校积极领导力》《学校积极领导力探索》以及本书中都做了详细的分析和讨论。然而这种消极领导力的管理方式不仅存在于学校之中，在公办体制的事业单位中也普遍存在，下面我们看看在公办医院中的情况。①

这位北京三甲医院外科主治医师名叫王森，从实习医师、住院医师到主治医师，已经从医整整十年，正是医生队伍中最年富力强的骨干阶段，却选择了辞职，为什么？这篇文章对此进行了比较详细的分析，让我们对医生行业的工作环境和实际处境有了比较直观的了解。王森辞职直观的原因是"身心俱疲"，"这些年由他担任主刀的手术一共 2000 多台，有他参与的手术不计其数……中国医疗环境的凶险和未知让他感到悲观，他声称自己看到了很多'黑暗的、隐性的东西'"②。那么这篇文章里所谓"黑暗的、隐性的东西"是什么呢？

这篇文章里多处出现了一系列的数字，第一个数字 10%，是医院管理中一个指标"周转率"："在有限的时间和空间内，尽可能收治最多的病人。这样不仅可以提高医院的收入，还可以在数字上证明管理效率的提高。"在强调"周转率""平均住院日"的情况下，医院要求医生每年的手术量要提高 10%，"就是说不管上一年做到什么程度，下一年的手术量都要比前一年同期提高 10%。如果医生达不到指标，就扣除奖金。这样的结果就是，我要不断增加手术量，不断缩短病人住院的时间。"显然，"周转率"、"平均住院日"、手术量与奖金挂钩这类做法，是一种很典型的绩效管理措施，如同学校中的绩效管理一样，这种管理措施最大的问题是毁坏了当事人的工作动机。我们比较一下这位王森医生刚进入医院工作时的工作动机和后来实施"周转率""平均住院日"等管理办法后的状态："刚开始工作的时候，我是很有热情的，每天都能学到新东西，自己从开

---

① 参见《北京三甲医生：我辞职了》（http://www.sohu.com/a/144203018_377317）。
② 参见《北京三甲医生：我辞职了》（http://www.sohu.com/a/144203018_377317）。

刀、切皮，到慢慢地能做简单的手术，后来可以做复杂的手术，接触到罕见的病例也很兴奋。那时，手术室到下午四点半就不再接收病人了，科室里的同事有空余的时间，经常一起吃饭，学习一些新技术。"可以看出，这位王森医生刚参加工作时工作动机主要是一种内在的、自发的动机，驱动他工作的主要是工作内容本身。后来开始强调"周转率"："以前一天做两三台手术，后来增加到一天五六台，甚至七八台手术，这是我在过去根本不敢想象的事实……而随之而来的医疗服务质量会越来越差。"每年要求手术量比上一年增加10%，并且同奖金挂钩的做法，让医生的注意力从手术、工作本身转向了工作之外的手术数量、奖金，变为外部的、控制性的工作动机。值得注意的是，这种绩效管理的措施并不是一开始就有的，在王森医生刚进入医院工作的时期并没有采用，而是随着"中国大陆深化医疗改革的进程"才开始的。

这篇文章里的下面几个数字都同收入有关：1000元、7%和1000万元。1000元是王森作为主治医师的底薪，"不同职称的基本工资相差不多。我作为主治医师的底薪是每月1000元（人民币），主任医师也就比我多两三千块钱。剩下的都是靠奖金，奖金就是临床工作的提成、手术的提成，按照比例分配"。而7%是指手术费中的这个比例用于医生的奖金，"我们的手术费是奖金的一部分，它是当月返给大夫的基本手术提成费，大概是这个手术费用的7%"。这两个数据都说明医生职业持续奉行的是低工资的政策，这个政策是1994年制定的，20多年来都没有变过。显然依靠低工资是无法保障医生的正常生活的，在这种情况下，"灰色收入"就必然会出现，文章里提到的1000万是最顶尖的骨科医生一年的收入。"有一些是'正常'的灰色收入，比如去讲学，讲一次课能拿两三千块钱的报酬；有一些是'擦边'的，就是走穴，比如医生外出会诊，到别的医院做手术。现在国家是默许走穴的。以我工作的领域来说，全国最牛的几个大夫，走穴做手术的行情是1万到2万吧。另外一部分灰色收入就是药品和器械的回扣。"

大致来说，从王森这位外科主治医生的自述看，医生职业主要是一种低工资+绩效管理，导致"灰色收入"空间很大的一个状态，这还是北京三甲医院的情况，其他中西部地区、非三甲医院的情况就更不乐观了。那么如何改善这种状况？对于三甲医院、高水平医生而言，从积极领导力的角度看，应朝着"高工资+积极领导力"的方向转变。当然，正如《学校积极领导力》所论述的，积极领导力的管理措施是有条件的，对领导者的要求更高，在难以达到的情况下，两害相权取其轻，应首先向"高工资+软的消极领导力"的方向转变，即医生的高工资保障医生不需要为了生活额外想办法，至少可以减少一部分医生追求灰色收入的冲动。"软的消极领导力"则需要弱化绩效管理的种种办法，如取消类似"周转率"、"平均住院日"、工作量同奖金挂钩的做法，保障医生的注意力放在工作内容本身上，而不是工作之外的奖金、数量方面，以内在的、自发性工作动机从医，而不是以外部的、控制性动机工作。

王森在文章里提到了一对老夫妻和一位女患者的案例，这两个案例恰恰说明医生工作本身需要同病人发生情感交流，这种情感上的交流才会激发医生工作的内在动机和自发性动机，"内心能得到这种满足感，比我挣了多少钱，或者买了多大的房子的幸福感会持续得更长一些"。而现实当中剥脱医生与病患这种情感交流的因素，笔者以为主要是上面提到的追求绩效管理，为了追求效率，医院组织越来越接近科层制的理性组织，"当我成为主治医生，就不直接接触病人了，给病人量血压、换药、查体、询问病史这些事都是下级大夫负责的，我最多就是早上查房时看一眼病人，做完手术再看一眼……到最后是什么状态呢？完全就像是走过场，就是流水线。我经常替别的大夫做手术，术前我都不知道病人是谁，不知道他/她长什么样，看一看病历，就开始了。手术之后我都没见过这个病人，病人就出院了……人情上的反馈越来越少。我甚至感觉自己像一个卖肉的"。为了提高效率，主治医生只负责手术开刀，给病人量血压、换药、查体、询问病史被分工给了下级大夫，而实际上这些环节才是真正建立医生与病人关系，获得"人情上的反馈"所必须的环节。为了追求效率，这种"人情上的反馈"却被剥夺了。这种绩效管理的措施最终导致的结果就是，医生成为流水线上的"专业工人"，成为效率所要求的技术娴熟的"机器"。正是为了避免这一点，王森医生才提出了辞职，尽管在外界看来，他的事业正是旺盛的时期，此时辞职显得难以理解。"以我现在的年资来说，已经熬过了最苦的阶段。但重要的是，最初想学医的心态是不是和现在的心态相符合。如果不符合，人就会很失落、迷茫，然后随波逐流。时间久了，负面的压力会越来越多，最终让我离开。"

如果引用我们在《学校积极领导力探索》一书中对教师离职的案例研究，王森医生的离职似乎也符合同样的规律，绩效管理的强化所导致的"硬的消极领导力"，会加深员工的职业倦怠感，关闭或浪费自己的"人力资本"，而其中具有高自主性的个体，会以退出、离职的方式作为对强化绩效管理、"硬的消极领导力"的应对策略。

2.11 强化绩效管理对离职率的影响：企业的证据

我们在《学校积极领导力探索》一书第2章中提到的中学政治课教师茅卫东，也是在学校强化绩效管理措施的情况下离职的。这里经常会遇到的一个问题是，这难道不是个别人的个别行为吗？怎么能因为个别人的离职就归咎于绩效管理的措施呢？那些离职的现象毕竟是极个别的情况啊？！为了对这个问题有更全面的认识和判断，我们从培训类的企业选取了案例进行说明。为何要选取培训类的企业呢？因为这类培训机构也常常称为"学校"，其工作方式和内容同公办学校有很多相似之处。那么为何要选取企业作为参照？主要就是为了进行对比，企业的用工方式主要采用的是合同制，无编制的，而上述王森和茅卫东所在的医院和学校都是公办体制内的事业单位，有编制，有户口。[①] 通过对比，我们可以了解公办单位的编制、户口等因素对人员流动性的影响。笔者的一个判断是，如果不是因为编制的限制，公办事业单位很多的福利待遇同编制捆绑在一起（正式职工享有在孩子上学、看病、住房等方面的福利），强化绩效管理措施会带来更多的离职现象。而培训类的学校，作为编制外的企业，可以从另一个角度对上述判断进行验证。

下面这个案例来自本人在 B 大学授课时的学生作业，课程的名字叫"教育管理学"和"积极教育与积极领导力"，课程内容主要以学校积极领导力为主。作业的要求正如该书中列出的作业清单，学生从 15～20 个问题中选择回答。学生"陈晓晨"完成的案例如下：

[①] 对此，笔者的一个判断是，如果不是因为编制的限制，公办事业单位很多的福利待遇同编制捆绑在一起（正式职工享有在孩子上学、看病、住房等方面的福利），强化绩效管理措施会带来更多的离职现象。而培训类的学校，作为编制外的企业，可以从另一个角度对上述判断进行验证。

关于此问题（绩效考核是如何影响人们的行为的，它的优势和劣势分别是什么？），我想就之前所在的培训学校的实例来分析。出于隐私方面的考虑，公司名称在这里简称为T。T校自建校到现在将近20年，我2008年加入该校，到2014年离开，在该校度过了6年时光。这6年里，我目睹了绩效考核变化对员工行为的影响，而它也部分地决定了公司的盛衰。

（1）绩效制带来的人才瓶颈

2008—2009年，公司进行对外扩张，实现了在全国开100家学校的目标。扩张带来的必然是人力资源和管理成本的上升，到2009年的时候，先是J市学校出现了现金流断裂的情况。为了快速止损，公司立即做出了人力资源方面的调整，将以前分校的4个基础岗位合并为2个；在薪酬方面，从之前的晋级制转变为多劳多得、少劳少得、不劳不得的绩效制。此制度实施之后，立即引起了大规模的人才波动。尤其是老员工，更是感受到了前所未有的受伤，他们之前的基本工资额度到了每个月5000元~8000元以上，但改制后基本工资统一调整为1300元，其他全部列为绩效。绩效细项的固定部分包含学位津贴、书报费、工龄工资，浮动部分包含课时量考核、班级人数考核、创效能力考核、招生续保能力考核，奖金部分包含大班奖、快班奖等。

从绩效细项可见，绩效工资规定非常细致，当员工的注意力由教好课转移到算计这节课是否有工资时，上课的效果是显而易见的。教师的流失率也从每年10%左右增加到50%左右，教师的流失带来了学生的大面积掉队。某省会城市的在校生从2万人掉到9000人，对学校的效益影响极大。学生的掉队直接影响到学校的盈利水平，进而影响到校长的工资。在绩效考核实施的半年后，该城市迎来校长的离职潮，学校遭遇了前所未有的人才瓶颈。在这种情况下，学校只能矬子里拔将军，将一些业绩较好的课程顾问或者老师扶上了校长岗位。课程顾问由于招生的原因与老师有着天然的冲突，晋升为校长之后，这种矛盾愈演愈烈。团队合作的精神无形地丧失了。而从教师岗位晋升上来的校长，几乎都带着本分校比重较大的班级，因为管理需要，这些班级全部要交接给其他教师，进而继续带来学生的掉队。绩效制的实行，导致教师队伍、校长队伍遭受了极度震荡，学校发展后劲不足。到2012年，除个别城市外，其他城市全部亏损。

(2) 股份制带来的业绩复苏

公司高层领导终于意识到事态的严重性,开始对全公司的发展进行重新规划,提出了寻找创业者的企业战略。一方面,让现有分校的校长及优秀教师参股;另一方面,改变之前只有直营的状况,在全国开始进行连锁加盟业务。绩效制到股份制的改革将公司整体的氛围从"让你干"变成"我要干",提高了员工尤其是投资人的积极性,企业目前运转良好,之前的各分校通过校长参股方式调动了校长的积极性,也正在扭亏为盈,加盟业务也以每个月平均3家加盟校的速度在发展。

绩效考核的优势和劣势在T校的改革中体现得淋漓尽致。绩效考核的优势,就是能够让学校节省更多的人力成本,让员工在学校关注的业绩指标上做出更多贡献;劣势就是员工不再关心工作而只关心绩效,使整个公司遭遇了人才瓶颈,同时公司效益受到极大影响。

上述"陈晓晨"描述的其所在的课外辅导学校T校,以2009年为转折,为了止损,由原来的晋级制的人事薪酬政策转变为细化的绩效政策。显然,这种"低工资+高绩效"的管理措施与通常所说的晋级制(职级制)是非常不同的。在晋级制下,薪酬同职级挂钩,而不是直接与绩效结果挂钩,那么相对来说,资深员工、高职级的员工自然就有更高的薪酬,年轻员工、资历浅的员工对未来的薪酬提升是有稳定预期的。而"低工资+高绩效"政策必然导致员工将注意力放在绩效指标上,那么那些难以量化又无法进入绩效的工作就没有人愿意做了。

在企业中,"低工资+高绩效"的办法往往导致的是更高的人员离职率;而在公办学校等编制内的单位中,由于编制与待遇的捆绑作用,"低工资+高绩效"的管理措施似乎在离职率上没有更多地体现出来,但是,员工的职业认同感、职业倦怠感都受到很大影响,这种隐性的人力损失恐怕是更为严重的。它同时导致组织无法更换新的人力,很容易窒息组织活力,造成死水一潭。

2.12 为何学校不向企业界学习好的管理

这个主题实在是有感而发。看过很多国内外大学在管理上推崇绩效管理的办法,最为突出的就是"非升即走"的终身职制度,在境外大学主要是面向助理教授一般有5~7年的考评期，通过考评便可改变身份进入所谓的终身职，否则就必须离开所在院校。为何这个绩效考评办法仅仅针对博士刚毕业或者博士后刚出站的年轻人？为何不对副教授和教授采取同样的办法？难道说这种"双重标准"是因为年轻人在绩效考评下才能有好的科研表现，而副教授、教授则不需要考评，自己就可以自觉地实现科研创造？正是意识到这个问题，香港科技大学创校校长吴家玮在加州大学圣迭戈分校（UCSD）做系主任时便产生了所有教授都需接受"滚动合同"（Rolling Contract）的想法，尽管一直到他做香港科技大学校长都没有得到教授的支持而只能作罢。

实际上，我们考查终身职的来历，对终身职制度的历史进行梳理就会发现，这套制度本身就是代表教授利益的，而不是年轻教师的利益。1915年1月，美国大学教授协会（AAUP）刚成立，第一项工作就是发布了有关学术自由和教授任期的原则声明，"讲师以上职称的教师，任职10年以上就必须终身聘任，而对讲师没有明确规定期限"[1]。然而，该声明发布后，"由于只代表了高级教师的利益，而不能代表学校大多数教师和其他群体的利益，因此引起了包括教师、校长和董事会等的敌视和误解。1915年，美国学院联合会（AAC）成立，下设学术自由与终身职委员会。学院联合会对大学教授协会把大学中最主要的成员校长和大多数教师排除在外的做法进行了批评，认为大学教授协会不能代表最为广泛的利益"[2]。虽然美国大学教授协会的声明遭到很多批评，但还是取得了一定进展，尤其是到1938年，"AAUP和AAC召开联合大会，改变以往歧视低级教师的做法，规定教师经过6年的试用期合格，必须授予终身职，解聘所有教师包括试用期在内的教师，必须提前一年通知当事人。另外，试用期内的教师享有与其他教师同等的学术自由权利"[3]。1940年，美国大学教授协会和美国学院联合会联合召开大会发表声明，"提出了教师的终身任期制，第

---

[1] 参见李子江《论美国学术自由的组织与制度保障——AAUP及其关于学术自由和终身职的原则声明》（《比较教育研究》，2003年第10期，20—21页）。

[2] 参见李子江《论美国学术自由的组织与制度保障——AAUP及其关于学术自由和终身职的原则声明》（《比较教育研究》，2003年第10期，21页）。

[3] 参见李子江《论美国学术自由的组织与制度保障——AAUP及其关于学术自由和终身职的原则声明》（《比较教育研究》，2003年第10期，21页）。

一次给任期程序以明确的界定,规定大学的教师和研究人员经过最长不超过7年的试用期,经同行评议,就应享有永久的任职资格,除非由于财政危机或教师个人的道德原因之外,终止任期必须有充足的理由"①。从终身职的历史发展来看,对讲师、助理教授(AP)等年轻教师和对副教授、教授采取"双重标准":讲师、助理教授7年内"非升即走",而后者则不必受此约束。这仅仅是教授们争取自身利益的结果,对校董会、校长来说,这种权益争取当然是有积极进步的意义的,然而,在大学教师不同身份采取双重标准的做法,却没有多大合理性的成分,这也难怪吴家玮教授会想出针对教授的"滚动合同制"的做法,其实是将教师的考核标准进行了统一。当然,教授们是不会同意这种做法的。

事实上,吴家玮教授设想出的"滚动合同制",在美国的一些大学是实现了的。这就是所谓的终身职后评审(post-tenure review)②,在实践中,主要有以下形式:年度评审、针对全体终身教师的终结性评价、针对绩效不佳者的终结性评价、注重院系需要的形成性评价、注重个人发展的形成性评价。③ 其中,针对全体终身教师的终结性评价和针对绩效不佳者的终结性评价非常接近吴家玮所设想的"滚动合同制"。到1996年,680所学院和大学中61%的院校制定了职后评审政策。终身职后评价在美国匹兹堡大学(University of Pittsburgh)、伊利诺伊学院(Illinois College)、俄勒冈大学(University of Oregon)、肯塔基大学(University of Kentucky)、蒙大拿大学(University of Montana)、朗伍德(Longwood University)学院、罗格斯(Rutgers University)大学、伊萨卡岛(Ithaca College)学院、圣·弗朗西斯(St. Francis College)学院、拉佛维(University of La Verne)大学等都采取了不同形式的终身职后评审方式。不论采取何种形式的职后评审,都依靠外部评价来督促终身职教师进一步实现专业发展。李长华在对美国

---

① 参见李子江《论美国学术自由的组织与制度保障——AAUP及其关于学术自由和终身职的原则声明》(《比较教育研究》,2003年第10期,21页)。

② 参见王正绪《美国一流大学的教师管理工作:终身职制度及其他》(《广西大学梧州分校学报》,2004年第3期,5页);李子江《美国高校教师的终身职后评审——政策背景、实践模式和未来走向》(《外国教育研究》,2006年第1期,70-71页)。

③ 参见李子江《美国高校教师的终身职后评审——政策背景、实践模式和未来走向》(《外国教育研究》,2006年第1期,70-71页)。

高校教师绩效评价的总结中，把绩效评价的方式归纳为：年度评价、晋升和终身聘任评价、终身职后评价。[①] 在这些逐步被数量化、指标化的年度评价、非升即走的终身职制度和终身职后评审的诸多做法中，很少有依靠管理者去激发教师内在驱动力、自发工作动机的管理措施，始终保持一种"外力制动"的管理方式，而很少考虑依靠教师自身的"内力制动"的管理变革。

学校中普遍采用的绩效管理办法从何而来？其实这些绩效办法并不新鲜，主要还是从企业界而来。20 世纪 80 年代，我国的"大锅饭"制度向按劳分配制度转变，就是一种向绩效导向的转向。然而，企业界并不是只有绩效管理，更有很多世界 500 强企业采用人本主义的管理方式，如宝洁公司（P&G）；或者采取我们所谓的"人性化"管理方式，如谷歌、Facebook 等互联网、高新技术企业。我们的问题是，为何学校不向企业界学习这类"人性化"管理、人本主义的管理，而偏偏就喜欢绩效管理这套方式呢？放眼望去，大学中采取"人性化"管理、人本主义管理方式的学校几乎看不到，而绩效管理、绩效考核和评价却愈演愈烈。

2.13　从绩效管理的角度看北大人事制度改革

有关 2003 年北京大学的人事制度改革的讨论、研究已经不少，但是从绩效管理的角度去考查这一改革的还比较少见。显然，从绩效管理的角度看，北大的人事制度改革是一种强化绩效管理的措施。按照当时人事制度改革政策的设计者、经济学家张维迎的观点，北大人事制度改革主要是引入两点：一是"引入竞争"，另一个是"非升即走"[②]。对于这一强化绩效管理的措施，有关中青年教师（即讲师和副教授）反应巨大，这显然不值得奇怪，因为北大的人事制度原本就有各级职称制度的绩效导向，而 2003 年的人事制度改革实际上是比较严重地强化了绩效导向，从"软的"消极领导力转变为"硬的"消极领导力。

---

　　① 参见李长华《美国高校教师绩效评价》(《国家教学行政学院报》，2007 年第 5 期，91-95 页)。

　　② 参见《北大"癸未"变法今何在？人事制度改革引争论》(http://www.chinanews.com/edu/2010/11-18/2664323.shtml)。

不仅如此，这种强化绩效管理的做法还会导致高自主性的教师离职，我们在《学校积极领导力探索》一书的第 2 章中提到的案例，像中学政治课教师茅卫东，以及英语教师黄景，都以离职的方式作为对学校强化绩效的对策。北大 2003 年的人事制度改革同样如此，北大法学院教师赵晓力离开北大，到清华法学院任教便由此而起。一名北大学生记述了当时任北大法学院讲师的赵晓力开设的"西方法律思想史"的情景①，这篇叙述可以反映出赵晓力老师本身是一个主要靠自发性动机驱动自己教学的人，尤其从这个学生引述的赵老师的观点可以看出："北大其实有两个。一个是表面上大家熟知的，还有一个是无形的、非正式的。赵晓力说，'在北大，大约有 20% 的老师是混子，但也还有大约 20% 的老师是无形的财富。他们可能不写文章，教学也一般，只有少数人知道他们无书不读，极有才华。他们不需要社会和学校的承认，只要自己承认自己。'"这里赵老师对北大进行了划分，"表面的"和"无形的、非正式的"，尤其是对其中 20% 的老师的表述——"无形的财富"，原因就在于这些教师是内驱力、自发性动机驱动的教师，"他们不需要社会和学校的承认"，但是"无书不读，极有才华"，只要"自己承认自己"。相比较而言，那个"表面的"北大，则需要"社会和学校的承认"，那些写了不少文章、拿了不少教学科研奖的教师是其代表，他们显然是外驱力、控制性动机驱动的教师，他们的数量可能比较多，占到 60%。另外还有 20% 被称为"混子"，属于无动机、非人格化导向的教师。显然，赵晓力老师的这个观点不仅在评价他所看到的北大，而且表明自己走的和推崇的路径是那 20% 的"无形的财富"。那么赵老师对北大 2003 年人事制度改革的看法是什么呢？"但北大第一次推出的改革方案，把这 40% 都给去掉了。'如果这样，北大将沦为平庸。'"实际上，这样的判断同我们在《学校积极领导力》《学校积极领导力探索》中的分析和判断是基本一致的，即强化的绩效导向，"硬的"消极领导力导致的后果，是自主导向的教师和非人格化导向的教师被抑制。"有一次，就北大改革方案，学校找青年教师座谈。赵晓力在会上跳出来了，他觉得不可忍受。他问设计方案的经济学家：'你是研究制度经济学的，我们都知道非正式制度的重要性。那你知不知道北大的非正式制度？你是搞博弈

---

① 参见谢丁《一堂法律课》（https://book.douban.com/review/4184445/）。

论的,而这场博弈的后果,就是你会把无书不读的人和不读书的人同时给排除。'"① 这是赵晓力运用人事方案设计者张维迎的研究专长、制度经济学和博弈论,来论证自己的这种评价和看法。

对2003年北大人事制度改革的这种评价和看法,导致赵晓力离开北大:"那场关于北大改革的争论,刺激了赵晓力的出走,同时也让他第一次开始认真地思考大学和教育。"②

不论这场人事制度改革成败与否,绩效导向的管理显然已经在全国各个学校普遍推开,竞争和绩效越来越成为大学办学的主线,大学教师们的工作是越来越具有挑战性、探究性、复杂性和创造性了,还是越来越机械式、常规性、算法式、重复性了?

---

① 参见谢丁《一堂法律课》(https://book.douban.com/review/4184445/)。
② 参见谢丁《一堂法律课》(https://book.douban.com/review/4184445/)。

第 3 章 积极的教育理念与实践

3.1 专业化分工与大学教师的注意力

分工是经济学和社会学关注的一个重要主题。通过分工不同的人从事不同的职业,要比所有人同时从事所有行业更有效率,这是经济学家斯密在阐述分工的好处时提出的观点。

"现代大学"从德国洪堡大学开始就提出,大学的两项核心职能是教学和科学研究,不知从何时开始大学又增加了社会服务的职能。社会分工越来越细,然而,现代大学的上述职能不仅没有专业化,反而更加综合化。以国内大学来说,中国科学院和中国社会科学院作为以研究和学术为专业化特色的国家级研究机构,纷纷建立、合并了本科教学机构,建立了中国科学院大学和由中国青年政治学院并入的中国社会科学院大学[①]。这种综合化的大学发展取向同专业化分工的矛盾越来越明显。这一困境和矛盾集中反映在大学教师的注意力上,大学教师应怎样处理教学、科研和社会服务的关系?这三者孰轻孰重?对大学教师的注意力影响最大的是绩效考核,这一困境和矛盾也反映在绩效考核问题上。

在 2016 年 8 月教育部下发的《教育部关于深化高校教师考核评价制度改革的指导意见》[②] 中,在教学、科研和社会服务之外,又新增了一条师

---

① 参见《中国青年政治学院本科划转至中国社会科学院大学》(http://edu.sina.com.cn/gaokao/2017-05-23/doc-ifyfkqks4471179.shtml)。

② 参见《教育部关于深化高校教师考核评价制度改革的指导意见》(教师〔2016〕7 号)(http://moe.gov.cn/srcsite/A10/s7151/201609/t20160920_281586.html)。

德考核，并且将"加强师德考核"放在大学三项功能之前，"将师德考核摆在教师考核的首位"，除了突出师德考核，文件还强调要"突出教育教学""完善科研评价导向""重视社会服务"，这是针对当前高校中现实存在的以下问题提出的："仍然存在教师选聘把关不严、师德考核操作性不强；考核评价缺乏整体设计，对教师从事教育教学工作重视不够、重数量轻质量的情况还比较严重；考核评价急功近利，考核结果的科学运用有待完善等问题。"① 高校中的问题不仅如此，在 2017 年的两会期间，就有人大代表提出"建议调整高校绩效评价体系，鼓励参与校企合作"②，原因在于现有的高校绩效评价体系"主要围绕学校排名和学科建设，把产学研用摆在次要地位"；具体来说，就是评价体系中"横向课题轻于纵向课题""横向课题经费占比不明显"，导致产学研校企合作不被重视。

问题是，高校出现的诸多问题，一方面，真的是因为绩效评价体系不够完善、不够科学导致的吗？或者换句话说，是不是靠绩效评价体系的改革、完善就可以解决现有的诸多问题？另一方面，除了绩效考评、职称聘用，我们是不是就没别的办法了？在笔者看来，高校出现上述诸多问题的重要原因之一是高校缺乏分工、缺乏多样性。教学和科研这两项高校的传统职能，很少有大学教师能真正做到兼顾，科研出色的大学教师未必就擅长教学，而国内大学恰恰有一些教师是擅长教学而科研表现普通的。笔者在多所高校学习和工作的切身体会是，教学和科研在今日大学发展中的矛盾与冲突是比较明显的，中国大学发展同质性高、重科研轻教学导向是比较突出的，这对热爱教学、擅长教学的大学教师其实非常不利，而国内大学缺少类似于美国文理学院这类主要以教学突出为特色的大学。在国内名校中，科研导向之下的教师发展与学生就业导向的学习也呈现出愈发明显的矛盾。清华大学副校长、中科院院士施一公明确提出"研究型大学，从来就不以就业为导向"③，然而，学生对这样的提法并不见得买账，在知乎

---

① 参见《教育部关于深化高校教师考核评价制度改革的指导意见》（教师〔2016〕7号）（http://moe.gov.cn/srcsite/A10/s7151/201609/t20160920_281586.html）。
② 参见《人大代表王刚：建议调整高校绩效评价体系，鼓励参与校企合作》（http://www.hscgs.com/newsDetail_forward_1635142）。
③ 参见《清华大学施一公院士：研究型大学从来不以就业为导向》（http://scitech.people.com.cn/n/2014/0917/c1057-25680153.html）。

论坛的讨论中，对此不认同的大有人在。① 北京大学生命科学学院教授饶毅与耶鲁大学校长苏必德就精英大学的教育目标的辩论②，也反映出这一大学导向的问题，双方的分歧在于，精英大学的培养目标过于集中在企业领袖和政治领导上，还是应当更多考虑"将人类通过几千年努力获得的智识积累传给我们的学生""让我们的学生把今天人类最新的知识和智慧传播到全社会"。以上案例反映的是国内名校的科研导向同教学育人以及工作就业发生的内在冲突。

从分工的角度看，教学和科研是两种不同侧重的工作，只有教学型的大学和科研导向的研究型大学分类发展，才能向着解决上述问题的方向迈进。就我国目前高校发展的现状来说，急需建立类似美国文理学院一样主要以教学为导向的高等院校，通过分类发展，体现各自不同的高等教育价值。实际上，即使是在美国顶尖的研究型大学中，也存在这样重科研、轻教学的问题。例如，哈佛大学《幸福课》主讲泰勒·本-沙哈尔，虽然在校内开设的"积极心理学"课程选课人数第一，但是因为主讲教师不喜欢做科研，最终也于2011年因为科研评价不过关而离开哈佛大学。又如，香港科技大学创校校长吴家玮回忆自己在美国加州大学圣迭戈分校做博士后期间，秘书告诉他"新来的博士都须帮助物理系带本科生的讨论班，我得分派些任务给你"③，物理系负责人布勒克纳则告诉他"可能让你教上一两门课"。对此，吴家玮的态度是："是否可以少教课或不教课，尽量在这样好的环境里善用学习机会，把时间花在科研上？"④ 之所以会如此，吴家玮分析："美国的研究型大学虽说教研并重，但一般教授愿把时间花在科研和指导博士生上，不很关注本科教研。这所起点特高的学校的物理系更是如此：人人都是著名学者，各有大量科研经费，各带一大堆博士生和博士后，更不会花太多时间于本科教学。"⑤ 吴家玮更是提到他求职时的经历，"我到多所大学去面试时，与多位资深教授分别会谈，竟无一人问我对教

---

① 参见《如何看待施一公老师对清华本科生研究生找工作的态度？》。
② 参见《饶毅理辩耶鲁校长：特朗普和马云是大学教育的目标吗？》（http://roll.sohu.com/20160331/n442936190.shtml）。
③ 参见吴家玮著《红墨水》（海天出版社，2016年9月，2页）。
④ 参见吴家玮著《红墨水》（海天出版社，2016年9月，10页）。
⑤ 参见吴家玮著《红墨水》（海天出版社，2016年9月，3页）。

学有什么看法,也没人关注过我的教学经验。所有讨论完全集中于科研课题和心得。公立大学也好,私立大学也好,无一例外。"① 吴家玮在美国西北大学物理系工作时提到:"科研成绩优良、带上两三个博士生或博士后的教授,通常每学期只教一门课,也就是3~4课时。科研平平、不带或只带一个博士生的,两学期总共教三门课。科研欠佳或已无实际内容、带不上博士生的,就要每学期教两门课,就要负责工作量繁重的普通物理实验课程。这样的工作分配方式常见于研究型大学,目的是让各人的教研工作总量相似,求取平衡和公平。研究型大学的教授,包括科研欠佳者,毕竟都曾有过辉煌时光,只是半世纪来科学发展太快,经常令人在不自知(或不愿面对现实)间沦为强弩之末。一旦被系主任委派较多课时,不得不让自己醒悟科研生涯面临结束。增加课时于是形同处罚,在旁人眼里徒添羞辱。"② 按照吴家玮在美国西北大学的任教体验,教学课时多、课程多时,不仅不是重视教学的表现,反而意味着"科研生涯面临结束""形同处罚""在旁人眼里徒添羞辱",可见研究型大学无法做到真正意义上的科研和教学"平衡",所谓的"平衡",实际上教学只是点缀,科研才是主要取向。所以,"这种看法无形中导致同事们轻视教学,很不适当,是研究型大学里常见的弊端"③。曾在耶鲁大学任教的威廉·德雷谢维奇在《优秀的绵羊》一书中也对美国精英高校偏离教学、课堂教学中"教授缺位"的弊端进行了较为详细的分析和评价。"高校的整体设计并不是以教学为出发点的,因此越知名的学校,其设计越是偏离教学……从1960年到1990年,美国联邦政府的研究经费翻了4倍,但是教授的平均教学时间却减少了一半。"然而,"学会教书,与其他技能一样,都需要经历1万小时的磨炼"④。"严格的学术研究所必备的技能恰恰削弱了教学所需要的能力。"尽管科研与教学的矛盾在美国研究型大学同样存在,但是美国高等院校的多样性和可选择的范围的广泛性,一定程度上保障了对教学和科研不同偏好教师和不同偏好学生的选择和去向。

---

① 参见吴家玮著《红墨水》(海天出版社,2016年,116页)。
② 参见吴家玮著《红墨水》(海天出版社,2016年,213页)。
③ 参见吴家玮著《红墨水》(海天出版社,2016年,213页)。
④ 参见威廉·德雷谢维奇著、林杰译《优秀的绵羊》(九州出版社,2016年2月,168页)。

而我国现有的高校绩效考评体系则过于统一化、综合化。全国 2000 多所高等院校都处于同一套考评体系之下，既要将师德考评放在首位，又要突出教育教学业绩，还要求完善科研评价导向，同时又要重视社会服务考核。这种统一化、综合化的绩效考评方式显然无法从根本上解决教学与科研、社会服务之间不同任务内容和要求的矛盾、冲突。只有高等院校真正意义上的分类发展，才能缓和这种教学和科研的基本矛盾。

专业化分工在导致现代大学教学和科研的矛盾之外，还导致了另外一个巨大的矛盾，就是在科研中出现的基础研究和应用研究（尤其是产业化应用）之间的矛盾。例如，刊发在微信公众号"知识分子"上的一篇争论"主编们激辩：论文发在中文杂志是自信还是狭隘民族主义？"①，表面看是科技期刊编辑们争论科研成果应发在中文刊物还是英文刊物上，实际上，背后的争论却是应用性研究和基础性研究的科研评价是否应当采用统一评价标准的问题。正如科学出版社副总编辑胡升华在争论中提到的"立志攻克国际难题""占领国际学术制高点""攀登科学高峰"和"解决国内重大需求""国民经济主战场"这两种不同取向的科研之争。在笔者看来，如果将科研划分为两极，一个极端是纯理论的、基础性的、原创性的、国际公认的前沿性研究，另一个极端则是应用性的、产业化的、市场化的、当地化、地方化的本土研发。两类不同的研究不可能、也不应该采用同样的评价方式，前者往往主要依靠学术共同体的同行评价、同行评审来进行，而后者则主要应依靠市场、用户、消费者去评价。以两院院士、2001年国家最高科学技术奖获得者、北大教授王选为例，作为计算机汉字激光照排技术的创始人，汉字激光照排技术显然不可能主要靠科技期刊的同行评审来判断其价值高低和创新性，而是主要依靠华文报业和印刷业用户的使用来进行判断。所以，科研评价在基础研究和应用研究、产业化应用方面不应采取统一的、标准化的评价方式，而应采取多样化、丰富化的评价。当然，由此带来的一个后果就是不再像现在这样"方便管理"。

提到王选，我们就不能不追问，为何王选之后我国高等院校里类似"具有市场眼光的科学家"少之又少？尤其是最近几年在"大众创新、万

---

① 参见胡升华等"主编们激辩：论文发在中文杂志是自信还是狭隘民族主义？"，微信公众号"知识分子"，2017（http://mp.weixin.qq.com/s/CdzRrwrUu8vxn3gWqjp5rA?）。

众创业"的"双创"背景下却很少能冒出王选式的科学家?这就涉及科研评价的导向问题。前面提到,基础研究和产业化应用不能、也不应采用统一的评价方式,而我国高校、科研院所最近这些年的绩效管理方式,却是在强化以论文发表,尤其是SCI、EI、SSCI国际期刊和影响因子为导向的统一化的科研评价为导向。这种导向的后果正如胡升华副总编所说,"2016年中国制造期刊论文数已经接近100万篇,SCI论文也达到30万篇的规模,论文数量稳居世界第一,SCI论文数也已经坐二望一,其中化学、物理、材料学科的文章数已经位居世界第一。但是,试问,我们是学术强国了吗?我们开创学科方向的重大原始创新成果又有多少?屠呦呦获诺贝尔奖的工作已经过去了40年,下一个诺贝尔奖在哪里?要以SCI指标判断,我们可以沾沾自喜,论文数与高被引论文数都同步增长,稳居世界第二把交椅,但中国的科技水平真的到了坐二望一的境界吗?我们的能源、环境、健康、高端制造等事关国计民生的重大科技领域是不是都处于世界第二的位置了?答案恐怕并不乐观。"① 所以,在"双创"背景下,鼓励高校科研人员进行创业、创新,就应改变目前统一化的科研评价方式。

在胡升华副总编的意见中还有一个重要的观点,就是从事基础研究和应用性技术开发的人数到底该如何分配,其观点是"立志攻克国际难题是少数人的事,解决国内重大需求是大部分人的事,也应该是大部分人做科研的出发点。……占领国际学术制高点永远是少部分人的事,攀登科学高峰不是打群架,从来不是人数的比拼、不是文章数量的堆积。其他因素姑且不论,我们总得承认天赋的差异,大部分人生来就不应该被赶鸭子上架,去攀什么国际科学高峰,最终横尸成为垫脚石,而是应该在国民经济主战场发挥力所能及、利国利民的作用"。从科学技术发展史的角度看,人类历史上科学研究的突破性贡献只是由极少数的科学家做出的,那么为何大多数的大学教师和科研人员要"陪跑"呢?这不仅造成人力资源的巨大浪费,而且这个大多数的经费申请者还会去"挤占"真正能做出突破性成果的少数科学家的经费和资源。所以,笔者是认同胡副总编的一半观点的,即攻克国际难题、占领国际学术制高点应是少数科学家的事情,从制

---

① 参见胡升华等"主编们激辩:论文发在中文杂志是自信还是狭隘民族主义?"微信公众号"知识分子"2017(http://mp.weixin.qq.com/s/CdzRrwrUu8vxn3gWqjp5rA)。

度设计上，应采取某种筛选机制，仅支持一定比例的科研人员从事真正意义上的基础研究。但是，胡副总编的另一半观点笔者并不认同，是不是大学教师和科研人员除了攻克国际难题、占领国际学术制高点之外，就只有"解决国内重大需求""在国民经济主战场发挥力所能及、利国利民的作用"这一条出路了？显然不是，在"双创"背景下，市场的需求本身就是分散的、多样化的、丰富化的，甚至是零碎化、细小化的。更为重要的是，科研人员自己对研究的好奇心、对于某个自己赋予了意义和价值问题的探究，这些科研取向都是分散的、多样的、丰富的，而不是像基础研究前沿或者国内重大需求一样，是统一的、公认的、科学精英或者政府精英主导的取向。笔者认为，国际公认科技难题的前沿攻克和国内重大需求的应对，都只应是少数精英学者（恰恰是有话语权的）努力的目标，而目前的现实情况却是多数科研人员在陪跑，少数精英学者在突破，这是目前科研经费管理体制的倾向性造成的；或者作为改进，起码在科研评价（多元化、丰富化）①、科研经费使用上允许全国的科研人员和大学教师拥有选择权，即当事人是以国际前沿还是国家重大需求作为研究取向，还是以个人研究兴趣、市场需求作为取向，应当给予充分的选择空间和保障。

其实，从胡升华副总编同田纳西植物科学系教授、南京农业大学兼职教授程宗明的争论中可以看出，他们两位的观点代表了两种比较典型的科研精英的价值取向：国家重大需求取向和攻克国际科学共同体难题的取向，这两种精英价值取向存在的共同问题就是由少数拥有话语权的精英代替全国上百万的大学教师和科研人员判断研究的价值和意义。我们在本书创造力部分讨论过，科学研究的价值和意义是因人而异的，尤其是能够内化为科研人员内在的、自发性动机的部分，只有当事人自己对某项研究的价值赋予意义，才能产生真正的内在驱动力。上述两种精英价值的科研取向，不论是国家重大需求还是国际前沿，如果主要是由外在的社会舆论施加给科研人员的，恐怕会很难真正转化为科研人员的自发性动机，甚至会

---

① 正如程宗明教授所说，做论文的科学家和帮企业解决问题的科学家存在"互相瞧不起"的现象，"这种相互'瞧不起'主要和中国的评价体系有关，科学家应该有不同的岗位定位，按自己的岗位确定考核指标，而不应该用同一把尺子，这才合理。"（程宗明"再谈中文期刊与'文化自信'，兼谈为什么做科研？为谁做科研？"，http：//blog.sciencenet.cn/blog-1140979-1071592.html）

适得其反。否则，如何解释科技界常见的论文造假现象？如何解释大量的科研经费用在国家重大需求的课题招标中，却并没有出现相应的真正有实践意义的重大成果、投入产出不成比例的情况？在国内各级课题申请中，虽然名义上都有了"自主选题"，然而，实际在课题经费的倾斜、同行评审等各个方面，这类自主选题都仅仅起陪衬作用，是不被鼓励的。本书中对华南师范大学教师郭台辉为了评审教授而申请课题的案例的介绍很明确地说明了这一点。

实际上，从专业化分工的角度看，解决科研内部基础研究和应用研究的矛盾，如同解决教学和科研的矛盾一样，只能通过专业化分工进行剥离的方式来解决。应当有专门做教学的和专门做科研的一定数量的大学和独立科研机构存在，同样，应当鼓励一定数量的主要从事应用研究的科研机构存在，而不是像现在这样，都朝着科研型、综合型的方向发展。

综上所述，现代大学的专业化分工所导致的教学与科研的矛盾，以及科研内部基础研究与应用研究的矛盾，都应从专业化分工的角度去解决，允许大学发展更为多样化、丰富化。此外，从评价方式的导向上看，即使在综合性大学内部，也应当向科研评价多样化、丰富化的方向努力，而不应为了方便管理简单统一，以基础科研的导向主导所有教师的评价；应当允许科研人员自主选择自己的研究取向，同时，为了鼓励科研人员的创造性，还应弱化外部评价，而不是强化这类评价。

3.2　羊磴艺术合作社与人本主义教育

2012年，四川美术学院雕塑系教师焦兴涛带领几位艺术教师到贵州省桐梓县的羊磴镇成立了羊磴艺术合作社，"和当地的居民、木匠包括加油站的老板一起，想做一做和以前不一样的艺术"①。焦兴涛老师的日记里对羊磴的木匠职业有交代："在乡村，他们曾经拥有很好的社会地位和职业自豪感，雇他们做家具的人家排着长队，除工资外，每天好烟好酒敬着，后来时过境迁，板式家具廉价时尚，再也没有人劳心费力花钱请他们了，

---

① 参见《一席来杭，上了八小时课发现，白日梦都被别人实现了》（http://zj.zjol.com.cn/news/606867.html）。

于是，他们不得不转行做装修、架电线、开馆子，但是对木匠活儿始终充满留念和感情。手艺带给他们尊严。"①

羊磴艺术合作社一开始由六位艺术教师与六位羊磴的木匠两两组合，一起完成一件雕塑或者家具。这其实就是大学的艺术教师和羊磴本地的木匠之间的一种交流、碰撞、建构，完成后在当地进行了展出。在这个过程中，可以感受到庙堂之上的艺术是如何介入当地人的生活的。

羊磴艺术合作社在当地做的第二件事是买了一栋当地房子作为永久场地，这让焦兴涛和同事们成了真正意义上的当地人。与这栋房子有关的故事是房子旁的核桃树遮挡了隔壁苦楝村庄稼的阳光，影响了收成，他们就修剪核桃树，于是结识了村长。

羊磴艺术合作社介入当地人的生活还有很多实例②：如给一个木匠的摩托后座上固定了一个碗柜，让木匠在做活时可以马上开始日常生活；把钱装裱卖掉；重找艺人时找到一位当地的艺人叫令狐昌云；在豆花馆搞了冯豆花美术馆；在镇上的两座桥上设计凳子用于歇凉；在镇上的"说事室"搞"聊天"的艺术项目；在羊磴广播站播放陈伟才老师的诗《羊磴——献给河的对岸，山那头的村民》。

羊磴艺术合作社更重要的一个行动就是搞了"羊磴十二景计划"，给羊磴"杜撰一个历史"。因为"在羊磴这样的地方，贫乏、单调，而且他们没有历史，也没有传说。问所有的村民，包括很多资格很老的人，都不能说出这个羊磴的来历"③。当地人和焦老师他们一起共完成了30多幅羊磴实景写生和配图的故事，最后通过画展由当地参观者投票选出"羊磴十二景"。此外，合作社还给当地的木匠郭师傅搞了个人艺术展。

羊磴艺术合作社的一系列艺术项目实践，以艺术的方式直接影响、介入当地的生活，这不就是人本主义教育原本应有的样子吗？我们在《学校积极领导力》一书第三章中提到的卢安克在广西乡村小学进行的华德福教育，卢安克带领孩子们给村里修桥、修路，培育大家保护家乡环境的意识，带着孩子们拍摄电影等，还有深圳明德实验学校依托深圳红树林进行

---

① 参见《羊磴日记之一》（http：//news.cang.com/infos/201508/419161.html）。
② 参见一席羊磴艺术合作社（https：//v.qq.com/x/page/l0502mm2c68.html）。
③ 参见一席羊磴艺术合作社（https：//v.qq.com/x/page/l0502mm2c68.html）。

的湿地课程等，同焦兴涛等教师的羊磴艺术实践有着共同之处，那就是学校教育也好，艺术也好，都要同当地的生活和环境发生密切关联，而不应当是独立于当地生活、环境之外的东西。从羊磴艺术合作社、华德福教育到深圳明德实验学校的课程改革，都显示出了教育改革的方向应当是在地化的、家乡的、本土的，学校教育、艺术、科学、语言等学科都应是围绕"地方性"展开的"地方性知识"，而不应仅仅是统一的、标准化的"全球性知识"。

最后，我们再来看看作为羊磴艺术合作社组织者的焦兴涛老师，他在从事羊磴的上述艺术项目实践时的工作动机和驱动力是怎样的，他为什么要进行这样的艺术项目实践。2012年，焦兴涛等几位老师在成立羊磴艺术合作社之初，也不清楚具体要搞什么，会搞成什么样子，只是"想做一做和以前不一样的艺术。那什么是不一样的艺术，我们还真不知道。虽然不知道该做什么，但是我们知道我们不是猎奇采风，不是体验生活，也不是乡村建设，不搞文化公益，不是慈善组织……所以一开始就注定是一个有方向没有目标的事儿。我们没有计划，有点走到哪算哪的感觉，不过话又说回来了，如果什么事情都清楚了，一个没有好奇心的旅程，又有什么意思呢"①。显然，羊磴艺术合作社并不是事先计划好、目标明确、步骤清晰、逐步实施的一个艺术项目，而是一个开放的、探究的、由焦兴涛等教师和当地木匠及居民相互激发建构出来的一些东西。焦兴涛老师在2012年11月19日的《羊磴日记》里这样记载："晚上，回到房间后进行了相关的讨论，得出的结论是：1. 他们（木匠）自在地开始工作对于今后至关重要，所以每个组从自己的情况出发自行决定工作目标。2. 摄像和采访一定要有自己的方向。"②

羊磴艺术合作社的工作动机还反映在焦兴涛等教师对待桐梓这个古称"夜郎镇"的态度上："有朋友对羊磴的事情很有兴趣，在大致了解之后说，要定点在羊磴镇隔壁的夜郎国（镇）就太好了，有典型性，有太白书院的遗迹，做持续的文化建设样本极佳。我回答说，其实整个桐梓县都属于'夜郎国'，前年，桐梓县本打算改名'夜郎县'，后因种种原因未能改

---

① 参见一席羊磴艺术合作社（https：//v.qq.com/x/page/l0502mm2c68.html）。
② 参见羊磴艺术计划——乡村木作（http：//news.cang.com/info/419161_1.html）。

成,所以,我倒是觉得现在这样反而好,羊磴本属桐梓县,属古夜郎的范围,但并不刻意要在某个具体的点上为之,这样反而矫情,更重要的是羊磴的'非典型性'个人觉得更有价值!与历史和夜郎的偶遇与暗合,或许更靠谱。"① 所以,焦老师他们回避了在"夜郎镇"这样有所谓历史传承、文化背景的地方进行他们的艺术项目,而是在"平淡、乏味、没有色彩"的羊磴镇,"它和中国所有的,或者说90%的镇子是一样的"②。如果不是有比较强烈的自发性动机,而是靠外部控制性动机驱动的话,地点选在"夜郎镇"显然要优于羊磴镇。当然,选择在羊磴一开始的原因是"正好有个学生的老家在贵州桐梓,就是'夜郎自大'的夜郎的羊蹬"③,但真正吸引他们在这里进行艺术项目的原因则是"一个除了一条河之外平凡得一塌糊涂的小镇,最好的酒是包谷酒,最大的特点就是没有特点。去了一次之后反而被这种平凡和无聊吸引,于是和几个年轻雕塑家,还有当地的木匠成立了一个'合作社',打算去做点有价值的事"④。

从焦兴涛老师在一席的演讲中,很容易感受到羊磴艺术合作社进行的这些项目是"有趣的":一开始艺术家和木匠搭伙合作雕塑;购买镇上的房子成为本地人;找艺人、冯豆花美术馆、"说事室"等,以及"羊磴十二景"为羊磴构造历史,都反映出这些艺术项目本身的趣味。

最后,焦兴涛老师对于他们从事的这些艺术项目赋予了"自己的意义":"意义真的不是一件简单的事情。所以经常有人问我,你们在羊磴这么多年,你带给了他们什么,他们得到了什么,你们又得到了什么。对于第一个问题,我也许可以说我们带给了大家一种共同参与的协商的艺术的乐趣的方式。我们其实不想改变他们什么,恰恰是他们改变了我们……对于我们来讲,我们认识到中国现实社会的戏剧性和复杂性远远超过艺术家的想象力,艺术不仅仅是被观看、被讨论的对象,艺术是和生活的贴身肉

---

① 参见羊磴艺术计划——乡村木作(http://news.cang.com/info/419161_1.html)。
② 参见一席羊磴艺术合作社(https://v.qq.com/x/page/l0502mm2c68.html)。
③ 参见焦兴涛《30年,一个"皮夹克"青年的重庆往事》(http://www.ytcreativemedia.com/#/storyDetail?49564)。
④ 参见焦兴涛《30年,一个"皮夹克"青年的重庆往事》(http://www.ytcreativemedia.com/#/storyDetail?49564)。

搏，艺术是刺破现实的那根针，艺术就是行动，就是 action。"① 这再一次反映出焦老师他们从事的羊磴艺术活动是出于自发性的动机。如果说新课程改革的要求"自主、合作、探究"需要有教师的示范，那么焦兴涛和他的同事们在羊磴进行的这些艺术实践就是最好的示范。

3.3 "干枯"与"活蹦乱跳"

耶鲁大学金融学教授陈志武在接受凤凰卫视许戈辉的采访时，表达了这样一个有关中国学生的观点，就是"中国学生太乖了"②。采访中，陈志武主要阐述了目前我国教育中居于主导的工具主义的理念所存在的严重问题，"教育不只是职业教育，更重要的是做人的教育，兴趣教育，好奇教育。"当前工具主义、功利主义的教育仅仅是将教育看作进入名校、找到一份好工作的工具，而工作本身也不是社会所追求的，工作好不好，主要看待遇、工资收入、官职大小，而不是看这份工作本身有哪些挑战性、哪些让人产生激情的内容。这样一种教育、社会的价值观导致的后果，陈教授在采访中有很好的描述："包括在博鳌论坛上面，我也感觉到有很多的国内的政府官员或者做企业的，60 岁出头就退休了，在那些论坛上面，我听了这些哪怕是 60 刚刚出头的人讲话，让我明显的觉得很同情他们，他们已经在知识结构、在好奇心兴奋点这方面，已经干枯到那个程度了。"陈教授用了"干枯"这样一个词来形象地描述在博鳌论坛上，60 岁出头的一些人，这些人是什么人呢？显然不是普通人，大多是退休的政府官员、企业老总等社会精英。对待这样一些"干枯"的社会精英，陈教授的态度是什么呢？"让我就明显的就是很，很同情他们。"如果我们自己到 60 多岁退休的时候让别人因为感到自己"干枯"而被"同情"，显然令人难以接受，但在社会大环境下如何避免这种情况出现？相比较而言，美国人却不这样，"这在美国社会不太容易有的，你像我那么多的同事，在耶鲁的那些教授，不要说六十几岁的，那么多七十几岁的，每一个人都活蹦乱跳，

---

① 参见一席羊磴艺术合作社（https://v.qq.com/x/page/l0502mm2c68.html）。
② 参见《名人面对面专访陈志武：中国学生太乖了》（https://v.qq.com/x/page/f03578ki6a3.html；http://phtv.ifeng.com/a/20160412/41593528_1.shtml）。

你跟他在思想上或者关于社会的任何一个议题做交流的时候,他还那么与时俱进那么了解,可以谈得那么兴奋啊。"为何两个国家的老年人会有这么大的反差?一个是"干枯",另一个是"活蹦乱跳",陈教授认为,"我之所以举这个例子,主要说明就是以前一代一代的中国人,教育背景单调,一到了五六十岁就变得那么干枯,生活那么乏味,没有激情,这个必须得通过从小、从幼儿园的教育的多元化、全面化的发展来改变。"

学校教育和家庭教育存在的一个重要问题,陈教授通过一个中国学生的案例作了很好的说明。经济史专业的学生到了耶鲁之后选修了16门戏剧课程,显然这个中国学生的内在动机和激情都在戏剧方面,而选择经济专业则是父母使然,"为了让他父母高兴,去实际选择的专业学的那些课都是经济学历史的,是他没有任何兴趣没有任何激情的东西,但是为了让他的父母高兴,就一直做这个选择一直就是硬着头皮",父母之所以让他从事经济学,显然是看重好找工作,这种随大流的结果是,这个学生回国后还是没有去从事戏剧方面的工作,而是进了证券银行业。以工作的待遇和回报作为职业选择的主要考虑因素,这样工作30年的时间,这个人还哪里来的激情、活力?"干枯"是一种个性、内在自我被持续压抑和消灭的结果。

陈教授在采访中提到了教育的一个重要任务,"实际上,教育的第一个任务是让自己的子女或者让学生自己了解他自己发现他自己,然后等他大学毕业的时候,有这些了解有这些挖掘,作为基础来对他的整个人的一生,包括职业,包括他的生活方式,做一个更全面的选择,我们更看中的是那个",这里提到的"了解他自己发现他自己"正是大学博雅教育、通识教育的一个核心目标,然而仅仅寄希望于大学一两年的通识教育就解决这个问题显然是不现实的,这样的教育目标应贯穿于家庭教育和学校教育的始终。

3.4 计算机精英本科教育的"北大模式"

微信公众号"知识分子"推送的由邸利会撰写的文章"普惠中拔尖:

计算机精英本科教育的北大模式"①，明显是从正面来宣传北大的计算机本科教育，但是文章中反映出的精英教育的问题却不能不引起重视。文章引用了几位在科研方面表现优异的本科生（文龙、李昀烛）和该院教师（李文新、92级的郭耀和陈一峯）对本科教育模式的诠释，当我们带着问题去看这种诠释时会是怎样的？这个问题就是：北大计算机本科教育到底要培养什么样的人？在这篇文章里，似乎主要是两类人（或者也可以归为一类），科研出色和竞赛成绩优异的人，而这两类人最终的职业去向也就是授课者的职业：大学教师。从一开始，北大信息科学技术学院副院长李文新对本科教育改革的动因就是，2001年北大参加ACM（国际大学生程序设计大赛）失利，"连亚洲区的选拔赛都没通过"。之后就启动了计算机本科教学改革，第二年开发了评测系统，2007年将评测系统推广到诸如大一课程"程序设计实习"中去；同年，还提供了难度更深的"数学分析"；当年开设的实验班"一开始是为竞赛生开的，为了让他们不至于很无聊"。借助2009年教育部"基础学科拔尖人才培养试验计划"，信息科学技术学院从国外引进了"计算机系统导论"，以及派遣本科生去北美名校进行暑期科研实习。当然，这些陆续进行的教学改革非常不易，需要在"科研任务多，时间压力大"的背景下"投入精力"，更重要的是，大学的科研导向评价对教学改革来说，本身就是出力不讨好的事情。

尽管如此，笔者还是要质疑，类似北大计算机本科精英教育到底要培养什么样的人？如果从上述教学改革的动因和方向看，主要针对的就是以科研为职业导向的大学教师，然而，北大计算机专业的本科生会有多少人在未来进入大学教师这个行业呢？文章里提供了一个直观的数据，2012年92级学生郭耀后来回北大成为教师，心中一直有个疑问："为什么现在北大的学生读博的比例只有10%？这一比例和自己出国时的30%相比下降不少。"也就是说，北大计算机专业本科生读博的比例只有10%左右，那么这10%会不会全部从事大学科研工作？很可能不会，很可能还有进入互联网公司或其他职业的。按照中国科技大学少年班的比例，从事大学科研工作的人数只有全体学生的五分之一左右。那么，这不到10%进入大学科研

---

① 参见邱利会"普惠中拔尖：计算机精英本科教育的北大模式"（http://www.managershare.com/post/456182）。

工作的人，又有多少会成为北大计算机本科的精英教育模式、教育部"基础学科拔尖人才培养试验计划"要培养的计算机科学"领军人才""大师"呢？恐怕就更少了！那么问题来了，以极少人可能成为的计算机科学"领军人才""大师"作为计算机本科培养模式的目标，让90%以上的学生"陪跑"，这样的培养模式没有问题吗？

现代大学的本科教育的趋势都是博雅教育和通识教育，而北大计算机本科教育改革却在强化科研、提高课程的深度和难度上下功夫，这不能不说与高教本科改革方向背道而驰。实际上，从事科研前沿、攻克国际学术难题的只是极少数人，这少数人的职业去向不应成为大多数本科生的培养目标。信息科学技术学院教师郭耀的美国之行也印证了这一点，"然而，美国之行却让他感到愈加失望——这些名校的读博比例更低"。

这篇文章中反映出的另一个问题恐怕更为关键，那就是面向本科生一线授课的大学教师的思维方式。这些教师的科研职业导向同样反映在他们对待本科教学改革上，除了应对计算机竞赛，提升课程难度，采取小班教学也是为了"'提早'把优秀的学生吸引到实验室里来"。教师郭耀的想法很有代表性："在他看来，对于吸收了全国最优秀生源的北大，如果只有如此低比例的学生从事科研，代表了某种危机。"尽管美国名校读博比例更低，多数名校本科生都不会读博、从事科研工作，但是郭老师仍然接受不了这个事实。不仅如此，他还认为，"如果中国最优秀的学生毕业了只是进公司，找个程序员的工作，对我们教育者来说，就是失败。"甚至学生也有类似看法，北大计算机本科生年双说："我觉得想要找好工作完全没有必要在这里读本科的。"在这些师生看来，北大的大部分本科生不读博士"代表了某种危机"，而从事其他职业比如进公司，找个好工作，"就是失败""没有必要在这里（北大）"。尽管大多数毕业生都不会进入科研领域，而是进入公司、政府机构或企事业单位，从事科研职业的师生仍然不愿接受这样的事实，并且认为进入其他职业就是一种"失败"。显然，大学教师（占主流的）和学生（少部分）已经把科研这套精英价值推崇到了极端的程度，而其他职业选择都是不被认可和接受的。

3.5 精英大学的就读体验

澎湃新闻网站转发了一位名叫 Zach Schwartz 的移民学生发表的原题为《去常春藤上学很差劲》① 的文章，尽管是所谓个人观点，"非主流视角"，但是某种程度上反映出在美国哥伦比亚大学这样的常春藤名校就读的实际体验。这篇文章主要检讨了当事人在哥伦比亚大学就读本科的体验，首先是入读哥大的学生背景，存在"特权"家庭背景的学生入读的情况，显然这并不奇怪。只是每所精英大学到底有多大比例的学生是依靠家庭背景的特殊因素进入名校的，这篇文章还无法给出答案。其次，就是学生中"随大流"的现象，"在常春藤，最热门的专业是金融经济学。我看到很多学生进来，他们有令人惊讶的音乐才华，但是他们选择了金融专业；我看到有学生想要成为宇航员，但依然放弃这个想法选择了金融专业"。而之所以出现"随大流"的现象，根本原因是背后的精英价值观在起作用，也就是就读哥大这样的常春藤名校的学生其实持有类似的价值观："这不是你可以放松和'发现自我'的地方，因为如果你有那么一刻停了下来，你就已经被别人甩在了身后……如果你毕业于常春藤而没有一份收入丰厚的工作，这是非常可耻的……在常春藤，梦想在声望和稳定面前是次要的。"正是这样相似的价值观导致了多数学生在做专业选择时，在未来进入职业时，在思考问题需要停下来时，在需要"发现自我"时，采取了"随大流"的行为方式。这里描述的情况同曾在耶鲁任教的威廉·德雷谢维奇对美国精英教育的反思也是一致的。② 比较这篇文章和描述北京大学光华管理学院的"高分诅咒"现象③，会发现美国哥大这样的常春藤名校和国内的北大学生的行为方式和价值观惊人的一致。那么"随大流"的价值观是如何形成的呢？当然，社会分层和竞争的大环境是导致精英高校如此的外部原因，在精英高校内部主要是通过高强度的竞争来强化这样的价值观

---

① 澎湃网的题目改为《一名常春藤名校生的自白：这里充斥特权、残酷、虚伪、压力》（http：//www.thepaper.cn/newsDetail_ forward_ 1332986）。
② 参见威廉·德雷谢维奇著、林杰译《优秀的绵羊》（九州出版社，2016 年）。
③ 参见周黎安、梁淑淑"中国大学的'高分诅咒'：高考状元扎堆经管学院"（http：//www.thepaper.cn/newsDetail_ forward_ 1517718）。

的。"这里的一切都充满了竞争。你必须申请加入社团,你必须参加非营利公益组织,你必须邀请演说家共进晚餐。每一件你必须做的事情都可能遭到拒绝……这里学生要兼顾更多的课程、实习和社团活动。在这里有一种氛围,通过量化你的时间来和别人比较,如你晚上睡了几个小时,晚上做了多少作业。"在创造力的研究中,我们已经讨论过,竞争、高强度、高压力的状态是不利于创造性的发生的,然而,在精英高校里,"常春藤能让你的生活更好,但这需要你付出代价。你要不断争取自己的幸福,你将很难成为'真正的'人,并且你会睡眠很少很少"。这里描述的哥大这样的常春藤名校生活,更像是为了获得一份收入不菲、社会公认的好工作,在缺少睡眠、高压力的竞争环境里去学习自己并不真正感兴趣的诸如金融经济学的专业,学生在这样的环境里既没有更好地"寻找自我、发现自我",也没有纯粹为了对知识的好奇和渴望而学习的动力。这很像是哈佛"幸福课"主讲泰勒·本-沙哈尔描述的"忙碌奔波型"的"汉堡模型",学生在这样的学习环境里,并不是越来越独特,越来越与众不同,而是越来越相像,基本持有类似的价值观、思考方式和行为方式。

3.6 从美国名校录取标准看中国高考改革

从中国高考改革的历史来看,从 1977 年恢复高考制度以来,高考在决定人才选拔中的作用一直都没有减弱。高考作为社会流动的一个平衡器,发挥着"教育改变命运"的作用。然而,40 年的发展过程中,高考也出现了很多突出的问题,"主要是唯分数论影响学生全面发展,一考定终身使学生学习负担过重,区域、城乡入学机会存在差距,中小学择校现象较为突出,加分造假、违规招生现象时有发生"[①]。因此,2014 年国务院颁布了《关于深化考试招生制度改革的实施意见》,在总体目标中提出,"2014 年启动考试招生制度改革试点,2017 年全面推进,到 2020 年基本建立中国特色现代教育考试招生制度,形成分类考试、综合评价、多元录取的考

---

① 参见《国务院关于深化考试招生制度改革的实施意见》(国发〔2014〕35 号)(http://old.moe.gov.cn//publicfiles/business/htmlfiles/moe/moe_1778/201409/174543.html)。

试招生模式"。

上海和浙江作为首批高考改革试点省市，于 2017 年开始实行新高考方案。新高考方案采取了"3+3"的方式："考生总成绩由统一高考的语文、数学、外语 3 个科目成绩和高中学业水平考试 3 个科目成绩组成。保持统一高考的语文、数学、外语科目不变、分值不变，不分文理科，外语科目提供两次考试机会。计入总成绩的高中学业水平考试科目，由考生根据报考高校要求和自身特长，在思想政治、历史、地理、物理、化学、生物等科目中自主选择。"[1] 一方面取消了原有的文理分科模式，另一方面给考生提供了多种学科组合模式的选择权。但同时，新高考方式也带来一些新的问题，如浙江新高考在给考生提供更多选择的同时，由于物理"如此重要"的学科在这种组合选择中遇冷而备受关注。有研究者甚至提出高中生选考的"理科萎缩"现象。[2]

更为重要的，恐怕还是新高考的取向是否有着社会阶层方面的倾向性。也就是说，从高考改革与家庭社会分层的关系看，新高考改革的取向是否有利于一些特定的社会阶层而不利于另一些社会阶层呢？这个答案显而易见。以上海市 2017 年新高考改革中的综合素质评价为例，在最终的录取分数比重中占到了 30%，"从官方所公布的规则来看，综合素质大概包括品德发展与公民素养、修习课程与学业成绩、身心健康与艺术素养、创新精神与实践能力四个方面的内容。其又具体涉及学生的思想道德品质、学习能力、生活品位、审美情趣、思维水平等"[3]；在综合素质的要求中，"艺术素养、创新精神、生活品位、审美情趣"这类要求，在社会中上阶层家庭和社会下层如农村家庭背景、留守儿童这样的家庭之间，显然更有利于前者，因为这些要求需要经济能力、父母受教育水平和家庭教育意识、对艺术和审美的各方面投入做保障。正是由于新高考改革的取向存在

---

[1] 参见《国务院关于深化考试招生制度改革的实施意见》（国发〔2014〕35 号）(http://old.moe.gov.cn//publicfiles/business/htmlfiles/moe/moe_1778/201409/174543.html)。

[2] 参见潘昆峰、刘佳辰、何章立《新高考改革下高中生选考的"理科萎缩"现象探究》（《中国教育学刊》，2017 年第 8 期，31-36 页）。

[3] 参见吴遵民、李艳《新高考"新"在哪里？——以上海市新高考改革为例》（《新疆师范大学学报（哲学社会科学版）》，2018 年第 2 期，150 页）。

有利社会阶层与不利社会阶层的区分，因此，早在 2014 年的国务院《关于深化考试招生制度改革的实施意见》中就提出，要改进招生计划分配方式，特别提到要"提供中西部地区和人口大省高考录取率"和"增加农村学生上重点高校的人数"，当然这样的要求如何充分落实恐怕是更为关键的问题。

回溯高考改革的发展趋势，大致可以看出，目前的高考改革越来越向着为考生提供选择，考生评价综合化、多元化的方向迈进。美国作为拥有世界最多优质高等教育的国家，美国高校尤其是常春藤名校的录取方式，似乎为中国高考改革提供了很多参照和启示。《优秀的绵羊》一书第 2 章"'哈耶普'的上位史"，专门介绍了以哈佛大学、耶鲁大学和普林斯顿大学为代表的常春藤盟校的大学招生录取标准的发展历史。大学招生录取标准同美国社会阶层变化有着密切关系。19 世纪末，以新教徒的盎格鲁-撒克逊裔美国人为代表的阶层对来自东欧和南欧的犹太裔、天主教徒移民，通过调整大学招生标准来维系前者的上层社会地位，尤其是通过减弱学业水平的比重来降低过多的犹太学生，招生标准主要是"教师推荐信，校友面试，对运动员或者有'领导特质'学生的偏好，给校友的子女加分，更加强调家庭背景、减弱学术能力的比重等"[①]。这个阶段是新教徒的贵族制阶段。20 世纪 30 年代开始，面对社会阶层的变化，精英高校开始改革招生标准，尤其重视 SAT 为代表的学业成绩。这种招生标准的变化，导致各高校扩大了对犹太学生的录取机会，"美国从原有的贵族制进入了崭新的任人唯贤、精英领导制；从阶层、'人品'、人脉转向了考试和成绩"[②]。虽然 SAT 成绩被赋予更多比重，但是大学录取标准仍是多元化的，包括 AP 课程、SAT 成绩、GPA、成绩排名、教师推荐信、有专长的运动员、校友子女、多项课外活动、多元性等，到最近几十年，大学录取的竞争也越来越激烈，现在名校录取的学生简直就是"超人""机械战警"，总的来

[①] 参见威廉·德雷谢维奇著、林杰译《优秀的绵羊》（九州出版社，2016 年，25 页）。

[②] 参见威廉·德雷谢维奇著、林杰译《优秀的绵羊》（九州出版社，2016 年，27 页）。

说,"你既要'全能',又要'偏才'"①。

从美国名校的招生标准演变,能否看出中国的新高考改革在向着这样一种综合评价的方向发展?或者我们可否做这样一个预测,如果把 SAT 成绩替换为新高考改革中的高考裸考分数,综合素质则会越来越反映在多项课外活动中,如体育特长、艺术特长。其实"生活品位"这个词很有意思,它反映的不恰恰是一种来自中上社会家庭背景的人的某种生活方式吗?这里我们不是要隐喻未来中国高考改革会转变成美国式的大学招生标准,而是说这种发展趋势确实存在。不同之处在于,中国招生改革中政府作为强有力的"看得见的手",会起更大的调节作用,比如在招生中对弱势社会家庭背景阶层的公平考虑会更多。

显然,美国名校的招生标准并非理想的高考改革结果,美国名校招生标准导致的后果——一个清单式的童年和一个简历式的大学,会造就的是"优秀的绵羊"。只要考试存在,社会阶层对竞争的主流关注就无法避免应试的存在,不论这种考试是以知识、智力为主要形式,还是以综合素质为形式。更为根本的问题恐怕还是要回到人们看待考试的方式上,也即如何避免应试造成的种种负面作用。这就不能不提到我们在《学校积极领导力》和《学校积极领导力探索》两本书中反复提到的"免疫"实验。"免疫"实验的一个核心思想就是我们要改变看待外部评价的方式,把考试看作一种信息性的反馈机制,而不是奖惩机制。那么,如何改变人们看待一种考试,尤其是高考的方式呢?如何让学生和家长对考试这种评价"免疫"?在一个充满评价、竞争和功利主义的环境中,我们应当考虑,而且可以考虑一种能力,一种看待包括新高考在内的各种考试的能力。这种能力并非自然而来、人人具备,而是需要长期培养,家庭教育和学校教育应当成为培养这种能力的主要力量。

3.7 从《优秀的绵羊》一书看中美两国的家庭教育

《优秀的绵羊》第 3 章"'天才'背后的'魔鬼'式训练",主要介绍

---

① 参见威廉·德雷谢维奇著、林杰译《优秀的绵羊》(九州出版社,2016 年,34 页)。

了美国家庭围绕名校升学而主动或被动地展开竞争的家庭教育。在这样一种竞争性的家庭教育中，充斥着各种各样的"压力"，这种压力从兄弟姐妹的比较、同龄人的比较到超越父母的比较，而这种种比较带来的压力都反映出父母在这场名校和未来子女地位获得大战上的焦虑程度。这种"压力"导致的后果是我们在下文中分析的，高控制导向和高非人格化导向的学生。在这种以各种"压力"为主导的家庭教育中，孩子始终处于一种需要"被认可"和"有价值"的状态，因为这种家庭教育反映出亲子关系是有条件的、限制性的，而非无条件的、深度包容的。

就中国的家庭教育而言，不同社会阶层和家庭背景存在着差异。我们在《学校积极领导力探索》一书的第3章曾经讨论过两个主题，"精英教育与中产焦虑"和"底层苦学与习得性无助"。在2015年央视拍摄的纪录片《高考》第五集"留学大潮"中[①]，以人大附中学生刘云昊和家长、新东方留学咨询教师周城刚，以及即将从美国哥伦比亚大学新闻学院毕业的本科生章文雄和吴亦欢等为代表的社会中上阶层，都处于一种为了获得美国常春藤盟校的教育和获得这种教育之后如何获得好工作而呈现的集体焦虑中。影片中，人大附中学生刘云昊的母亲吴红明和丈夫都是部队军校的计算机博士，属于高知家庭。此外，吴红明还于5年前放弃了公司副总的职位全职陪读。吴红明说，孩子不到5岁就开始学习英语，小学五年级就已经把托福单词背完了，"所以她早就准备好了"；刘云昊自己则说，准备去耶鲁大学学习是从初中就开始努力了。为何孩子这么小就开始为出国留学而努力准备呢？片中提到，吴红明和丈夫年轻时也曾想过出国，但是由于各种限制没有实现这个愿望，所以，父母这些未实现的愿望在女儿身上付诸实施恐怕并不令人奇怪。就家长吴红明对女儿实施的教育来看，虽然没有介绍细节，但是从吴红明在片中提供的信息，像极了《优秀的绵羊》一书中提到的"直升机式父母"，而类似吴红明这样的母亲在中国并不罕见。在纪录片结尾，女儿刘云昊没能被耶鲁大学录取，而是进入了另一所美国名校西北大学；但是，从刘云昊失望的表情可以看出，这几乎就跟完全失败了一样。

在留守儿童与流动儿童、农民工子弟学校学生等弱势社会阶层中，家

---

① 参见http://tv.cctv.com/2018/06/04/VIDEd8nAsWPf4Nwyp9Vl0M0u180604.shtml。

庭教育常常处于一种放任不管、任其自由发展的局面，父母提供的指导很弱，甚至缺位。在纪录片《高考》第四集"走出大山"中，甘肃会宁县一中高三宏志班学生刘洋洋，出生才十天母亲就扔下她不管走了，她主要是由奶奶和叔叔照料长大的。为了供刘洋洋上大学，叔叔还要发动亲戚资助大学学费。从刘洋洋和周围同学的求学状态可以看出，主要是一种"苦学"的状态。奶奶和叔叔为了她的学费而操心，很难说他们有能力或意愿对刘洋洋进行一定的家庭教育。从人际交往到个性成长，这样家庭的孩子更多是一种"散养"的状态，要依靠自己摸索成长。

中国家庭背景存在着社会分层的差异，不同的家庭背景也会反映在家庭教育和学校教育上。社会中上阶层的家庭为了追求优质的教育，在家庭教育上也或多或少体现为类似美国压力和竞争主导的方式，而社会中下阶层的家庭教育往往处于缺失、空白的状态。

3.8 "时代空心病"与"优秀的绵羊"

北京大学心理健康教育与咨询中心副主任、总督导，精神科主治医师徐凯文基于多年的心理咨询经验，提出现在的大学生得了一种"时代空心病"。他在调研中发现："北大一年级的新生，包括本科生和研究生，其中有30.4%的学生厌恶学习，或者认为学习没有意义，请注意这是高考战场上千军万马杀出来的赢家；还有40.4%的学生认为活着人生没有意义，我现在活着只是按照别人的逻辑活下去而已，其中最极端的就是放弃自己。"[①] 徐凯文医师在知乎网上发表的帖子《时代空心病——功利化应试教育之祸》[②] 中对"空心病"是这样界定的："'空心病'是一个比较形象的说法，也许我可以把它姑且称为'价值观缺陷所致心理障碍'。主要表现大概有这么几点：①从症状上来讲，它可能是符合抑郁症诊断的；②他们会有强烈的孤独感和无意义感；③通常人际关系是良好的；④对生物治疗不敏感，甚至无效；⑤有强烈的自杀意念；⑥通常这些来访者出现这样的

---

① 参见"30%北大新生竟然厌学，只因得了'空心病'？"（http://learning.sohu.com/20161118/n473493358.shtml）。

② 参见 https://zhuanlan.zhihu.com/p/21651116。

问题已经不是一两天了；⑦最后，传统心理治疗疗效不佳。"上面所说的表现，实际上用"空心病"来概括，用意在于这种病是由于人的内心缺少了支撑其价值感和意义感的价值观引起的一系列问题，尤其是由于缺失价值和意义支撑导致的抑郁、自杀等消极表现。笔者在日常同在校学生的交流中也发现，学生中间流行着一种被称之为"丧文化"的东西，就是一种认为积极上进、优秀卓越、内外兼修、阳光正能量等非常虚假，而真实的生活是有很多人对现实无能为力、消极被动，处于一种被抑郁、焦虑、病态等负面情绪包围的令人丧气的状态。可以说，"丧文化"的出现同徐凯文提出的"时代空心病"不无关系。这实际上是非人格化导向在大学生群体中的不同反映。

威廉·德雷谢维奇对"优秀的绵羊"这一美国常春藤盟校大学生群体的描述也非常相似：在《优秀的绵羊》第1章"那些头顶光环的年轻人"一开始，就提到了几项对在校大学生心理健康的评估表现。在美国心理学会公布的一份题为《大学校园的危机》的报告中提到，"接近一半的大学生觉得自己'无望'；接近1/3的学生承认'在过去的12个月中，由于心情过度低落而影响到了自己正常的生活。'"① 斯坦福大学副校长在2006年提出的警告也与学生心理上的种种问题有关，尤其是抑郁。

对美国常春藤盟校和上述北京大学的新生进行调研后发现，这些学业表现优异、"头顶光环的年轻人"，在心理问题方面的表现其实是非常相似的，都有抑郁、焦虑的情况出现。导致这种心理问题的原因其实也非常相似：徐凯文医师总结为"时代空心病"，由于整个时代都出现了无意义、无价值的空心状态，所以才会导致学生出现这方面的问题。此外，北大光华管理学院教授周黎安与学生梁淑淑的研究指出，北大光华管理学院的高考状元学生面临一种"职业选择诅咒"②。威廉·德雷谢维奇则认为，是来自精英学校、家庭和就业单位的精英主义教育和评价造就了一批"优秀的

---

① 参见《优秀的绵羊》，3页。
② 参见周黎安和梁淑淑《中国大学的'高分诅咒'：高考状元扎堆经管学院》（http://www.thepaper.cn/www/resource/jsp/newsDetail_forward_1517718）。

绵羊",在这批"优秀的绵羊"中,有一些恰恰处于无意义的抑郁和焦虑状态。[①] 中美精英高校中出现共同的现象实非偶然,恰恰是由于精英教育剥夺了学生的自主能力,以一种外部的精英价值评价主导了学生的学业和生活。学生的学业与生活首先不是为了成为他/她自己,而是要成为符合精英价值评价体系中的某个标杆人物。学生的内在自我发展常常在这样强大的外部精英价值评价中迷失了方向,或者常常处于被抑制的状态。

为何在国内的精英高校如北京大学以及美国的常春藤盟校中,会有如此高比例的学生表现出无意义、虚无的学习和生活状态?按照自我决定理论的解释,这类学生的无意义、虚无主义的表现体现了一种非人格化导向。这种导向出现的原因在于,当事人的三种基本心理需求都处于被抑制的状态[②],也就是说,这些精英学校的学生实际上在自主需求、胜任需求和关系需求上都没有得到很好的满足。从自主需求的角度讲,这类学生实际上主要是按照父母、学校和社会等外在的评价来进行自己的学业,考试成绩、学什么专业、上什么学校都不是学生内在的目标,而是外在的一种评价和要求;胜任需求表面看不仅没有问题,而且可以说在学业上表现出色,然而这种胜任往往是来自外界父母、学校的需求,而不是当事学生自己的;关系需求则体现在父母与子女的关系往往是有条件的、有限制的,而不是无条件的。[③]

最后,就徐凯文医师和威廉·德雷谢维奇提出的解决问题的方案,这

[①] 实际上,在《优秀的绵羊》一书第1章中,对"那些头顶光环的年轻人"的描述,尤其是对其学业、专业选择和就业选择的描述,同上述周黎安和梁淑淑对北大光华管理学院高考状元的描述,有着惊人的相似之处。只是对这些相似之处的根源,北大的作者和耶鲁的教师做了截然不同的归因,前者认为是考试、社会竞争导致的,而后者则认为是精英教育使然。更为重要的是,他们对解决问题的出路的想法有天壤之别,前者的归因导致社会现实不变,这种现象就无法解决;而后者则从大学博雅教育、自我的建设和培养、"隐藏的常春藤"、取代精英治理的"民主治理"等方面提供解决方案。

[②] 参见(美)Marianne Miserandino 著,黄子岚、何昊译《人格心理学》(上海社会科学出版社,2014年,"第9章 调节与动机:自我决定理论",320页,该书将 impersonal orientation 翻译为"客观取向"),

[③] 正如我们在本书第6章"6.4 外部激励、自我效能感与内在动机的关系"讨论的,三种基本心理需求的满足也可能存在冲突,即为了满足某一种需求而牺牲另一种需求。例如,为了满足与父母的关系需求而牺牲自主的需求。

里做一番比较。

首先，从相同的地方看，北京大学和耶鲁大学的两位教师都提到了积极心理学在解决"时代空心病""优秀的绵羊"中所能发挥的作用。在"我们如何去改变"中，徐凯文医师提到，"也许我们可以向现在的积极心理学那样，去找到所谓的幸福感，去找到亲密关系，去找到当我们有成就感时那种流畅的感觉，也许这样一些方式就会有帮助"[1]，所以，徐医师提供的解决方案在一定程度上是认可积极心理学的作用的。威廉·德雷谢维奇在《优秀的绵羊》第6章"创建自己的生活"中，也提到了积极心理学的办法："学术界就积极心理学课题已经做了充足的研究，其结论无外乎两点：在满足基础物质的条件之上，一个人的幸福感来自健康的社交圈以及从事有意义的工作。"[2] 尽管他似乎并不是很认同积极心理学的作用，但是在他提供的几项建议中，可以看出这些建议几乎都是积极心理学的议题："核心问题是，我们如何寻找属于自己的使命呢？或者更通俗地说，如何寻找属于自己的热爱呢……虽然没有完美的答案，但是我不妨提供几个建议：选择做一些自发纯粹的事情，就如同你小时候那样；选择做一些即使没有外在奖励你也会选择做的事情；选择做一些你可以废寝忘食地专注去做的事情；做你最喜欢的事，不是你认为自己喜欢或者应该喜欢的，而是你的真爱。"[3] 可见，双方的解决方案都一定程度上认可积极心理学的作用。

其次，从不同的方面看，徐凯文医师提出了超越积极心理学的办法："有没有比积极心理学更加超越、也许更有力量的东西？比如真善和美是不是同样有疗愈的作用……那些高尚的情感，善良、公正、诚信、尊重、责任感能不能使我们内心当中更加充实？能不能帮助我们看到更美好的自己？能不能使我们体会到人生之美、人性之美？"[4] 结合"时代空心病"的提法，可以看出徐凯文试图通过"真善和美""善良、公正、诚信、尊

---

[1] 参见徐凯文《时代空心病——功利化应试教育之祸》（https://zhuanlan.zhihu.com/p/21651116）。

[2] 威廉·德雷谢维奇著、林杰译《优秀的绵羊》（九州出版社，89页）。

[3] 威廉·德雷谢维奇著、林杰译《优秀的绵羊》（九州出版社，89页）。

[4] 参见徐凯文《时代空心病——功利化应试教育之祸》（https://zhuanlan.zhihu.com/p/21651116）。

重、责任感"这样的人文伦理价值寻找解决"时代空心病"的根治之法。威廉·德雷谢维奇则从自我的建设、博雅教育、"隐藏的常春藤"以及取代精英治理的"民主治理"等几个方面提出了解决精英教育问题的方案措施。① 显然，威廉·德雷谢维奇的解决方案更为综合和广泛，在博雅教育和人文经典中可以说包含了徐凯文医师提出的人文伦理价值的追求。

3.9 《优秀的绵羊》中的因果导向类型

从自我决定理论的因果导向类型看，显然像北京大学和美国常春藤名校出现的上述现象，是一种非人格化导向为主导的人格状态，即自己无法决定学业、生活的走向，而只能处于听天由命的消极被动状态。可以想见，很多名校对这种病态的心理表现采取一种大而化之、掩盖和回避的态度，要么认为大学生的心理状况没有那么严重，要么就认为心理疾病只是少数、个别学生的问题。

在这些精英大学里，"优秀的绵羊"之中除了上面提到的抑郁、焦虑等出现心理问题的非人格化导向的群体之外，更为常见的是一种控制导向的人格状态，即主要以压力作为驱动自己学业、生活的动力，做事更多归因于外部控制性因素，"应该如何如何"，他们倾向于用截止日期、监督、考核等方式来确保事件的进展，并以此来激发自己的行动。当人们是控制导向的时候，外部奖励和评价将扮演决定性的角色。② 这种控制导向的人在美国精英高校里，恐怕要比非人格化导向的学生更多，威廉·德雷谢维奇在对"那些头顶光环的年轻人"画出的肖像这样描述："我们当今的名校大学生，对成就和成功有着一种压迫式的追求：他们觉得自己必须要以最高效的方式去完成自己的目标，从而再接着去追逐下一个更高更伟大的

---

① 参见《优秀的绵羊》。这里提到的"民主治理"（221页），不是指美国的政治体制和社会体制，不是民主体制，而是针对"精英治理"提出来的一个人本主义的概念，它更接近于今日所说的"共享治理"，从学校、企业到政府都不应当是一种精英型的控制组织，而应转变为组织成员集体参与管理的共享治理结构。

② 参见 Deci E L, Ryan R M. The general causality orientations scale: self-determination in personality. Journal of Research in Personality, 1985 (19): 111-112, 以及 Gagne, Deci. Self-determination theory and work motivation. Journal of Organizational Behavior. 2005 (26): 339。

目标。这种被动的压迫和紧张导致了这些名校生不能从容地发展一段深刻的感情……更糟糕的是,这种被动的压迫并非是建立深刻感情的唯一阻力,比它更具杀伤力的是名校生们内心的恐惧,他们害怕在他人面前示弱,担心自己成为一位众人眼中的屈服于压力的弱者,因此他们拒绝示弱。"① 那么,为什么精英高校的学生会呈现出这样一种控制导向的学习、生活方式呢?原因在于一直以来的家庭和学校培养方式:"从'不能输在起跑线上'开始,这些名校生经历过无数次大大小小的'磨炼',甚至是'魔炼':学校俱乐部、乐团、大小团体(音乐、体育等)、AP 课程、SAT 考试、晚间活动、周末安排、夏季课程、体育训练、课业家教、'领导能力'、'为他人服务的精神'等。为了完成这些,为了能够'修成正果',学生们已经没有时间也没有精力去思考自己的追求,包括对大学的憧憬。从小到大,这些年轻人为了名校的炫目光环而奋斗。而这个过程中,人生的目的和内心的热爱从未被给予足够的尊重,从未被思考和探索过。"②

从上面作者对这类"头顶光环的年轻人"的描述,以及对家庭和学校教育方式的讨论,我们可以用这样的概括来总结控制导向的状态:清单式的童年和简历式的大学生活。这里的"清单式的童年"(Checklisted Childhood)借用了前任斯坦福大学本科新生部主任,同时也是两个十几岁孩子母亲的朱莉·莱斯考特海姆斯,在 TED 演讲中提到的美国很多父母为了孩子能够进入常春藤盟校,要求自己的孩子完成一个清单式的童年。③ 这里清单上的任务就如同上面提到的"学校俱乐部、乐团、大小团体(音乐、体育等)、AP 课程、SAT 考试、晚间活动、周末安排、夏季课程、体育训练、课业家教、'领导能力'、'为他人服务的精神'等"。而简历式的大学生活是指,这些学生所完成的大学生活主要是为了就业时能有一份光鲜的个人简历,"他们双修专业,擅长体育,谙熟多种乐器,掌握几门外语,并参加为世界某贫穷地区组织的援助项目,而且仍有精力发展几项个人爱好。总之,于内,琴棋书画样样精通;于外,扶贫济困魅力无

---

① 参见《优秀的绵羊》,5 页。
② 参见《优秀的绵羊》,6 页。
③ 参见 http://www.ted.com/talks/julie_ lythcott_ haims_ how_ to_ raise_ successful_ kids_ without_ over_ parenting。

限"①或者是"在进入大学之后,游戏愈演愈烈。这次游戏中的筹码是GPA、优等生联谊会、富布莱尔奖学金、医学院入学考试、哈佛法学院、高盛等"②。

无论是"清单式的童年",还是"简历式的大学",都是以外在的学校评价和社会评价作为学生培养和发展的主要驱动力,是一种控制导向的学习和培养方式。这就像一场竞技游戏,游戏的筹码是GPA成绩、医科、法律、投资银行的就业去向,"这些游戏的筹码不仅仅代表了你的命运,也代表了你的身份,可能更代表了你的价值观。这些筹码就是你和你的价值"。《优秀的绵羊》一书更多是在反思这种导向的教育方式,"这场游戏的最终信条就是资质至上。每个人的课外活动无节制的忙碌,忽视学习和探索,做任何事情都必须考虑为自己的简历加分,生命就是不断积累证书,就是不断竞争"③。而这场游戏的结局其实是培养了一批"优秀的绵羊"。

那么是什么造就了这批学生的高控制导向呢?根据自我决定理论,控制导向主要是在三种基本心理需求中的自主需求没有得到满足,而胜任需求和关系需求只得到部分满足的情况下形成的。④ 当事人长期以家长、学校、社会外部评价作为行为的驱动力,自主性长期被剥夺,在服从和迎合外界期望的状态下进行学业和生活,学业的优秀主要是为了满足外界的期望和评价。尽管这些学生拥有与家人和同学、老师良好的人际关系,并且在学业中表现优异,他们的关系需求和胜任需求都得到了一定的满足,然而,他们所追求的目标并非自己内在设定的个人独特目标,而是外在评价体系所期望的目标。

除了非人格化导向和控制导向之外,自主导向是第三种导向类型,那么这样导向的学生是否也存在于美国的精英名校?这样的自主导向的学生人数虽然不多,但是显然存在。"当然,任何现象都是有例外的。那些纯

---

① 参见《优秀的绵羊》,2页。
② 参见《优秀的绵羊》,11页。
③ 参见《优秀的绵羊》,12页。
④ 参见(美)Marianne Miserandino 著,黄子岚、何昊译《人格心理学》(上海社会科学出版社,2014年,320页,该书将 controlled orientation 翻译为"客观取向")。

粹的追寻者、思考者，甚至是'怪才'，他们不管学校和周边人群的想法如何，他们就是以最纯粹的方式去追求并获得教育的真谛。"[1] 这里"纯粹"的意思是，不管学校和周边人群这些外在的评价，而仅仅考虑对知识的好奇、兴趣和知识本身的探究，即以内在动机、自发性动机驱动的学习者，是自主导向的学习者。这种自主导向的学习者在精英教育的大学环境中往往处于不利的地位："往往是以这种心态求学的人，在现在的大学里显得另类。一位耶鲁学生说：'耶鲁并不能够善待探索者。'另外一位学生说，她的一位朋友因为耶鲁非常令人窒息，因此选择了转校。"[2] 显然，在精英高校所营造出来的精英教育氛围中，外部的各种评价很容易激起控制性动机，对自主导向的学习者是非常不利的。"在耶鲁大学任职期间，我接触到的学生往往是勤奋的、好奇的、独立的。他们经常怀着'寻找意义'的使命（并非技能）来到耶鲁，到了耶鲁，他们期望去发现世界上更多的可能性（并非寻找金饭碗）。学生再三提醒我，学校所提供的教育既不能帮助他们靠近理想，也不能引导他们如何追求理想，他们感觉已经被抛弃了。应该说，高校首先要保护的对象是这类学生，但是这类学生往往成了最不适应目前高校体制的群体。"[3]

从因果导向类型来看，威廉·德雷谢维奇将那些"头顶光环的年轻人"称为"优秀的绵羊"，他们实际上是高控制导向和高非人格化导向的一群人，尤其是高控制导向的大学生。那么是什么造就了这样的高控制导向的"优秀的绵羊"呢？《优秀的绵羊》一书的第一部分从精英大学的招生标准（第2章 "哈耶普"的上位史）、家庭教育（第3章 "天才"背后的"魔鬼"式训练）和精英大学的本科教育（第4章 一流名校是如何运行的）等几个方面分析了家庭教育和学校教育在其中扮演的角色。第四部分则从社会分层的角度（第11章 看不见的"特权堡垒"）分析了造就"优秀的绵羊"的社会大背景。

---

[1] 参见《优秀的绵羊》，10页。
[2] 参见《优秀的绵羊》，10页。
[3] 参见《优秀的绵羊》，65页。

3.10　博雅教育如何实践

《优秀的绵羊》不仅指出了导致精英教育的原因和精英教育的后果，更进一步指出大学教育的真正价值所在。在"大学的使命"一章中，作者一方面批评大学教育成为职业教育，"如果大学 4 年完全就是为了就业而准备，那么我们显然荒废了这段黄金时间……真正的教育是让学生带着问题迎接社会，而不是给学生一份个人简历"，另一方面，指出"大学的意义是帮助我们生活得更警觉，更有责任感，更有自由度并更加完整"。问题是，如何做到让我们生活得"更警觉，更有责任感，更有自由度并更加完整"？这句话本身的具体意思到底是什么？怎样就算是达成了这样的目标？作者更是进一步引用了哥伦比亚大学教授爱德华·泰勒的观点："每个人接受大学教育的目的就是自私的，你的使命就是要建立自我。"那么，博雅教育如何去实现"建立自我"？浪漫派诗人济慈形容我们的世界为"灵魂铸造之谷"，博雅教育如何"铸造"灵魂？作者在陈述中有一段回答，看起来并不容易完全明白："（这个世界）在存在悲痛的同时，这个世界又充满着欢乐、爱心及其他情感。我们内心必须能够感受这些情感，并同时用 1000 种方法来磨炼自己。当我们的内心有所感触，在情感的基础上反思，我们就获得了智慧。与生俱来的思维，只有在经历了反思、内省并建立起思想和内心的交流及理想与现实的桥梁，我们才成为独特的、具有灵魂的个体。这就是建立自我的重要步骤。"[①] 显然，《优秀的绵羊》不是一部指导博雅教育实践或学生自助改善的书，它更大意义上是一部纠正人们对美国常春藤名校精英教育看法的书。上面提到 1000 种"磨炼自己"的方法并非该书关注的重点，所以，如何获得"智慧"，如何"成为独特的、具有灵魂的个体"，如何"建立自我"，看了上面的话，读者可能还是不清楚的。怎样算是"在经历了反思、内省并建立起思想和内心的交流及理想与现实的桥梁"？以笔者的愚见，威廉·德雷谢维奇在强调反思、内省的重要性，这种内省是要建立两种关系，而且应该是紧密的关系：一种是思想和内心的关系，即通常所说的"知"和"情"的关系。针对当前的

---

① 参见威廉·德雷谢维奇著、林杰译《优秀的绵羊》（九州出版社，76 页）。

教育,过分理性、高度理性、功利主义的横行,作者提出要首先建立所知与情感、内心的紧密关系。另一种是理想和现实的关系,这个比较好理解,大学象牙塔里树立起来的理想,必须要寻找实践的方法、操作的方法,正如作者在布莱恩摩尔学院遇到的一位大四学生的提问:"毕业之后,我该如何把我在布莱恩摩尔学到的女权主义的理想运用到生活中?"当然,具体如何建立这两种关系,作者并没有交代。笔者以为,积极心理学是建立这两种关系的最好的办法之一,有关乐观的认知训练、"三件好事"的练习等都是在建立"思想与内心"的联系;理想和现实的关系应当是一个循环往复的过程,而不仅仅是一个从理想到现实的单向应用。

在第 6 章"创建自己的生活"中,作者提出要拥有"精神想象力","'精神想象力'意指一个人有能力摆脱固有的生活方式,以最大尺度去想象所有的可能性,创造属于自己的生活方式"。这样的说明可能还是不很清楚,他又继续补充了"发挥'精神想象力',尤其是面对家人和朋友的阻力,我们需要巨大的勇气。有'精神想象力'的人的想法往往不会迎合社会,他们的选择或许会使周边的人感到不舒服或不安全,甚至会迫使周边的朋友质疑他们自己的选择或者他们自己曾经未能做出的抉择"[1] 这段阐述"精神想象力"的叙述,非常契合《学校积极领导力》一书第六章提到的黄西、张泉灵、张益唐、卢安克、刘慈欣、石悦等人的自我实现行为。黄西开始搞脱口秀,张泉灵从央视辞职,张益唐在颠沛流离中研究数学,卢安克到广西农村搞教育,刘慈欣在娘子关电厂上班时间写小说,石悦在做公务员时写《明朝那些事儿》,不都是不迎合社会,无法得到身边亲人、朋友的认可和支持?所以说,博雅教育或者大学的使命中,无论是"建立自我",还是拥有"精神想象力",都同积极教育、学校积极领导力的目标是相当契合的。事实上,作者在第 6 章"创建自己的生活"中,提到了积极心理学的办法,"学术界就积极心理学课题已经做了充足的研究"。作者提供的几项建议都是积极心理学的议题:"核心问题是,我们如何寻找属于自己的使命呢?或者更通俗地说,如何寻找属于自己的热爱呢?……虽然没有完美的答案,但是我不妨提供几个建议。选择做一些自发纯粹的事情,就如同你小时候那样;选择做一些即使没有外在奖励你也

---

[1] 参见威廉·德雷谢维奇著、林杰译《优秀的绵羊》(九州出版社,83 页)。

会选择做的事情；选择做一些你可以废寝忘食地专注去做的事情；做你最喜欢的事，不是你认为自己喜欢或者应该喜欢的，而是你的真爱。"① 在有关"寻找你的热爱"与"你要为此做出牺牲"的讨论中，作者的主要思想同自我决定理论和"创造力的内在动机原则"如出一辙："与其为成功而工作，不如为工作本身而全身心投入，这个原则成了在黑夜中一直伴随我的北极星。当我开始过度关注外在奖励时，我提醒自己必须重新关注工作本身，努力把工作做到尽善尽美。当我心无旁骛地投入到工作中去时，快乐便油然而生；一旦我违背了这一原则，痛苦、迷茫就随之而来。"② 当然，博雅教育的出路并不应简单地与积极心理学画等号，这虽然听起来本身就不可思议，但是《优秀的绵羊》一书中所讨论的出路，确实彰显了积极心理学的重要。

在书中第 8 章"博雅教育与人文经典"，威廉·德雷谢维奇较为详细地论述了博雅教育的意义和价值，"博雅教育并不为职业技能、经济回报或某种意识形态而服务"，"博雅教育是探究和追求真理的教育，而非为了任何形式的实用性回报"。尽管如此，博雅教育在职场上的表现不仅相当优异，而且适应未来的主流工作。博雅教育要"培养你超越空间和时间来思考问题、不受工作性质所限制的能力。博雅教育所关注的是公民权益、他人利益以及构建一个健康的、有创造力的、自由的自己"。问题是博雅教育如何做到所承诺的这些目标？作者说："当然，构建自己并非空穴来风，一个有效的办法是向前人借鉴智慧。"借鉴什么样的智慧呢？接着说道，"在享用他们硕果的时候，针对的并不是某个固定领域或某种职业，而是人性，其范围之广能容下整个宇宙，其中不乏爱情、死亡、家庭、道德观、时间、真理、神明等一切与我们每一个人息息相关的话题。"作者以自己的专业领域英国文学为例，列举了一系列英国文学作品来对此进行说明。然而，我们的问题仍然是通过阅读英国文学作品就能更好地处理学生自己的爱情、死亡、家庭、道德观、时间、真理、神明等一切人性的主题吗？大量文学作品的故事是虚构的，能否帮助学生面对自己的实际生活？从文学经典到学生的日常生活实践，这中间的距离有多遥远？人性的

---

① 参见威廉·德雷谢维奇著、林杰译《优秀的绵羊》（九州出版社，89 页）。
② 参见威廉·德雷谢维奇著、林杰译《优秀的绵羊》（九州出版社，106 页）。

主题越是超越时间和空间，学生的这种学习和借鉴可能越是觉得博雅教育和人文经典脱离实际，脱离当事人的日常生活、工作和学习。这种诘问，可能从另外一个角度也意味着，博雅教育与人文经典更应当由像威廉·德雷谢维奇这样具备相当生活、工作阅历的人来进行①，或者提供博雅教育的学科教师首先应自己接受广泛的博雅教育。因为对他们而言，"超越"时间和空间是比较近的、看得见、摸得着的，对于年轻的在校本科生却并非如此。"故事激起反思。不论是《一个青年艺术家的画像》《黑暗之心》还是《奥德赛》，书籍促使我们思考自己的生命，我这本书自然也不例外。"问题是有多少本科大学生能意识到这本书的价值和意义，并在多大程度上促使学生"思考自己的生命"？任何的博雅教育和人文经典都无法代替学生通过自己独特的生活体验去自发、自主地探寻生命的意义和价值，当博雅教育和人文经典不是来自学生的自发、自主探究，而是作为"打包知识"进行传授时，这就同专业教育无异了。于是，问题的根本又回到了如何建立学生的自发、自主的探究能力，如何建立和强大自我。在阐述文学艺术作品的价值时，作者再一次提到了有心理咨询师将文学作品用于咨询治疗，至少在涉及英国文学作品时，作者无法绕开心理学、积极心理学的作用。

在这一章的结尾，作者引用了作家杰弗里·尤金奈德斯（Jeffrey Eugenides）的小说《婚姻情节》（*The Marriage Plot*）主人公米歇尔，在大学最后一个学期在家完成宗教学开放试卷时的领悟，作者认为这种领悟"完美体现了人文艺术的价值"，为此，这里需要全文引述这一"领悟"：

---

① 事实上，作者威廉·德雷谢维奇的个人经历对此就是恰到好处的说明，正如下面一节"《优秀的绵羊》一书的写作动机"中所提到的，作者在哥伦比亚大学本科期间的博雅教育并未对他自己的职业选择和生活实践提供有价值的指导，而当《天才儿童的悲剧》这样的心理分析作品对其产生关键性影响时，作者已经48岁了。作者在阐述人文经典的作用时，再次提到自己的体会，"就我而言，先辈给予我无穷的智慧：但丁教会我爱与恨并非对立，而是两者相辅相成；英国小说家福斯特让我明白，开放式心态所掩盖的是虚荣和无知；作家玛丽·盖茨基尔向我揭示，灵魂在肉体上的体现方式。我并不确定上述这些是否影响了我在生活中的种种决策，但是它们确实深刻铸成了我对自己和这个世界的认知。"（150页）即使在对自己和世界的认知上，文学作品的影响也是在作者步入中年之后，这让人更有理由相信，博雅教育和人文经典更适合对有过工作经历、生活阅历的人来进行，而非主要生活在校园中的大学生。

"在他回答问题的时候,他已经全然忘记了这是一份学校试卷。他已经不是为了成绩在答题,而是在思考包括他自己在内的身边同龄人一直以来共同挣扎的矛盾和未知。虽然笔下明明在引用蒂利希和海德格尔等人所阐述的观点,但是浮现在他脑海里的是自己和他的朋友们……虽然论文论点趋向理论,但是他的答案出现了不少与实际生活相关的内容。他在思考他的存在以及如何度过自己的生活。这是一种多么完美的状态。大学毕业之际,4 年的经历终于开启了生活的旅程。这难道不是对大学教育最完美的诠释吗?"[1] 这段对人文艺术价值的陈述,恰恰就是书中埃德蒙森教授强调的"要把自己的生活经历,通过深度感受和思考,与书本的所学结合为一体"[2]。如果说博雅教育和人文经典的价值在于,将人文艺术的理论思考同个人实践相结合,实现知行合一,那么如何实现知行合一,或者说本节的问题博雅教育如何实践?向人文经典发出这样的问题恐怕是问错了对象,这本身不是人文艺术所能回答的问题。毫无疑问,人文艺术为博雅教育指明了方向,应该向哪里去,但是对于如何实现,通过什么途径去实现,却需要借助社会科学,尤其是个人的社会科学、个体的社会科学才能予以解答。[3] 如何实现知行合一?目前看来,积极心理学仍是一个不错的选择。

3.11 《优秀的绵羊》一书的写作动机

我们在《学校积极领导力》一书的第四章和《学校积极领导力探索》一书第 6 章,都讨论了动机的重要性,从"创造力的内在动机"原则看,内在动机、自发性动机对创造性至关重要;从职业发展看,内驱力是职业繁荣和职业创造力的必要条件。《优秀的绵羊》一书出版后,在美国高等教育界、社会都产生了巨大反响,一个重要原因就是同这本书的写作动机有关。这本书的内在动机、自发性动机可以从作者对自身经历的交代和介绍中反映出来。笔者非常认同一点,就是作为人文社会科学领域的写作者,必须将自己的亲身经历和内心体验放到作品之中,这一方面能反映出

---

[1] 参见《优秀的绵羊》,158-159 页。
[2] 参见《优秀的绵羊》,150 页。
[3] 经济学、社会学、人类学、政治学等社会科学,主要关注的是群体层面的社会现象,而要解决个体差异化的、情景化的问题,需要借助心理学。

作者的真正动机，另一方面，读者才会觉得这样作品的观点是可信的。如果当事人只是"客观""冷静""外部""独立"的研究者，作为读者，我们怎么可能不怀疑作者是"说一套，做一套"呢？

从《优秀的绵羊》作者对本人经历的自我陈述来看，作为一个传统犹太移民家庭的孩子，受家庭文化和社会价值的影响很大，有两次关键事件成为作者威廉·德雷谢维奇个人成长中的重要转折。第一次事件是他如何进入英国文学这个专业进而成为大学教师的。作者在哥伦比亚大学本科期间就读的是生物学和心理学双学位，在此期间，体现哥大博雅教育的核心课程对他没有起到应有的引导作用，也没有真正引导他的教师出现："遗憾的是，在新生最需要引路人的时候，恰恰没有人出现，提醒我要放慢脚步给自己思考的空间，给自己机会。就连我十分喜爱的大一新生写作课老师，也仅仅是给了点缀式的指导，并没有全力鼓励我去追求自己在语言方面的热爱。"① 可以看出，教师并不是没有机会给作者以引导，作为大一新生的写作课老师，为何仅仅给了"点缀式的指导"？也许学生太多无法一一关注，也许得到引导的是其他学生，不论是哪种情况，课程不应当仅仅看作是技能训练的场所，更应识别学生的兴趣和内在热爱，而后者才是博雅教育中更为关键的部分。博雅教育和教师都没有在作者就读大学期间发挥应有的作用，导致的后果是作者上科学课却坐在最后一排看小说。开始读研究生，威廉·德雷谢维奇也没有选择英国文学，而是在彷徨、迷茫中逃避"我该做什么"的情况下，从选择法学院入学考试到了新闻学院，硕士毕业后在一家非营利机构干着"对自己完全没有意义的工作"。真正的转折来自一次偶然的探访，探访一位就读建筑学院的朋友，两人就该不该读研究生的话题讨论，让作者突然醒悟到"我必须给自己一次学习英国文学的机会，而且我不会再让自己错过机会，否则我将永远不会快乐"②。反观这一关键事件，同我们在《学校积极领导力》第六章中提到的黄西的例子非常相像，两人都是在不清楚自己职业方向的情况下，随大流地接受精英教育，但这种不明方向的做法，必然会遇到麻烦。黄西的麻烦在于，想指着一张桌子说"这就是我"；而威廉·德雷谢维奇则在迷茫中进入"一

---

① 参见威廉·德雷谢维奇著、林杰译《优秀的绵羊》（九州出版社，97页）。
② 参见威廉·德雷谢维奇著、林杰译《优秀的绵羊》（九州出版社，99页）。

家作坊式苟延残喘的非营利机构","对自己因为浪费掉大学的受教育机会而充满怨愤,同时,又干着一份对自己完全没有意义的工作,我的职业发展简直就是一个烂摊子。更糟糕的是,我的自信心严重受损,我不知道接下来路在何方"①。可见,两人都是在原来"随大流"的轨道上"运行"到快要出现严重的"心理问题"时,才重新调整了轨道,黄西从生物化学进入了脱口秀,威廉·德雷谢维奇则从新闻学硕士、非营利机构进入英国文学的研究生。调整后的轨道,一开始都不大可能顺利,黄西要自己去拉客人才有机会上台,而威廉·德雷谢维奇"申请了11所学校,被9所学校拒绝;而且,录取我的学校似乎有意刁难,第一学年末就淘汰了一半的学生"②。恰恰是这样的经历,才促成了作者反思像哥伦比亚大学这样精英学校提供的教育所带来的后果。

  威廉·德雷谢维奇在《优秀的绵羊》一书中提到的第二次关键的事件,是在他48岁,当他作为一名耶鲁大学的教师做课题研究时,"遇上了《天才儿童的悲剧》,我终于得到了解放"③。一部什么样的书竟然能对一位48岁的大学教师产生"解放式"的影响?根据威廉·德雷谢维奇的介绍,《天才儿童的悲剧》(*The Drama of The Gifted Child*)是心理医生爱丽丝·米勒(Alice Miller)的心理分析经典之作,这部书主要是关于家庭中的亲子关系,"一位有成就的孩子的自我意识就是建立在为了满足父母对成就渴望的基础之上的",这种"为了迎合父母的需求而建立起来的'自我'是一种'伪自我'",所以,这种家庭教育非常不利于孩子真正自我意识的建立,而之所以会如此,往往是因为"这些父母自己很有可能是在类似的环境下长大的,自己也比较脆弱"。这种"伪自我"的状态之所以能够维持,是由于"孩子理解父母,并依照父母对自己的期望来引导自己,但是父母的需求和期望是无止境的",结果就是"一旦这种想法被内化,那么不管是需要被父母认可还是其他,所有的成就都是为了得到肯定"④。这部书之所以对威廉·德雷谢维奇产生如此大的影响,主要原因在于书中分析的情况正是他所在的犹太家庭中真实发生的,是他自己亲身经历的:"事

---

① 参见威廉·德雷谢维奇著、林杰译《优秀的绵羊》(九州出版社,98页)。
② 参见威廉·德雷谢维奇著、林杰译《优秀的绵羊》(九州出版社,99页)。
③ 参见威廉·德雷谢维奇著、林杰译《优秀的绵羊》(九州出版社,49页)。
④ 参见威廉·德雷谢维奇著、林杰译《优秀的绵羊》(九州出版社,46-49页)。

实上,我是先读了《虎妈战歌》,接着读了《天才儿童的悲剧》。前者让我重新经历了童年的种种创伤,后者帮助我治愈了伤口。这两本书不约而同但从完全相反的角度在我眼前重新放映了我在成长路上所经历的各种坎坷和陷阱。"①

上述两个关键事件对作者产生了巨大的影响,也正是这样的家庭和学校的精英教育的经历,促使作者反思这种教育的后果,正如这本书的副标题所说,美国精英教育的误区需要进行反思,以及如何达成一种有意义的生活,都是同作者的切肤之痛,以及在哥伦比亚大学、耶鲁大学等精英大学的工作经历密切相关的。

上述两个关键事件不仅说明了作者威廉·德雷谢维奇写作《优秀的绵羊》一书的真实动机,更从另外一个角度反映出他是一个言行一致的人,从而令该书的观点真实可信。为什么这么说呢?在第9章讨论大学教学中教师本职工作的重要性时,威廉·德雷谢维奇认为,"作为一名教师,教学方法可以变化多样,但个人的教学能力最终来源于每个人的生活经历。评论家莱斯利·福利尔德(Leslie Frielder)感言:'教师,非领域专家也。他并非在教授一门课,而是在分享他的人生。他能够化腐朽为神奇。教学就是一种艺术。'"② 正是由于作者将教学同教师的个人生活经历紧密结合起来,他在书中呈现自己的个人生活经历(如上述两个关键事件)也就不值得奇怪了。他进一步表明自己在教学上的观点:"在求学的时候,我逐渐归纳出如何判断老师质量的一个规律。如果某位教授从来不透露一些与个人相关的信息,比如自己的孩子或者同事的趣闻轶事,那么我敢断定,从他身上将学不到太多的东西。我并不是要求老师交代一切,而是希望教师让学生感受到他的真实和存在。"③ 教学是如此判断,这部著作又何尝不是如此呢?作者在呈现自己关于美国精英高等教育的诸多观点时,也在结合自己的生活经历对此加以说明。综观《优秀的绵羊》一书的主题内容,与其说这是一部高等教育的学术著作,不如说是作者对精英高等教育教学(尤其是本科生教学)的观点集成,作者不仅仅是泛泛而谈自己的想法和

---

① 参见威廉·德雷谢维奇著、林杰译《优秀的绵羊》(九州出版社,49页)。
② 参见威廉·德雷谢维奇著、林杰译《优秀的绵羊》(九州出版社,165页)。
③ 参见威廉·德雷谢维奇著、林杰译《优秀的绵羊》(九州出版社,165页)。

意见，而是将自己的生活经历和教学实践都融入这些讨论，从这个角度说，作者是一个知行合一的人。

3.12 实践人本主义教育很难吗

《优秀的绵羊》的作者威廉·德雷谢维奇基于自身的生活经历，在耶鲁大学进行了 10 年的教学工作和在哥伦比亚大学进行了 5 年的研究生指导工作，以及他同美国诸多高校学生的面对面的交流和书信往来，都在某种程度上实践着人本主义教育。而《优秀的绵羊》更可以看作一部以反思精英教育为主题的人本主义作品。威廉·德雷谢维奇作为在美国精英名校接受教育并在这些高校执教的教师，践行人本主义的教育当然可以理解，并且，正如《优秀的绵羊》所分析的那样，美国社会的精英治理系统和精英教育系统都存在如此之多的问题，即使是耶鲁的教师，想要践行人本主义教育也是困难重重的，何况是普通人呢？

另外，从中国社会分层的角度看教育，有着"底层苦学""中产焦虑"和中上层教育移民的现象①，未来中国的教育很可能由目前的单一高考分数的应试转变为如同美国式高考的综合素质应试，美国精英教育系统的一系列问题同样很可能在中国教育体系中重演。那么，在这样的社会发展趋势下，一个普通人又有何能力去实践人本主义教育呢？

下面这个案例或许能够从某个角度解答人本主义教育如何实践的问题。这个案例的主人公小 C 是作者讲授的"积极教育与积极领导力"课程的一名硕士研究生，案例来自小 C 的作业，这份作业讲述了对他来说"最满意的一次管理活动"。案例情况如下②：

2012 年是我这不长的人生里能回忆起来的最挣扎的一年。大二时的我因为对专业的不喜欢（从环境科学转到应用气象，又辅修传播学，还是找不到出路，厌学情绪严重），对学校缺乏人文精神的土壤以及教条式的学习环境，感到深深地失望，陷入了难以克服的精神危机，也是在此时，因为一些机缘，在冲动和热情的驱使之下，休学来到了云南迪庆藏族自治州

---

① 参见侯龙龙著《学校积极领导力探索》（机械工业出版社，2018 年）。
② 以下第一人称"我"指小 C。

的一所山村小学，开始了支教生活。来到这里之前，从未涉足过教育行业的我，对于"全课程"和"全科教师"当然是完全陌生的，直到三年之后踏上工作岗位，接触到"全课程"理念，我才发现，当时的我竟然也只凭着自己的想法，"先知先觉"地做了一次乡村学校"全课程"的尝试。

这所山村小学地处海拔3000米的高原，是少数民族聚居村办的一个教学点。小学只有一年级和二年级，共7个学生；还附带一个为"便民服务"而设的幼儿园，招收村里3~5岁的小孩（共18人），他们的家长大都外出打工，作为留守儿童，他们很小就被送到学校看管，也给巴掌大的学校带来了很大的压力。在整个大梁子村，像这样的教学点有两个，还有一所要翻一个多小时的山头才能到的寄宿制完小。

教学点加上我一共3个老师，一位南开大学化学系毕业的大哥教数学，一位中专毕业的姐姐教语文，我负责音乐、美术、体育等其他所有课程以及语文和数学的日常辅导。因为没有教学经验，对公立学校中的那一套怎么教、怎么备课、怎么评价学生的东西完全没有概念，再加上自己对于功利应试主义天然的反感，所以从一开始的想法上，我决定从自己的兴趣出发来实施教学，甚至卑微地觉得，我这样一个"不学无术"的年轻人，也许并不能传授给孩子们"有用的知识"，所以在他们最美好的童年，我应该要做的就是跟他们成为朋友，陪他们玩。在这之后，陪孩子们玩就成了我的课堂最重要的事情。一开始，我对于课程怎么开设、怎么上，有哪些规矩一无所知，凭着自己本能的经验和感觉，我想也许这些兴趣类的课程可以融合为一堂课。

上课用什么教材呢？我开始出入村里的图书室，有一些政府和公益机构捐来的书，虽然量很少，但也算门类齐全，有几类和儿童相关的书籍安安静静地躺在书架上，我把这些书有选择地翻阅了一遍，先是按照学科分类，有关音乐的挑选出一些我喜欢的，也觉得孩子们会喜欢的儿歌选集、诗歌选集和配套光盘、磁带，有关美术的挑选出几本儿童简笔画教程和绘本故事等……课程怎么实施呢？我并没有什么艺术特长，既没有学过绘画，也不会一门乐器。不过在大学里，我是学校话剧社的导演，导演过两场专场话剧，也是文艺晚会上还不错的"学生歌手"，同时我一直喜欢阅读虚构性的文学作品和向别人讲述小说中的故事。所以，我决定在我的课堂上唱儿歌、讲故事、排节目，而这些似乎一点一点地就把阅读、识字、绘画、手工、戏剧这些元素都串在了一起，而我要教的课程好像就是这些了。确定了这个思路之后，我对之前精挑细选的书籍进行再一次筛选，其中有画面感、有故事性、有戏剧冲突和能够表达对生活美好向往的书籍成为教材选择的方向。然后，我一遍遍地在脑海中设计流程，想象着怎么谋篇布局，使一堂课的节奏和内容传达得比较饱满。

故事讲多长时间？

讲完故事提什么样的问题？

怎么指导孩子按照想象去画出故事中的情境？

画完之后怎么开展话剧排演？

孩子们能否听得懂？

设计怎样的激励措施和自主时长来让他们更好地完成？

……

当然我后来才发现，自己预先设想得再好，最终都得在一堂堂课的教学和实践中不断调整节奏。

叶圣陶的儿歌、美国和加拿大的绘本、简笔画上的蓝天白云、绘本剧中的狼和小羊、游戏中的儿童……所有的这些构成了每节课的主要内容。一堂课从一本绘本开始，我先是绘声绘色地给孩子们讲故事，讲完故事，我会提几个和故事相关的问题，然后让孩子们按照自己的想象去随意地画出他们心目中的主人公形象，画完之后，我会给大家展示绘本中的人物形象，再对他们的画作按照简笔画教程的基本方法做一些指导。最后一个环节是重中之重，我让他们把自己画的人物裁剪下来，做成帽子戴在头上或直接黏贴在身上，进行角色扮演，在扮演之前，还要和大家玩一两个表演训练中经常用到的戏剧游戏，再让他们自己去排练整个故事，并给幼儿班的孩子进行表演。孩子们的每一幅画作，我都保存了下来并建立了一个档案库挂在墙上，供大家观赏。

村子里以傈僳族为主，还有彝族、怒族、白族、藏族等少数民族，在这大山深处与世隔绝的原始森林中，孩子们天然对鬼怪神话充满了好奇，我把自己读过的奇幻武侠，或是科幻悬疑类的小说，改编成一个个以他们的名字命名的小故事，而这些是孩子们最喜欢聆听和排演的内容。后来，我又把这样的课堂搬到了操场，搬到了户外，远至当地的山间草原。不过，每次出去都要和家长们提前打好招呼。

因为缺乏教师，我才要教这么多不同类型的课。

因为没有方法，我才凭自己的直觉任意"涂鸦"。

因为教育落后，村民们对老师的做法全力支持。

当我走上工作岗位后，看到许多学校兴起的"全课程"教育，我才发现自己几年前竟也在那种"迫不得已"的情况下，小小地试验过一次，虽然没有成熟的课程体系、清晰的课程目标、科学的课程评价、自编的课程教材，但也算是从头至尾、一以贯之、完完整整地坚持下来了。在这个过程中，我每天都很快乐，在大学里那些恨不得以肉身撞击世界的焦虑感荡然无存，甚至可以说，每一天都没有一丝一毫的烦恼和忧愁，这一切都源于"兴趣课"上和孩子们的相处。

2017年夏天，我又回到云南，距离2012年已经过去了5年。5年过去，好多东西都已经改变了。

村主任拉着孩子们问，你们还记得这位老师吗？我笑着对村主任说，他们当时小，我当时又长发飘飘不修边幅，恐怕是"儿童相见不相识，笑问客从何处来"了。果然，孩子们看着我陌生的面孔，一脸困惑和沉默。当我跟他们提起那些绘本故事时，孩子们立马"叽叽喳喳"地围上来叫出了我的名字。

人会忘，知识会忘，但那些童话中的故事、排演过的戏剧，以及留存在心中的美好，他们一直都记得。

上面案例中的小C只是一名普通的大学生，大二休学在云南迪庆藏族自治州一所山村小学支教，上述经历就是他这一年的支教生活。小C的支教生活主要是负责音乐、美术和体育的教学，而小C是在完全没有外在"专业指导"的情况下，凭自己的兴趣和理解将课程开设成了现在被称为"全课程""全科教学"的课程，通过"唱儿歌、讲故事、排节目"，"把阅读、识字、绘画、手工、戏剧这些元素都串在了一起"。我们在《学校积极领导力》一书的第三章有过讨论，新课程改革的"自主、合作和探究""综合实践课程""校本课程"都是符合人本主义理念的，小学低年级的"全课程""全科教学"也是如此。具体到小C的案例，他开设课程主要基于两方面：一是自己的兴趣。"我决定从自己的兴趣出发来实施教学……我应该要做的就是跟他们成为朋友，陪他们玩……一开始，我对于课程怎么开设、怎么上，有哪些规矩一无所知，凭着自己本能的经验和感觉，我想也许这些兴趣类的课程可以融合成为一堂课。"二是他自己的擅长和优势。"课程怎么实施呢？我并没有什么艺术特长，既没有学过绘画，也不会一门乐器。不过在大学里，我是学校话剧社的导演，导演过两场专场话剧，也是文艺晚会上还不错的'学生歌手'，同时我一直喜欢阅读虚构性的文学作品和向别人讲述小说中的故事。"小C不仅充分发挥了自己的擅长和优势，还考虑到了对当地资源的运用："村子里以傈僳族为主，还有彝族、怒族、白族、藏族等少数民族，在这大山深处与世隔绝的原始森林中，孩子们天然对鬼怪神话充满了好奇，我把自己读过的奇幻武侠，或是科幻悬疑类的小说，改编成一个个以他们的名字命名的小故事，而这些是孩子们最喜欢聆听和排演的内容。后来，我又把这样的课堂搬到了操场，搬到了户外，远至当地的山间草原。"当然，小C支教的时间只有一年，我们不可能期望一年的支教对当地的孩子产生多大的影响，但是小C的上述做法很显然是一种人本主义的教育方式。如果有更长的时间，或许可以考虑更多地从当地的民间故事、民俗风情和当地情境中提取课程的资源。

通过小C的案例，笔者想说明，人本主义教育并非只有如威廉·德雷谢维奇这样的耶鲁教师才能实践，一名普通的大学生，虽然完全没有学过教育学的知识，凭借自己的兴趣、特长和优势，以及自己对教育的理解，完全可以实践。实际上，真正困难的并不是如何进行人本主义教育，而是是否具备实施人本主义教育的动机。小C之所以会有这样的教育实践，同他的动机密不可分，案例中对此也有交代："大二时的我因为对专业的不喜欢（从环境科学转到应用气象，又辅修传播学，还是找不到出路，厌学情绪严重），对学校缺乏人文精神的土壤以及教条式的学习环境，感到深深地失望，陷入了难以克服的精神危机，也是在此时，因为一些机缘，在冲动和热情的驱使之下"，到云南支教。在开设课程时，小C提到"因为没有教学经验，对公立学校中的那一套怎么教、怎么备课、怎么评价学生的东西完全没有概念，再加上自己对于功利应试主义天然的反感，所以从一开始的想法上，我决定从自己的兴趣出发来实施教学"。最后，"在这个过程中，我每天都很快乐，在大学里那些恨不得以肉身撞击世界的焦虑感荡然无存，甚至可以说，每一天都没有一丝一毫的烦恼和忧愁，这一切都源于'兴趣课'上和孩子们的相处"。可见，小C是出于解决自身的"精神危机"走上支教之路的,这种危机同"缺乏人文精神""教条式""功利应试主义"的学校环境相关,而小 C 基于自身兴趣和擅长开设的课程解决了这种"精神危机",他更多是基于一种内在的、自发性动机从事支教的。

3.13 教育的逻辑与管理的逻辑

参加某次学术年会,听到一位学者提出这样一个观点:教育的逻辑同管理的逻辑天然地存在着矛盾和冲突,因此才存在学校中常见的种种乱象,从幼儿园的虐童,到大学教授的剽窃、师德问题突出,等等。为什么说教育的逻辑同管理的逻辑天然地存在冲突呢?这位学者的观点是,教育的逻辑是一种理想主义的逻辑,教育是要培养人,让一个人更为完整,成为他自己,让人更具有创造性,这些都是很理想的目标;而学校的管理呢,是一种现实主义的逻辑,学校管理主要是将人、财、物等有限的资源理性地配置到各个部门,让学校能够有效运行。所以,按照管理的逻辑并不能实现教育的理想主义目标,而只能是看得见的、容易观察和测量的教学效果,如考试成绩等。按照这种解释,也就是教育的逻辑与管理的逻辑不相容,现实中的种种问题就容易理解了,而且,按照这种解释,现实中学校出现的种种乱象其实是无法根治的,是一种必然伴随的现象。

笔者将这个观点拿到了硕士研究生的课堂"积极教育与积极领导力"进行讨论,对这种解释持支持态度的同学不少,似乎有必要对这种观点进行分析和讨论。这里分析的角度和方法恰恰就是采取学校积极领导力的方法。首先,管理的逻辑是不是仅仅只有现实主义的逻辑,以资源配置和理性化科层化的方式进行管理?笔者在《学校积极领导力》一书的第二章提到,现实中学校管理普遍存在着经验式管理、绩效管理、科层管理、方便管理、军事化管理等消极领导力,这类消极领导力显然是按照现实主义的管理逻辑进行的。然而,与此相对应,管理同样存在理想主义的逻辑,那就是我们倡导的积极领导力的管理观是基于人本主义、自我实现的观点,同传统管理强调的控制与科层不同,积极领导力倡导的是参与式、扁平化的管理结构,关注的是分权、授权和自主管理能力的建设和培养。在学校运行的现实中，以北京十一学校为代表①，在这里，教育的理想主义逻辑同管理的理想主义逻辑是相互匹配的、兼容的，没有什么矛盾和冲突。其次，教育的逻辑真的仅仅是理想主义的吗？从培养人、强调核心素养、认识自己、实现每个人的潜能的角度看，教育的目标和逻辑似乎是理想主义的。但是，我们不应忽略教育的现实，教育同样有着现实主义的逻辑，那就是精英教育的逻辑，无论是择校、课外辅导，还是追求名校名师，都是精英教育的写照。多数的家庭和受教育者希望接受优质的教育，达到成为社会精英的目的，学校教育更多的是一种筛选功能，而非培养功能，即筛选出智力、核心素养、创造力等各方面都出众的学生，而非培养学生成为最好的自己，经过不同学校的层层选拔和筛选，最终让学生中的精英进入社会各界的领导阶层，不论是先天的遗传、家庭背景的影响，还是后天个人的努力奋斗，大多数人最终都希望进入政府、社会各界的领导阶层，而不是普罗大众所在的被领导阶层，尽管大多数人经过学校系统的筛选只能做普通人。显然，精英教育的筛选逻辑就是目前学校教育的现实主义逻辑，从精英教育的逻辑来看，管理的现实逻辑和精英教育逻辑是一脉相承的，通过配置资源实现精英选拔筛选的目的，两者并无矛盾和冲突。

显然，上述观点的主要问题在于，只看到教育的理想主义逻辑，而未正视教育的精英主义现实逻辑；同时，只看到管理的现实主义逻辑，而未发现积极领导力的理想主义逻辑。以教育理想对管理现实自然存在拧巴、冲突的情况，其实这种矛盾和冲突恰恰反映出现实学校管理需要进行改进和调整，从消极领导力向积极领导力转变，才能从根本上解决这种不协调、不一致的情况。如果不对学校管理进行调整和转变，这种矛盾和冲突折射出的就是教育理想的虚幻、不切实际，教育就必然坠入精英教育的现实逻辑中。在现实的精英教育和消极领导力的管理中，两者是互相强化的，不论我们愿不愿意承认，现实教育的乱象恰恰是精英教育的现实同消极领导力的管理协调一致的结果。

---

① 山东杜郎口中学的课堂改革也可以看作一种学生自主管理的方式。

3.14 精英教育的三种形态与人本主义教育

由于不同参与者、相关利益方的差异，导致大学中的精英教育呈现不同的形态。根据笔者的观察，目前大学教育比较突出地呈现出三种精英教育的形态和诉求。

第一种是科研和学术导向的精英教育，即大学本科教育主要是为了培养将来在科研和学术领域做出创造性成果的精英人才做准备。所以，在本科教育阶段的培养模式主要是以学科的学术性学习为主，以本科生参与科研课题和项目作为重要的学习方式，鼓励本科生发表科研学术论文，这在目前的大学本科教育中是最为常见的培养方式。之所以这种学术性精英教育比较普遍，原因在于大学教师普遍擅长的就是科研和学术工作，在培养本科生时采取这种培养模式也最为有效。这从我们对中国科技大学少年班的分析和其他精英高校的分析中都可以看到，那些最终进入学术科研领域的本科生，在未来的学术职业发展中也确实表现卓越。北大教授饶毅同耶鲁校长苏必德的争论①，以及清华教授施一公对待学生职业就业的态度②，都比较明显地反映出这一导向。然而，这种学术科研导向的精英教育最大的弊端是，罔顾大多数本科生未来的职业生涯并不从事学术科研工作的事实，导致学生在脱离学术科研职业路径的过程中不可避免地会遇到很多问题和麻烦，在从事学术科研之外的职业时都或多或少的遇到适应性的问题，笔者在《学校积极领导力》一书第三章中提到的人大邱教授外甥的案例是比较典型的。

第二种是以政府、社会各界领袖作为目标的精英教育，这是目前很多精英大学所宣称的培养目标。北京大学校长林建华提出了北大的人才培养要"守正创新，引领未来"③。在上面提到的饶毅和耶鲁校长的辩论中，中

---

① 参见"饶毅理辩耶鲁校长：特朗普和马云是大学教育的目标吗？"（http://roll.sohu.com/20160331/n442936190.shtml）。

② 参见"清华大学施一公院士：研究型大学从来不以就业为导向"（http://news.163.com/14/0917/09/A6B6EDTO00014JB5.html）。

③ 参见"人民日报名家笔谈：守正创新 引领未来"（http://opinion.people.com.cn/n1/2016/0311/c1003-28189763.html）。

科院高能物理研究所研究员张双南的观点①具有一定的代表性，他认为，一流大学负责培养精英和领袖，"二流大学的主要使命应该是培养各行各业的骨干人才"，三流大学则只能负责"培养现代社会的技术和文秘等工作大军"；前述清华大学教授施一公认为，"专科学校是培养专业人才；而大学，是培养大家之才，培养国家领袖的地方"，大学，尤其是研究型大学，是培养精英的场所②。这种精英教育的主要问题是，这种观念很明显是一种名校出身论的观点，一方面，罔顾很多政府、企业、社会各界领袖不是出自名校的事实③；另一方面，精英名校的毕业生中也是少数人能够成为"引领未来"的领袖人物，对于名校的大多数毕业生而言，有很多是各行各业的骨干人才、中坚力量，但是并没能引领行业的未来，对于这些多数的毕业生而言，精英教育的目标没有达到怎么办？他们在这样的培养模式下是不是一种"陪跑"？其实，这种培养目标更为根本性的问题是，精英大学虽然有如此的目标设计，但是大学本身并无能力培养学术科研之外的领袖。如前所述，大学中提供教育的主要是学术科研导向的大学教师，他们怎么有能力提供自己职业之外的领袖人物的培养重任呢？促成各行各业引领未来的领袖人物的因素很多，先天的禀赋，家庭背景，个人的阅历，环境和行业的机遇，等等，而四年的大学经历能够对这种结果起到多大作用？试图通过大学决定一个人的未来，只能说是社会的一种倒退，它促成的是为进入名校的竞争和社会分层的固化，而不是增强社会的流动性和开放性。

第三种是目前在各精英高校中推行的博雅教育、通识教育。之所以将目前的博雅教育归入精英教育，同各大高校为了保障博雅教育的效果，采取选拔优秀生源的方式进入博雅学院有关。例如，在甘阳任中山大学博雅学院院长期间，博雅学院是在中山大学入学新生中以二次遴选的方式择优

---

① 参见"和饶毅商榷：大学教育的目标凭什么不能是特朗普和马云？"（http：//it. sohu. com/20160407/n443525682. shtml）。

② 参见"清华大学施一公院士：研究型大学从来不以就业为导向"（http：//news. 163. com/14/0917/09/A6B6EDTO00014JB5. html）。

③ 例如，马云（杭州师范学院）、马化腾（深圳大学）、任正非（重庆建筑工程学院）、王石（兰州交通大学）。

录取 30 名学生①，在博雅学院简介里明确提到"博雅学院是中山大学为探索本科教育体制改革而专门设置的精英化学院"，在精英教育的取向上，中山大学博雅学院实际上采取了前述第一种精英教育的学术科研导向，"博雅学院强调精英教育，但这不意味任何特权，而仅仅意味更多的阅读，更多的思考，更多的付出，且将来承担更大的责任。博雅学院推崇的人生价值不是金钱，而是智慧与修养。博雅学院学生的人生榜样不是亿万富翁，而是学富五车的大思想家、大学问家"②。也就是说，中山大学的博雅教育并非为了帮助学生成为自己，成为各自不同的人，而是要成为像甘阳这样的"大思想家、大学问家"，因为提供博雅教育的正是这样的大学教师，而博雅教育的目标正是以提供者自己为榜样的，"百分之七十以上学生毕业后继续攻读硕士和博士学位""博雅毕业生大部分进入国内外名校攻读研究生，其中近半获'直博生'资格"。2014 年，清华大学新雅书院聘请甘阳为总监，新雅书院的办学方式同中山大学博雅学院比较相似，先从新生中选拔更为优秀的学生作为生源："2016 年 8 月，来自全国近 30 个省市的 65 名高考成绩名列前茅的学生入学新雅书院，成为第一批四年学籍均在书院的本科生。"③ 新雅书院的办学理念也是以精英教育为目标："书院以'古今贯通、中西融汇、文理渗透'为宗旨，以'欲求超胜，必先会通'为导向，培养志向远大、文理兼修、能力突出、开拓创新的精英人才。"④ 值得一提的还有清华大学的清华学堂人才培养计划，这一计划推行的虽然不是博雅教育，而更接近前述第一种学术科研导向的精英教育，但是其办学模式也非常相似，在计划目标上要"激励最优秀学生投身于基础学科研究，努力使受计划支持的学生成长为相关基础科学领域的领军人物并逐步跻身国际一流科学家队伍，为国家培养一批学术思想活跃、国际视

---

① 参见博雅学院简介（http：//lac.sysu.edu.cn/xyjj/xygk/index.htm）；李华芳《甘阳事件与博雅教育》(http：//www.thepaper.cn/newsDetail_forward_1421800)。
② 参见博雅学院简介（http：//lac.sysu.edu.cn/xyjj/xygk/index.htm）。
③ 参见清华大学新雅书院书院沿革（http：//www.xyc.tsinghua.edu.cn/publish/xinya/10621/index.html）。
④ 参见清华大学新雅书院办学理念（http：//www.xyc.tsinghua.edu.cn/publish/xinya/10622/index.html）。

野开阔、发展潜力巨大的基础学科领域未来学术领军人才"。① 清华学堂不仅配备了国际上学术领军的教授作为首席教授，而且对学生的要求也非常之高，要求学生做"领跑者"。"'领跑者'理念是'学堂计划'的核心理念。学校把进入'学堂计划'的学生定位为'领跑者'。"虽然，不同于博雅教育的跨学科、通识性教育，清华学堂是从数学、物理、化学、计算机科学、生命科学和力学六个专业进行的专业化培养，但两者的精英教育模式是非常相似的。这类培养模式最大的问题是，最终哪些学生会成为"大思想家、大学问家"或"学术领军人才"，谁也无法提前判断；在这些人才计划中，有多大比例的学生会进入"大思想家、大学问家"或"学术领军人才"的职业生涯中，目前都没有一个科学严谨的评估和判断。早期中国科技大学少年班的实验显示，大概1/5的毕业生会最终进入学术科研职业，不论这个比例在博雅学院、新雅书院或清华学堂如何变动，多数人最终不会进入学术科研职业，这样的精英人才培养计划是否算是达成了培养目标？那些最终没能进入学术科研职业的学生，或者没能成为"大思想家、大学问家"或"学术领军人才"的学生，在这样的培养计划中应该如何看待？他们该如何自处？针对此类人才培养计划，是否需要全面、严谨、科学的评估和分析？

上述三种精英教育模式共性的问题在于，都是以少数人的发展目标作为全体学生共同的培养方式，以外在的社会评价（精英人物）作为本科教育的培养目标。这样的精英教育希望将学生培养成"大思想家、大学问家""学术领军人物"，或者社会各行各业"引领未来"的人，这些都是外在的社会评价希望看到的结果。然而这样的精英教育唯独不愿意培养学生的就是做他自己，成为他自己，这导致这类人才培养计划往往是以牺牲多数人的差异性、个性化和真正的多样性为代价。

这类精英教育培养计划往往呈现出用工程思维的方式培养精英人才的模式，集中最优秀的生源、领军教授，集中力量办大事，像当年"两弹一星"工程或者像现在的高铁、大飞机、"天眼"、天宫、量子通信卫星、无人智能码头等大型工程项目一样，试图在大学人才培养上也采用类似的工

---

① 参见清华大学清华学堂人才培养计划计划概况（http://www.tsinghua.edu.cn/publish/xtjh/7948/index.html）。

程攻关式的做法。然而，培养人与工程项目攻关有着本质的不同，人不是机器，不会按照制订好的工程技术线路直线推进，人的想法各不相同，每个人的经历也不会是直线式的工程线路图。例如，清华大学教授施一公在谈到自己的科研之路时说："大学毕业时，我本没有打算从事科学研究，而是一心一意想下海经商，结果阴差阳错踏上了赴美留学之路。可想而知，留学的第一年，我情绪波动很大，内心浮躁而迷茫，根本无心念书、做研究，而是花了很多时间在中餐馆打工、选修计算机课程。"① 作为清华学堂生命科学的首席教授，施一公自己都经历过"浮躁而迷茫"的过程，怎么能保证清华学堂的各个人才试验班的学生不会经历不同的发展路径和体验呢？难道因为我们设定了"大思想家、大学问家""学术领军人物"的人才工程目标，所以，这些博雅教育和试验班的学生就会老老实实地在设定好的人才工程线路上按部就班？读完国内的博雅教育、人才试验班，去欧美名校深造，拿到博士以后再到国外或国内名校任教，尽快聘到正教授，成为各个学科领军人才，这样一个人才工程的线路图，并非适合多数学生。

人本主义教育推崇平民化的博雅教育，这种博雅教育的目的首先是让学生成为他自己，认识自我，建立自我。正如威廉·德雷谢维奇在《优秀的绵羊》一书中所阐述的："大学的意义是帮助我们生活得更警觉，更有责任感，更有自由度并更加完整。"② 该书更是进一步引用了哥伦比亚大学教授爱德华·泰勒的观点："每个人接受大学教育的目的就是自私的，你的使命就是要建立自我。"③ 在该书第 6 章"创建自己的生活"中，作者提出要拥有"精神想象力"，"'精神想象力'意指一个人有能力摆脱固有的生活方式，以最大尺度去想象所有的可能性，创造属于自己的生活方式"④。在该书第 8 章"博雅教育与人文经典"中，威廉·德雷谢维奇较为详细地论述了博雅教育的意义和价值，博雅教育要"培养你超越空间和时间来思考问题、不受工作性质所限制的能力。博雅教育所关注的是公民权益、他人利益以及构建一个健康的、有创造力的、

---

① 参见"施一公谈如何做科研"（https://www.biomart.cn/news/10/95557.htm）。
② 参见威廉·德雷谢维奇著、林杰译《优秀的绵羊》（九州出版社，75 页）。
③ 参见威廉·德雷谢维奇著、林杰译《优秀的绵羊》（九州出版社，76 页）。
④ 参见威廉·德雷谢维奇著、林杰译《优秀的绵羊》（九州出版社，83 页）。

自由的自己"①，而不是为了达成外在社会评价体系施加给每个学生的目标"大学问家、大思想家"或"学术领军人才""引领未来"的人，等等。这些外在评价应该是每个学生自我探寻、自我发现、自我成长所带来的额外结果，而不应成为大学本科教育的培养目标。大学应当建立的是探求知识的氛围、好奇心和乐趣组成的学习过程，浪漫派诗人济慈形容我们的世界为"灵魂铸造之谷"，这种氛围和过程并不应该有功利性的培养目标，因为一旦为大学本科教育确立了功利性的培养目标，这种氛围和学习过程就很容易遭到破坏，变成像现在一样由外部评价主导的大学教育。

为何在大学本科教育阶段要帮助学生认识和建立自我？正如心理学家埃里克·埃里克森对人的心理发展阶段的研究，18岁至22岁期间的青年人，主要面对的是认同危机（Identity Crisis）②，即对自己的身份、宗教、政治和社会观念、未来职业的认同与否。实际上，从埃里克森自身的经历看，认同危机不仅仅发生在青年人身上，还可能发生在进入工作之后的职

---

① 参见威廉·德雷谢维奇著、林杰译《优秀的绵羊》（九州出版社，143页）。

② 在常见的心理学教材和人格心理学的中译本中，往往将青年期面对的这一问题翻译为"同一性对同一性混乱"（参见 Jess Feist、Gregory J. Feist 著、李茹主译《人格理论》第7版，人民卫生出版社，2011年2月，219页）。但是，英文中的原文为"Identity Crisis"，这里我们将其翻译为"认同危机"，原因有二：一是根据对埃里克·埃里克森心理发展阶段青年期的解释，青年期主要是解决"我是谁""我要成为什么样的人"这类身份、角色认同的问题（参见 Erickson's stages of pschosocial development, https://en.wikipedia.org/wiki/Erikson%27s_stages_of_psychosocial_development#Fidelity:_Identity_vs._Role_Confusion_(adolescence,_13% E2% 80% 9319_years)）。"青年人在决定他们要成为什么样的人和他们相信什么的同时，他们也发现了他们不希望成为什么样的人和他们不相信什么。"（参见 Jess Feist、Gregory J. Feist 著、李茹主译《人格理论》第7版，人民卫生出版社，2011年2月，220页）也就是说，对"Identity Crisis"的解释就是有关青年人个人身份、角色认同的问题，使用"同一性"更难以理解这一点。二是根据埃里克森本人的经历，明显是自己的身份认同问题贯穿了他的一生，从一出生对自己生身父亲的追问，到上学期间被亚利安同学看作犹太人，而被教堂其他人看作异教徒，后来移民美国改自己的名字放弃犹太人身份，在说了60多年英语之后，埃里克森在晚年开始说德语，并长期对丹麦人和丹麦语有一种亲切感，但他从未在丹麦生活过，等等。（参见 Jess Feist、Gregory J. Feist 著、李茹主译《人格理论》第7版，人民卫生出版社，2011年2月，207-210页）可以说，埃里克森一生都在同"Identity Crisis"做斗争。从埃里克森的这些生平看，他主要面对的就是自己的身份认同、角色认同问题，因而应把它翻译成"认同危机"，而非"同一性危机"。

业生涯中，甚至人的整个一生中。笔者在《学校积极领导力》一书第二章中提到的一些"不务正业"的人，生物化学博士黄西在博士毕业之后转行去做脱口秀，公务员石悦的明史小说的创作，电厂工程师刘慈欣进行的科幻文学创作等，不都是面临这种认同危机并解决危机的结果吗？作为认同危机失败的案例，北大"屠夫"陆步轩始终干着他并不认同的卖猪肉职业，这导致的是他本人的认同混乱状态，他的自我认同认为自己是知识分子，但却始终从事着自己看不起的卖猪肉职业。所以，认同危机尤其是职业认同危机的处理和应对在青年成长和发展过程中至关重要，要解决认同危机，就需要青年人更好地认识自我、建立自我、发展自我。这是每一个大学生都应面对和解决的问题，而不仅仅是个别人的个别诉求。

3.15 人工智能（AI）时代的教师工作：教师绩效工资研究的作用

3.15.1 教师绩效工资研究与教师工作的类型

我国自2009年开始的义务教育绩效工资改革，提出了要体现教师工作业绩，努力实现多劳多得、优绩优酬。[①] 围绕这一教师工资政策，教育经济学的学者开展了相当丰富的研究。教师工资研究主要集中在绩效工资这一主题上，有关绩效工资的研究普遍认为，"奖励性绩效工资占总工资份额过低，并不能很好地发挥激励作用，难以有效提高员工的工作积极性和努力程度。……绩效工资水平越高，越能显著提高教师工作积极性"[②]。"义务教育学校教师工资构成中，奖励性绩效工资所占比例普遍较低。实地调研也显示，大多数义务教育学校为了避免矛盾采取了平均分配财政拨付奖励性绩效工资资金的办法，不能很好地体现多劳多得、优劳优酬的分配原则，结果损害了那些工作量和实际贡献大的教师的积极性。"[③] 教师工

[①] 参见北京市教育委员会网站（http://www.bjedu.gov.cn/xxgk/zxxxgk/201602/t20160223_7212.html）。

[②] 参见安雪慧《义务教育学校教师绩效工资政策效果分析》（《中国教育学刊》，2015年第11期，60页）。

[③] 参见薛海平、唐一鹏《理想与现实：我国中小学教师工资水平和结构研究》（《北京大学教育评论》，2017年第2期，34-35页）。

资结构中绩效工资占比过低,"分配体现绩效不够,不能起到激励的作用",要"发挥工资的激励和杠杆作用","较大的工资级差和工资增长速度有助于保留优秀教师"。①

从绩效工资改革的趋势看,不少研究者建议,要"增加绩效工资的水平和力度"②,"增加奖励性绩效工资水平和改变奖励性绩效工资拨款方式,充分发挥义务教育奖励性绩效工资多劳多得、优绩优酬的激励导向作用"③,"从以教师个人资历为导向转向以工作业绩为导向的教师绩效工资制度"④。

然而,绩效工资发挥所谓的"激励"作用,会对教师工作的类型产生什么样的影响?"多劳多得、优绩优酬"让教师的工作变得更有"创造性、挑战性、探究性、复杂性",还是变得"重复性、常规性"?其实,从绩效的本义看,教师工作被人为地转换为相同、相似、可比较的工作,从而满足量化考核的需要。如果教师工作是不相同、不可比的,那就无从谈起教师劳动的多少,以及业绩的优劣。所以,绩效工资所发挥的"激励"作用,实际上让教师的工作变得更加"重复性、常规性"。

从动机理论看,不同的动机会带来不同的工作类型。外部控制性动机会带来重复性、机械式、算法式、常规性的工作;而自发性动机则会带来挑战性、探究式、复杂性、创造性的工作。绩效工资所发挥的"激励"作用会激发教师的何种动机?为了获得更高的奖励性绩效工资而工作,这样的动机显然是外部控制性动机,而非自发性动机或内部动机。看看今日学校教师的工作状态,到底是一种"挑战性的、探究式的、复杂性的、创造性的"工作,还是一种"重复性、常规性、机械式、算法式"的工作?恐怕是后者,这同上面的分析也是一致的。

---

① 参见杜屏《完善中小学教师工资制度和保障机制,推进高素质教师队伍建设》(《华东师范大学学报(教育科学版)》,2018年第4期)。

② 参见安雪慧《从资历到能力与业绩:义务教育学校教师工资等级和结构决定因素》(《教育研究》,2015年第12期,34-35页)。

③ 参见薛海平、唐一鹏《理想与现实:我国中小学教师工资水平和结构研究》(《北京大学教育评论》,2017年第2期,34-35页)。

④ 参见薛海平、王蓉《义务教育教师绩效奖金、教师激励与学生成绩》(《教育研究》,2016年第5期,31页);安雪慧《从资历到能力与业绩:义务教育学校教师工资等级和结构决定因素》(《教育研究》,2015年第12期)。

以绩效工资为基础,学校中绩效导向的管理,在强化教师外部控制性动机上,可以说推波助澜。这是教师工作更多呈现出"重复性、常规性、机械式、算法式"工作状态的一个重要原因。

3.15.2 当前中小学教师的工作状态

2009—2018年,中国知网以"教师绩效工资"为主题的文献,每年都有100~200篇。与绩效工资研究的这种热度形成反差的是当前教师的工作状态,教师们的工作是越来越有创造性,还是越来越呈现出常规性、重复性?教师工作被普遍认为是高压力、繁忙、低成就感的职业。早在2005年中国人民大学公共管理学院组织与人力资源研究所和新浪教育频道启动的"2005年中国教师职业压力和心理健康调查"中就发现,超过80%的被调查教师反映压力较大;近30%的被调查教师存在严重的工作倦怠,近90%的被调查教师存在一定的工作倦怠。[1]

2017年10月至11月,21世纪教育研究院组织开展了"教师眼中的学校教育"调查[2],调查涵盖除青海省之外的30个省份、自治区和直辖市,共发放问卷9000份,回收8787份。在该调查中发现,54.46%的教师认为"工作很机械",认为教师工作不机械的只有20%左右。[3] 有52.51%的教师认为"工作压力在非正常范围内":一方面是教学工作量大导致的。"从教师的每周平均课时数来看,中部地区的教师每周平均课时数最多15.25节,其次是西部,东部最少;乡村教师的每周平均课时数最多16.3节,其次是镇区,城区最少;村小和教学点的教师每周平均课时数最多18.5节,其次是乡镇寄宿制或中心校,城区学校最少。"而教师们希望每周的课时量在15节、10节以下。[4] 另一方面,则是教师工作中有相当比例的非教学工作占用教师工作时间。成都武侯实验中学前校长李镇西在进行的一次全

---

[1] 参见"教师生存状况调查报告:教师生存状况分析"(http://edu.sina.com.cn/l/2005-09-09/1653126581.html)。

[2] 参见刘胡权、刘叶"'教师眼中的学校教育'调查报告"(《中国教育发展报告(2018)》,社会科学文献出版社,2018年,240-256页)。

[3] 参见刘胡权、刘叶"'教师眼中的学校教育'调查报告"(《中国教育发展报告(2018)》,社会科学文献出版社,2018年,247页)。

[4] 参见李新翠《中小学教师工作量的超负荷与有效调适》(《中国教育学刊》,2016年第2期)。

国性网络调查中,对2787位教师的问卷进行分析后发现①,有80.5%的教师认为没有足够的时间和精力进行教育教学研究。为何没有时间和精力?因为教师工作中的大量时间被"参与完成各级各类检查任务""参与学校临时交办非教学类任务""完成各类网上学习任务""参与各级各类培训和会议"等与教学没有直接关系的"任务"所占据,"真正用于教学及相关准备的时间在整个工作时间中占比不足1/4,剩下的3/4是更为耗时耗力的非教学任务"。

教师工作处于上述机械式的、高压力、超负荷、大量非教学工作占据的状态,教师职业倦怠、职业不认同、离职现象就变得日益突出。21世纪教育研究院的调查中,有51.27%的教师表示"如果重新选择,不愿意当老师"②,而在一些地区也出现了公立教师离职潮③。

对校长的调研也有类似问题,上进心不足、专业发展停滞,是一个常见现象。王纬虹、李志辉对重庆、广西、四川、云南和河南5个省的1168名中小学校正副校长(以下统称校长)进行了问卷调查,并访谈了部分校长。其中,农村校长751名,县镇校长和城市校长417名。在职业认同感方面,有23.9%(270位)的校长希望离开教育领域谋求职业,也就是说,有超过1/5的校长是不认同在教育这个行业工作的。④

综上所述,目前我国中小学教师的工作状态比较明显地呈现出机械式、重复性、常规性的状态,而少有表现为挑战性、探究式、创造性的工作状态。那么,随着人工智能等新技术的到来,这样的工作状态会对教师工作产生什么样的影响呢?

---

① 关于此次调查情况及讨论见"关于'减少教师非教学工作'的调查报告"(http://www.hao123.com/mid/8884118095649888120?key=&from=tuijian&pn=1)。

② 参见刘胡权、刘叶"'教师眼中的学校教育'调查报告"(《中国教育发展报告(2018)》,社会科学文献出版社,2018年,247页)。

③ 参见施济"公立教师离职潮透析"(《中国教育发展报告(2018)》,社会科学文献出版社,2018年,212-224页)。

④ 参见王纬虹、李志辉《中西部地区中小学校长专业发展困境及突破》(《中国教育学刊》,2016年第8期,77-83页)。

3.15.3 人工智能时代的教师工作

受李开复的 TED 演讲视频《人工智能如何拯救人性》[①] 的启发，这里探讨一下在未来 AI 时代里教师的工作会发生什么样的变化。从工作的特征来讲，人工智能越来越在重复性、常规性的工作中发挥出超乎人类的效率和优势；而在复杂性、创造性的工作中则无法替代人类。如图 3-1 所示。

优化				创造性或战略性
重复性	常规性	优化	复杂性	创造性
电话销售	卡车司机	放射科医生	CEO	专栏作家
洗碗工	血液科医生	记者	并购专家	科学家
客服	保安	研究分析员	经济学家	艺术家

图 3-1 工作特征的单维度分类

图 3-1 表明工作特征的两种趋向：一种是重复性、常规性的工作趋向；另一种是创造性、复杂性的工作趋向。从这两种不同的趋向来看，前者的工作如客服、保安、血液科和放射科医生，将在未来 15 年内慢慢被人工智能取代[②]；而后者的工作如科学家、艺术家、公司的 CEO，则无法被人工智能取代，主要由人类来完成。笔者曾在《学校积极领导力探索》一书中专门讨论过我国中小学教师的工作任务类型[③]，目前比较普遍的情况是，中小学教师工作还停留在"重复性、机械式、灌输式、算法式、常规性"的工作状态，而不是"探究式、复杂性、非常规性、创造性"的工作状态。这也就意味着，我国中小学教师的工作其实处在容易被人工智能取代的状态之中。当然，在李开复的这个演讲中，不仅是我国的中小学教师，世界各国的中小学教师的工作都处于未来要被人工智能替代的状态。然而，这并不是故事的全部，关于工作特征与类型，除了创造性与优化这一维度外，还有其他重要的维度。

李开复现身说法，从自己第一个孩子出生时的工作优先原则，到罹

[①] 参见 https://www.ted.com/talks/kai_fu_lee_how_ai_can_save_our_humanity/discussion 或 https://v.qq.com/x/page/s07560riyet.html。
[②] 这里应当主要是针对美国等发达国家，我国的情况很可能要晚得多。
[③] 参见侯龙龙著《学校积极领导力探索》（机械工业出版社，2018 年 6 月，19-30 页）。

患淋巴癌后的感悟，人与AI的区别恰恰在于，人是有同情心、爱和同理心的，而AI没有。所以，关爱型工作就成了拯救重复性、常规性工作的一个维度。也正因为如此，这个讲座的题目是《AI如何拯救我们的人性》。

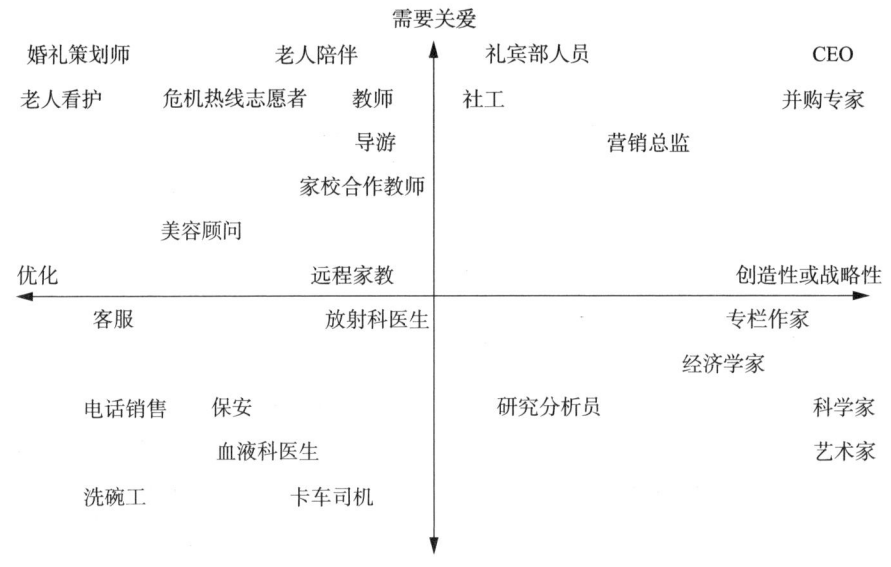

图3-2 工作特征的两维度分类

图3-2在图3-1的"优化—创造性或战略性"的维度基础上，又增加了第二个维度"需要关爱"，这一"人性化"维度的加入，成功地将一些重复性、常规性的工作（图3-2左上角）从人工智能那里拯救出来，既需要AI，又需要人来完成，形成了人与AI的合作型工作。大家会注意到，教师职业就处在这一被拯救出来的职业之列，这一方面印证了上面我们提到的教师职业处于"重复性、常规性"的状态（而且是趋近优化这一侧，容易被AI取代的状态）；另一方面，又成功地让教师和AI进行合作，来完成学校和课堂的教学工作，岂不是很完美？在这一分析框架下，如果我们审视目前我国中小学教师的工作，恐怕是同这一教师与AI合作的工作模式背道而驰的。为什么这么说？因为在图3-2的分析中，教师职业存在的主要原因是学生需要来自教师的关爱、陪伴，而目前我国的中小学校主要是靠绩效评价、职称考核、评优评奖来对教师进行管理的，这导致教师的注意力主要集中在常规性、重复性的工作任务上，而不是无法量化、难以

考核评价的对学生的关爱和陪伴。当然，也许将来 AI 走入我们的校园，会改善教师们的工作状态，从而将注意力从绩效考核评价上转移到关爱和陪伴上来。

此外，图 3-2 左下角的职业恐怕是被判了"死刑"的职业，既是重复性、常规性的，又是缺乏关爱的，如客服、保安，甚至是血液科和放射科的医生，将来由人工智能机器人和设备就可以完成。所以，人工智能的作用恐怕不只是"替代"人的某些工作那么简单，而是"逼迫"人去从事更有创造性、更人性化、关爱型的职业。

李开复的上述分析同牛津大学 Frey 和 Osborne 的研究是一致的。Frey 和 Osborne（2017）认为[①]，当教师工作在创造性智能（Creative Intelligence）或者社会智能（Social Intelligence）方面有突出的特点时，教师工作被计算机取代的概率才比较低，是 0.44%。结果显然让教师们感到很安全，然而，这个安全是有前提的，就是教师工作要在创造性智能或者社会智能方面表现出自己的独特性。在两位牛津大学教授的研究中，对社会智能的解释是，高情商的工作、谈判、说服工作，以及协助、情感支持和关爱的工作。这同李开复上面提到的关爱型工作是比较一致的，即未来教师的存在理由是关爱、情感支持等人性化的因素，而不是常规性教学、量化了的班主任工作、非教学的大量工作等。

笔者并不赞同"教师工作仅仅是依靠加入了爱心、同情和陪伴，所以才需要人来完成"的判断。教师工作完全可以是探究式、挑战性、创造性的，也就是图 3-2 右上方的工作。难道教师的工作不比礼宾部、社工、营销总监更需要具备创造性吗？一位出色的教师，不仅仅是对学生倾注了关爱，更应该用其创造性工作点燃学生的想象力，通过探究激发学生的好奇心，以示范激发学生的创造性潜能。所以，教师的工作完全可以是高创造性和高关爱性的，关键是教师自身的驱动力和外在的政策环境与行政管理环境如何配合，形成合力。

3.15.4 教师工资研究的方向：改变现有教师的工作类型

上述分析表明，只有当教师的工作向具有创造性和具有人性化、关爱

---

① 参见 Frey, Osborne. The future of employment: How susceptible are jobs to computerisation? Technological Forecasting and Social Change, 2017（114）：254-280.

的特征发展时，教师的工作才不会被 AI、计算机所取代。那么今日的绩效工资研究在教师工作特征上起到什么样的作用呢？是让教师工作越来越具有人性化，还是让教师工作越来越具有创造性？恐怕正相反，教师的工作在绩效的激励作用之下，只会越来越呈现出机械化、常规性、重复性的特点，教师越来越难以表现出对学生的人性化关怀，也越来越难以在自己的工作中发挥创造性。为什么会这样？因为绩效激励的逻辑是建立在教师工作是可以量化、比较的前提之下的！只有当教师的工作可以进行量化、比较时，才可能进行所谓绩效高低的判断和相应的激励措施。然而，关爱和创造性恰恰是两件难以量化和比较的事物。你今天做了几件创造性的工作，或者几件关爱、关心学生的工作？这听起来在绩效导向的学校中是很奇怪的事情。

事实上，绩效导向的管理就是让学校的教师工作（包括校长的工作）越来越具有工业流水线的特征，教师越来越像流水线的产业工人，或者像完全理性化的机器人，这注定会将教师工作引入越来越容易被 AI、计算机取代的境地。绩效工资的研究并不是一个看似中立的工具，而是在教师工作被取代上起着推波助澜的作用。

那么什么研究是符合未来教师发展方向的呢？通过上面的讨论，未来教师工作的特征应向两个维度转变：教师工作如何更有创造性？教师工作如何能够更加人性化，体现出对学生的关爱、陪伴？这恰恰是学校积极领导力研究的主要任务！让教师工作从重复性、机械式、常规性、算法式的状态转变为挑战性、探究式、复杂性、创造性的状态，需要从教育政策、地方教育行政管理到学校领导力等一系列的变革；简单来说，就是教育政策和地方教育行政管理需要改变目前"任务导向"的外部驱动学校发展的状况，充分下放学校自主权，大幅减少各种评优评奖、督导检查、验收考核等干预学校自主权的行为，形成自主支持的政策和行政管理环境；学校内部，需要校长将经验式管理、方便管理、科层管理、绩效管理、军事化管理等消极领导力的方式，转变为参与式、扁平化、网络化的管理，为教师提供相应的环境。

具体到教师的工资待遇方面，应当整体大幅度提升教师工资待遇，同时加强教师准入门槛，建立教师退出和流动机制，不是强化绩效而是缩小教师之间的收入差距。

第 4 章　积极的创造力观

4.1　为何"研究的意义与价值""问题的提出"十分重要

在大学讲授"教育研究方法"课程时，往往需要以现成的教育研究论文、教育学位论文举例，尤其是各种硕士、博士学位论文，有一种不好的风气出现，就是论文开始的部分，如选题或者成文以后的"研究的意义与价值""问题的提出"这个部分，越来越被当作一种摆设、形式主义的东西而存在。当你作为读者仔细去研读这部分内容时，总是觉得套话成堆。为什么会这样？深究起来，很多硕士、博士研究生没有自己真正感兴趣的选题，研究的问题大多基于导师的课题和项目，所以，从一开始写作者就不具备写作驱动力，这种状况反映在论文中，首先就是对"研究的意义和价值""问题的提出"说不出个所以然来，于是只好堆砌一些政策文件或者无用的套话。

一篇教育研究的论文到底哪部分最重要？这个问题见仁见智，每个学者都有自己的答案。笔者认为，论文开头能反映作者研究动机的部分最为关键，因为研究动机已经决定了你会采取怎样的态度和方式去对待这篇文章，甚至会影响这篇论文的创造力的高低。自我决定理论与"创造性的内在动机原则"都揭示了动机与创造性的关系，即创造性的工作需要内在动机作为支撑，而不是外在的控制性动机。

研究动机之中很重要的一部分来自作者如何看待这篇论文的意义和价

值①，这是论文写作者将外部动机内化的重要方式，它赋予一项研究不同的意义和价值，会影响到论文写作的动机在多大程度上能够被作者所内化。不同教育研究主题的意义各不相同，而且取决于研究者自己的判断。但是，我们还是可以讨论一下教育研究的意义，甚至整个社会科学研究的意义。深入讨论后会发现，教育研究的意义要比纯粹的科学研究，或者人文学科的研究更为困难。"意义的探究，要求探究者与被探究者同情共感。故而小说家可以探究意义，诗人更常探究自己的意义，哲学家和史学家更常探究的是人群的意义。社会科学（'社会'+'科学'）的尴尬，就在于它探究的，是介于科学与人文之间的领域，于是在选择探究方法时左右为难。关于意义，最重要的性质是，它是网络状的而不是直线型的。吉尔兹的描述最真切：人是悬挂在意义之网里的动物。意义是网状的，所以基于意义或被意义驱动着的人的行为就是多因多果的，而不是单因果链的。其实，自然界的现象大多也是多因多果的。只不过不必探究意义，故而科学探究并不复杂。"②

这里反映出了社会科学，包括应用社会科学的教育研究，在界定研究意义上的困难，也许正是由于这种困难才造成了这一领域的研究者普遍对意义和价值问题的忽视。这种忽视突出地反映在教育研究论文中的研究意义和价值往往不是该篇论文真正的写作动机，而仅仅是一种形式主义、八股文式的"摆设"。论文真正的写作动机往往是为了职称、课题评审需要；自己或导师的课题项目任务，或者为了取得学位和文凭，以及找一份好工作的动机。重新审视研究的意义与价值，反思研究的动机，对于教育学科学术研究的创造性，具有重要意义。

4.2 教师的创造力与校长的创造力

在中国期刊网的期刊论文中输入"教师创造力"的篇名或关键词，会发现有关这一主题的研究少之又少，在这少之又少的文献中，仔细看会发

---

① 其他的研究动机可以包括：好奇心、兴趣；为了评职称、获奖或其他外在的好处等。

② 参见汪丁丁《复杂思维为何艰难》（http://wang-dingding.blog.sohu.com/303555890.html）。

现多数是讨论"教师创造力观",而非"教师创造力"的。也就是说,在我们研究者的视野里,教师自己是不具有创造力的,或者不值得研究教师自己的创造力;值得研究的是教师们如何看待创造力,以及如何看待学生和教学活动中的创造力。① 那么按照这个逻辑,教师如果自己真的没有创造力,他们/她们是否能教给学生创造力?或者没有创造力的教师是否是学生创造力教育的合适人选?此外,如果输入"校长创造力"的篇名或关键词,则相关研究更为缺乏,有关校长创造力的质性或量化的实证研究很难看到。

事实上,创造力领域虽然存在诸多争论,然而,最近几十年的创造力研究还是在以下观点上达成了共识:①创造力不是遗传得来,没有人天生具有创造性;有关创造力与生物学、认知神经科学的研究也表明,"创造性并不是在我们的基因中编码的。创造性是不可遗传的"②。也就是说,没有什么人生来就是有创造性的,创造性并不是天生就有的。智力、智商具有一定的遗传性,但是智力遗传、聪慧并不必然导致创造性,智力和智商并不能预测创造性。②从认识神经学的角度看,每个正常的、健康的人都具有创造性;"创造性基于普通的、日常的大脑加工,而不是大脑的特定区域。每个正常的、健康的人都能进行这样的大脑加工,它们服务于日常功能所需"③,这意味着创造性是任何正常人都具有的一种潜能。换句话说,"人皆有潜在天才,这是现代遗传学(人类基因组计划完成以来)主流的见解"④。上述有关创造性的观点也可以概括为人本主义的创造力观,这种传统的创造力是少数高智商天才独有的特异功能,同天才创造力观、

---

① 例如,黄四林、林崇德《中学教师创造力内隐观的调查研究》(《心理发展与教育》,2008年第1期,88-93页);张景焕、赵承福、李冬梅《关于小学教师创造力培养观的研究》(《教育研究》,2004年第3期,85-89页);程黎、庞亚男、程霞《10-12岁流动儿童教师课堂行为感知对创造力的影响》(《中国特殊教育》,2015年第4期,58-64页)。

② 参见Keith Sawyer著、师保国等译《创造性:人类创新的科学》(华东师范大学出版社,2013年,211页)。

③ 参见Keith Sawyer著、师保国等译《创造性:人类创新的科学》(华东师范大学出版社,2013年,235页)。

④ 参见汪丁丁《在凡人与天才之间——儿童教育政治学之九》(《IT经理世界》,2013年8月20日,118页)。还可参阅David Shenk. The Genius in All of Us: When Everything You've Been Told about Genetics, Talent, and IQ is Wrong, 2011。

精英创造力观截然不同。这一点我们在《学校积极领导力》一书中进行了较为详细的阐述。

既然人人都具有创造力的潜能，为何只有极少数的人将这种潜能发挥出来、释放出来？一个直观的解释就是，社会环境在压抑和阻碍每个人创造力的发挥。汪丁丁在对有关脑科学家关于天才儿童的研究综述中提到，来自兴趣和注意力的"激情"是激发创造力潜能的关键。[①] 而现实家庭中的"虎妈"和"狼爸"的威权式教养方式，以及学校和职场的消极领导力的管理，都恰恰是抑制"激情"和内在动机的。这是现实中只有极少数人能够表现出高度创造力的重要原因。极少数人之所以能表现出高超的创造力，是因为他们都具有很高的初始内在动机，也即他们对某些领域不仅仅是有兴趣，而且有超乎常人的浓厚的兴趣，高的内在动机是使这些少数人能够对外在环境产生"免疫"的关键。

回到学校中来，为何有关教师创造力和校长创造力的研究少之又少？有两种可能：一种是一线教师和校长的创造力活动并不少，而研究者集体选择了不关注这一问题，这种可能性比较小，因为这无法解释一种常见的现象却得不到教育研究者的关注；还有一种可能是教师创造力和校长创造力行为本身非常稀缺，难以进行有针对性的研究。这种可能性更大一些，更大的原因是现有的学校环境难以产生教师和校长的创造力行为。正如我们在《学校积极领导力探索》一书和本书的相关研究中显示的那样，以各级政府的教育政策和地方教育行政部门的管理方式来看，主要是一种控制导向的教育政策和管理方式，这种以控制导向为主要特征的教育政策和管理方式造成了学校管理中比较普遍的采用绩效考核、评优评奖、经验式管理、军事化管理、科层制管理和方便管理等为特征的消极领导力。学校在控制导向的教育政策和管理方式下，普遍呈现一种"外力制动"的发展状态。教师群体在这样的消极领导力下，也更多的表现为控制性的工作动机和非人格化的工作状态，为了外部的绩效考核指标、职称、绩效工资、评优评奖而进行工作，导致了学校工作处于一种重复性、算法式、机械式、常规性的状态。

---

① 参见汪丁丁《在凡人与天才之间——儿童教育政治学之九》(《IT 经理世界》, 2013 年 8 月 20 日, 118 页)。

尽管学校内外环境非常不利于教师和校长的创造性发挥，但是，仍然有少数的校长和教师在这样的环境中能够保持自己的内在动机以及对教育的热情，发挥自己的主动性和创造性，像成都武侯实验中学校长李镇西、北京十一学校校长李希贵、深圳明德实验学校校长程红兵、原复旦附中语文教师黄玉峰等，这些校长和教师之所以能在现有的环境中表现出自己的创造性，同他们自身有很高的教育初始动机有关。他们自己有非常高的内在教育动机，使他们可以在控制导向的大环境中仍然保持对教育的内在热情。正如我们在《学校积极领导力》一书中所提到的哈佛大学教授阿玛贝尔等人所做的"免疫实验"，高的内在动机可以令这些校长和教师对外在环境"免疫"。所以，在现有的教育大环境中，培养校长和教师的高内在动机非常重要，在这方面，积极心理学、积极教育有着非同寻常的作用。

从教育政策和教育行政管理大环境来看，要改变学校工作的重复性、机械式、算法式和常规性，就必须转变现有的教育政策和行政管理方式的导向。不论是传统的行政化管理，还是现在大行其道的绩效导向管理，都是以控制为导向的管理方式，它们激发起的更多是教师和校长的控制性工作动机，即为了外部的职称、绩效工资、评优评奖而工作的动机。只有将控制导向的教育政策和行政管理转变为自主支持导向，才有利于教师和校长以自发性动机、内在动机进行工作，学校工作才可能转变为探究式、挑战性、复杂性、创造性的状态。

4.3 校长的经验与创造力

深圳市明德实验中学校长程红兵，在一篇对教师的荣誉奖励的评论文章①中表达了他对目前这种太多外部奖励的批评。他从目前学校中各种名目繁多的、为了激励教师的奖励荣誉现实出发，"比如为了激励教师，各级政府评选各种级别的优秀教师、优秀园丁、优秀教育工作者；各级教育专业部门评定各种级别的骨干教师、学科带头人、特级教师；人事部门会

---

① 《教师需要的是自由，而不是注定被嘲讽的荣誉称号》（http：//chuansong.me/n/455706451778）。

同教育部门给教师们评聘初级教师、中级教师、高级教师"①。这种名目繁多的奖励荣誉所起到的作用是什么呢？他发现"若干次评选之后，若干年评定之后，我们的这些职称、称号都毫不例外地贬值了"。为何这些职称、称号会贬值？程校长认为，"这种评选最大的问题就在于把教师们引向教育以外的东西，引向功利的目标，外在的功利目标会败坏教育内在的价值目的，从而背离初衷，走向南辕北辙。"看到这个解释，不知读者作何感想，笔者首先想到的就是这个观点同哈佛大学教授阿玛贝尔提出的"创造力的内在动机原则"，以及罗切斯特大学教授德西和瑞安有关外部奖励对内在动机的元分析研究，是一脉相承的。再看下面的陈述："我们为什么不能更多地引导教师热爱教育本身、引导教师热爱教学本身，让教师们热衷于跟孩子们一起玩耍、痴迷于跟孩子们一起学习、醉心于跟孩子们一起探究，我深知这是非常不易的，但我也深信在今天教育的土壤里肯定有这样的人，肯定有这样的学校，肯定有这样的事件、事实、细节，我也坚信当功利主义走到极点的时候，人们更多地会反思我们到底需要什么样的教育，什么才能真正使人幸福快乐，教育究竟应该如何才能造就人才，教师究竟应该成为怎样的教师。"这段陈述非常清晰地表达了教师从事教育的内在动机。这是被他称之为"理想教师"的人："我心中的理想教师，就是一种我称之为自由教师的人。自由是这些教师身上的本质属性，就是不受社会的各种诱惑所影响，不受各种功利的目的所左右，他们就是因为热爱教育本身，就是热爱学科教学本身，他们就是喜欢跟孩子们在一起，喜欢按照教育教学的基本规律，按照孩子们自身成长的规律，尽自己所能帮着孩子们学习知识、掌握技能、热爱学习，喜欢静静地看着孩子们慢慢成长，成长为一个好人、一个有益于社会的好人。"

在提到"理想教师"时，程校长举出了他任上海建平中学校长时本校的一位信息技术教师阴卫东。阴老师对信息技术的热情体现在专注和不受外界各种荣誉的干扰上：对家教、课题研究、撰写论文、出版专著、评优秀教师、申报特级教师都没有兴趣，很少把精力放在这些外在的奖励荣誉上，同时作为奥赛金牌教练，却呼吁将奥赛热降温。这位教师"只对教育

---

① 《教师需要的是自由，而不是注定被嘲讽的荣誉称号》（http：//chuansong.me/n/455706451778）。

本身有兴趣,所谓的教育本身,就是他喜欢他的学科"。这就是内在动机驱动的结果。

程校长基于自己从事教育工作的丰富经验,获得了同创造力研究、心理学研究一致的发现。尽管如此,这里还是需要指出,同科学研究相比,经验是有局限性的,那就是无法区分德西和瑞安所提出的控制性动机同自发性动机的差别,以及这两种动机对创造性的影响有何差异。

4.4 领导风格与组织创造性的关系

在《学校积极领导力》一书的第二章中,我们讨论了积极领导力和消极领导力,这两者之间一个重要的差别就在于是否有利于组织成员多数人的想象力和创造力的发挥,换句话说,组织中的创造性和想象力是个别人的、少数人的,还是能够营造出多数人都可以发挥想象力和创造力的环境氛围,令多数组织成员都可以产生创造性,从而达到组织的创造性。积极领导力推崇参与式的管理,这样做不仅仅是让组织成员都有更高的组织归属感,而且更有利于多数组织成员(尤其是普通员工)在工作中发挥自身的想象力和创造力。而消极领导力中比较常见的控制型管理,科层制命令式的管理方式,其组织创造力主要取决于领导者,其代价则是压抑了多数成员,尤其是普通成员的创造性发挥。那么积极领导力同领导风格之间有什么样的关系?从领导风格的角度看,不同风格的领导方式会对组织创造性产生什么样的影响呢?下面这个案例来自"教育管理学"课程的学员陈晓晨:

关于此问题(领导风格与组织创造性之间的关系),我想就之前经历的不同风格的领导带给员工的影响说明一下。在阐述此实例之前,为对实例做更好的理论说明,现将实例中会用到的两种领导理论简述如下:

第一种,由美国著名心理学家勒温等人提出的领导风格理论认为,专制型、民主型和放任型三种不同的领导风格会对团队氛围和团队成员的工作绩效有不同程度的影响。

第二种,美国俄亥俄州立大学的研究人员弗莱西曼和他的同事们关于领导方式的比较研究,从两个维度——领导方式的关怀(consideration)维度和定规(initiation)维度对领导行为进行分析。将领导风格分为四种,如图 4-1 所示。

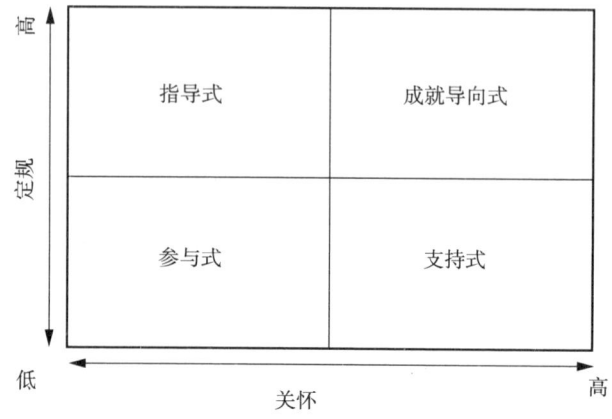

图 4-1　四种领导风格

在接下来的实例中,我将把两种理论结合起来来描述我的两个领导,我认为这样对我领导的描述会更加准确。

(1) 民主型领导风格与创造性的关系及参与式管理对团队成员创造性的影响

民主型的领导者非常注重对团体成员的工作加以鼓励和协助,他们关心并满足团体成员的需要,会营造一种民主与平等的氛围,领导者与被领导者之间的社会心理距离比较近。成就导向型领导者设定具有挑战性的目标,同时鼓励部属尽其所能完成目标。这种领导者会重视工作或任务的达成,也会对部属极其关心。参与式管理指在不同程度上让员工和下属参加组织的决策过程及各级管理工作,让下级和员工与企业的高层管理者处于平等的地位研究和讨论组织中的重大问题。在这种领导风格下,我认为会促进、激发团队成员的创造性,让全体成员为了团队更好而更加努力地发挥自己的聪明才智。

2008 年我进入 T 校①工作时,在东三环的 J 分校任学管主任,当时的校长属民主型和成就导向型的领导者。正是他的这种领导风格让 J 校的经营一直处于增长的状态,全校员工群策群力,不断推陈出新。可以说,每个人都发挥出了自己的创造力。

---

① T 校为课外辅导培训学校。

校长在学校被我们亲切地称为"大人",这个称呼足以显示我们之间的距离不远,不会对校长敬而远之,也表明了他的权威地位。他会对分校经营提出很高的目标,希望我们为实现目标全力以赴。他非常关心每一个员工,在老师下课很晚或者有补课的时候,他总是给老师点上温馨盒饭;在员工之间或者员工与家长之间出现矛盾的时候,他总能第一时间出现,拿出让双方满意的解决方式。在这样的民主型校长的领导下,学校的凝聚力非常强,每个人的创新能力都得到了发挥。

在学校的具体运营过程中,他一直给分校设置很高的、很有挑战性的目标。比如,2009年2月,我分校的在校生只有240人,他提出用一年的时间让在校生达到400人的目标。当目标提出来的时候,分校的每个人都傻了眼,因为J校自2004年开业,用了5年的时间在校生才达到240人,赫然提出达到400人的目标,而且在一年的时间里使在校生增长160人,简直是天方夜谭。接下来的日子里,每周开校务会(全员会议),我们都要讨论一下如何实现这个目标,校长的参与式管理,让我们每个人都备受鼓舞,感到自己与学校之间强烈的纽带关系,同时也感觉自己有责任让学校实现这个目标。

要实现这个目标必须做到两点,一是招生,二是续读,也就是要提高家长和学生的满意度,让在校生不断增加的同时防止在校生的掉队。招生方面,有两点困难:一是我校主推的课程属中高端课程,面对的是收入较好的家长,这就使得客户群非常局限,而且这部分家长对服务非常挑剔。二是销售团队刚刚组建,对咨询课程还不是很熟悉,需要一段时间的培训。为了扩大客户群,销售团队想了很多办法,比如,他们提出了"将商圈范围再扩大3公里"的口号。为了让孩子拿到传单后不扔,在苏宁看到空调促销广告中的风车时,他们设计了风车的传单,美观而且传播性强。为了提高家长满意度,学管团队也想出了很多办法,比如督促孩子的背诵,对孩子进行电话辅导,教师团队每天冥思苦想不同的竞争机制,争取每周推陈出新,让孩子们每次来上课都有不同的竞争机制,提高孩子的兴趣和参与度。就这样,在全员参与、全员创造的情况下,有效地促进了招生,减少了掉队。到2010年3月春季招生结束的时候,在校生达到了410人。不但达到了目标,而且超出了10人。

我在这里想提一个展示我创造性的实例,以此来更加详细地说明民主型领导对我的创造性的影响。2009年春季招生的时候，校长刚刚提出招生400人的目标，但到了第3周，招生出现疲软，这是培训行业很正常的现象，于是我们开始研究怎么让春季的招生业绩再冲一冲。当时的方向是再推出一些促销活动，既能保证在总校允许的范围内，又不至于担负太多成本，而且要对招生有极大的促进作用。看似很难的事情竟然在一次我跟家长聊天的过程中解决了。通过与家长的聊天，我了解到家长想周末带孩子到郊区玩一玩，但是苦于课程的安排，一天来回时间很紧张。当时我就想，那不如我们带孩子出去玩好了，于是，在校务会上我提出了这样的促销方案：学校组织一次"采草莓、放风筝"郊游活动，价格定在168元，如果有两个孩子同时报名，优惠50元，如果带外部孩子来报名，优惠80元。就这样，组织活动的当天，一共有65个孩子报名，其中有18个外部孩子，当然这18个外部孩子中有12个发展成了我们的学员。这样就同时解决了成本和招生的问题，后期经过改良，我们在暑假、秋季、寒假招生，又增加了"报名送当季活动"，大大提高了报名的吸引力。这次创造性的设计后来被推广到全校，之后成了常规的活动。

我之所以会有这样的一个创意，我想跟"大人"的领导风格是分不开的。第一，"大人"的民主型领导风格，尤其是参与式管理，让我感到对这个学校深深的责任感，把学校的事情当作自己的事情，同时，在自己的创意得到采纳后，收获很大的成就感。第二，"大人"的民主型领导风格让我可以很放松地提出意见，而且知道不管提的是什么意见，只要是在共同决策的过程中觉得好的，都会得到实施，而且"大人"会帮助协调各方利益关系，保障实施。即使提的意见很烂，大家也就一笑了之。因为"大人"不会羞辱你的智商。总之，通过这个实例，可以看到民主型领导风格确实会促进团队成员的创造力发挥，而参与式管理也能极大地提高团队凝聚力和团队成员对团队的责任感，从而让他们更好地发挥自己的创造性。

（2）专制型领导风格与创造性的关系及专制式管理对团队成员创造性的影响

专制型领导者只注重工作目标，对团队成员不够关心，团队成员均处于一种无权参与决策的从属地位。在这种团队中，团队成员与领导者之间的社会心理距离比较大，容易使群体成员产生挫折感和机械化的行为倾向。团队的目标和工作方针都由领导者自行制定，具体的工作安排和人员调配也由领导者个人决定。团队成员对团队工作的意见不受领导者欢迎，也很少会被采纳。专制型领导对工作最注意的是，让部属清楚领导对他们的期望、完成工作的程序和完成任务的方法，他们对部属较为严格，忽视部属的感受。专制式管理权力集中于领导者个人手中。被领导者没有参与管理的机会，只能服从领导，满足感低。被领导者在受到挫折时，会相互推诿责任。我认为，在专制型领导的领导下，团队成员是无法发挥创造性的，任何有创造性的东西都容易被打压。

2011年，我进入总部担任人力资源总监，直接上级是集团董事长，也是T校的创始人。董事长的称呼不是某董、某总，而是"先生"。先生作为称呼，字面的意思表示年龄比自己大的，以此外延为对有一定地位、学识、资格的人的称呼。古汉语"先生"一词是对有学问者的尊称，并非所有人都可称为先生。从这个称呼中可以看出来，他要求所有人必须尊敬他。这是典型的专制型领导。

当然，从他创建的企业文化中也可以看出他的领导风格。企业文化中有一条为"执行，无条件执行，在执行中加强理解"，这是T校员工的行为准则。进入总部之后，之前的一个领导也在总部工作，她给我的嘱咐就是"少说话，不管先生说什么，都不要回嘴"，我也谨遵这一条规定。一个被领导者在连话都不敢说的时候，她的创造性该如何发挥？学校共有7位股东，当然先生所占股份最多，其他6位股东无不唯他马首是瞻。东北的某位股东负责研发工作，但是在遇到资金和人员困难的时候，先生就让她自己想办法，等她想出办法之后先生又会对她的办法做100%的否定，而且痛斥她没有尽心。试问，在你刚要发挥创造性就被全盘否定的情况下，你又怎么能树立信心，怎么能有下一次的创新呢?!

还是讲一个我自己的例子。我刚进入总部不久，由于之前提到的人才瓶颈问题，各校面临亏损，于是先生提出要空降CEO，征求我的意见。我综合考虑了T校的状况之后认为并不适合空降CEO。首先，空降CEO成本非常大，现在的各校本就亏损，空降CEO只能加大亏损。其次，空降CEO并不适合T校的企业文化，需要培养一段时间，而培养一段时间之后如果适应不了而离职的话，会造成一线员工更大范围的恐慌。我非常庆幸先生采纳了我的意见，并赞扬我从全局出发。但是过了2个月之后，先生又调转了口风，说我低估了公司的实力。经历此次事件之后，我也只能唯唯诺诺听之任之了。

不可否认的是，先生为人睿智，每次做决策的时候都会征求下属的意见，只是现在我们认为征求我们的意见也没有必要，庆幸的是他现在做的事情正在带领 T 校走出泥潭。先生就像 T 校的家长，这种家长式的作风也拉大了他与被领导者甚至他的股东的距离。而作为员工的我们，只需要消极执行、盲目服从就可以了，因为任何创新都将遭到打击。

通过这两个实例，可以看到，不管是自己解决问题（东北小股东解决研发问题），还是在决策的过程中提自己的想法（亲身经历），专制型领导风格确实会阻碍团队成员创造力的发挥，而专制式管理也让团队成员将注意力放在执行指令上，在这样的情况下，谈对团队的责任感和对工作的创造性总会让人感动无力。

上述案例中，两位领导者"大人"和"先生"在组织中展现出截然不同的两种领导风格，一种是民主参与式管理，另一种则是家长式、控制—命令型管理，作者"陈晓晨"用实例来说明这两种不同的领导风格对组织成员发挥创造性的影响。显然，"大人"这样的民主参与式管理更符合积极领导力的精神，也更有利于组织成员创造性的发挥；而"先生"这种家长式的管理风格则常见于消极领导力的组织，不利于组织成员创造性的发挥。

4.5 对创造力进行评价

对创造力进行评价是一个现实问题，而现有的评价制度主要呈现出绩效考评与量化指标这样的特点，基于绩效导向的现有评价制度对创造力而言相当不利。

在人才招聘和职称评定时，难免需要对当事人的学术水平进行判断。现有的评价制度是一种比较明显的方便管理措施，如以论文发表的刊物级别、以获得过的各种级别的奖励、以主持的课题项目级别作为对当事人的学术水平判断，之所以说这是一种偷懒的方便管理的办法，主要是因为这套办法简便、容易操作，但却有很多坏处。首先是导向问题。这种绩效评价方式是一种控制导向的评价方式，当事人在这种评价方式下，必须迎合绩效评价的指标，工作要以外部的刊物级别、各种奖励、不同级别的项目作为目标，以控制性动机进行工作。这种控制导向导致的工作动机，长期来看会带来当事人的创造力水平下降。对于那些少数坚持不以绩效指标为工作目标的人来说，很容易导致不公平感，在职称评定、人才招聘、各种评优评奖上都会有直接的损失。其次，这种方便管理的绩效考评办法鼓励短期行为，这是目前国内学术界非常普遍的现象，就是追求论文的数量，而忽视了原创性和创造性。第三是现有的绩效考评办法并不能真正反映出学术水平的高下。刊物级别、影响因子会在一定程度上反映出学术成果的水平，但实际情况要复杂得多，不同学科差异非常大，理工科同人文、社科就非常不同。北京大学中文系教授陈平原在谈论人文学科的评价问题时表示，"我不相信刊物的级别问题，好的杂志有很严格的评审制度，它会把不好的文章卡住，但是也会把棱角鲜明的东西卡掉……重不重杂志，看什么样的杂志，以及他们选聘的评审专家。理工科论文有影响因子作为判断的依据，但也不是绝对的。人文学科的情况更复杂，好论文不见得发在影响因子最高的杂志上。用图书馆学家的眼光与方法来引导学术，不是一个好的思路。"①

在职称评审上，陈平原提到的办法可以作为各个学科的借鉴："职称评审中，第一，要取消名额制；第二，要改内部评审为外部评审。外部评审，可以通过匿名评审和学校保密两方面来避免人情压力。"② 职称评审中的"人情压力"、人际关系因素并不是人文学科所独有的，在大学各个学科评审中都存在。至于外部评审如何避免人情压力，陈教授提出，"第一是匿名评审，第二是学校保密。这不应该由院系来操作，应该由大学的相关部门来操作。主事者签订保密协定，泄密会被开除。作为申请人，你有权提供一个名单给他们，选哪些，他们来定；最后收回来的评议，如果有强烈争议的，可以另外找人，如果不是的话，主事者不可能改变这个结

---

① 参见陈平原《人文学科学术评价的 7 个问题》（《中华读书报》，http://www.vccoo.com/v/a73ed7）。

② 参见陈平原《人文学科学术评价的 7 个问题》（《中华读书报》，http://www.vccoo.com/v/a73ed7）。

果。"① 长远来看,对创造力的学术评价需要"在学术共同体内部建立起一套民主的讨论与协商机制,通过竞争性的评审、对学术的专业讨论、多种价值与利益的博弈、协商与投票,逐步建立起学术共同体的内在价值标准和程序性规范"②。

---

① 参见陈平原《人文学科学术评价的7个问题》(《中华读书报》,http://www.vccoo.com/v/a73ed7)。
② 参见许纪霖《回归学术共同体的内在价值尺度》(《清华大学学报》,2014年第4期,78-82页)。

第 5 章　积极心理与积极教育

5.1　教师因果导向类型的转变案例

我们在第 2 章讨论教师职称制度的控制导向对教师工作动机影响时，提到了华南师范大学政治学教授郭台辉的案例。在郭台辉教授自述的个人经历中，有几件重要事件值得深入探究，或者称之为他的关键事件。

第一，是他在中学担任了三年的英语教师。他于 1997 年 7 月从原宜春师专外语系毕业，之后被分配到江西万载株潭中学任教。① 在株潭中学任教的三年里，他基本处于一种"随大流"的工作状态："在中学任教时期，除了备课和上课，就是打球和打牌，没有安心学习，也从来不思考未来。经过一年起早贪黑、疲惫不堪的繁忙工作之后，一种无聊感和无意义感开始涌向心头，觉得这样一辈子在中学里混，可能娶媳妇都很困难，怎么可能回报曾经对自己殷切期待的家中父母与诸兄弟呢？"② 这种"随大流"的状态反映出一种非人格化的倾向，这样一种无压力的工作状态也导致了一种"无聊感和无意义感"。正如我们在《学校积极领导力探索》第 5 章"汉堡模型与因果导向类型"部分所讨论的，非人格化倾向带来的是一种享乐主义和虚无主义的状态。当然，在这种非人格化倾向之下，也不可能建立对教师职业的认同感。这让我想起初到湛江师范学院任英语教师的黄

---

① 参见郭台辉教授个人简介（http://baike.baidu.com/item/%E9%83%AD%E5%8F%B0%E8%BE%89/9774384？fr=aladdin）。

② 参见郭台辉《我的学术逆袭之旅》（http://www.aisixiang.com/data/101222-5.html）。

景老师①。黄景老师在其个人职业生涯的第一个阶段"悠闲的教师生活和模糊的社会定位（1988—1995）"，也有与郭台辉类似的经历，处于一种不认同教师身份的状态。

第二，是考取厦门大学的硕士研究生。尽管考取了厦大的硕士研究生，但是郭台辉的非人格化导向并没有改变，相反，还有强化的趋势："进入厦门大学之后，突然发现自己土得掉渣，不知道如何使用学校基本生活用品，包括银行卡、公交卡、电话卡、饭卡、电脑、上网等。更不用说，上专业课时那种因什么都不知道而造成茫然不知所措的痛苦感受，甚至公共英语的课堂也使自己出身英语专业的自豪感洗刷得一干二净。自己完全类似于一个刚入学的大学生，但年龄上却已经大出近十岁，内地与沿海、乡村与城市之间在各方面的强烈反差在我这里瞬时展现，我完全没有了刚拿到录取通知书时的那种新鲜感与兴奋感，反而是一种从未有过的强烈自卑感涌上心头。"② 不仅在厦门大学的生活遇到各种不适应，产生自卑感，在学业上同样遇到麻烦："我这个半路出家的大龄学生缺失主流大学科和核心课程的系统性和规范性，更没有社会科学研究方法的指导……因为自己毫无基础知识的积累，看不懂所指定阅读的文献，听不懂老师所说的经典人物和专业术语，更不用说参与课堂的讨论。这种学习状态真是让我痛苦不堪。原本很活跃的我，却难以融入同学们的轻松氛围中，性情变得古怪，沉默寡言，异常敏感，怯弱，不想与任何人打交道，喜欢独来独往，自感到与厦大名校这种浓厚的人文环境似乎格格不入。"③ 在这种生活上自卑、学业上痛苦不堪的状况下，尽管郭台辉也通过去图书馆广泛阅读进行恶补，但是"随大流"的状况并未改观。在硕士阶段准备考取博士仍然是受堂兄郭忠华的影响："忠华兄刚考上复旦大学政治学博士，这种现实的可行性与便利又强化了我继续搏击的意识，增强了信心，鼓足了勇

---

① 参见《学校积极领导力探索》第二章"教师因果导向类型的转变"，或黄景《教师身份、教师能动、教师自主：二十年从教经历的反思》（《教育学术月刊》，2010年第8期，28页）。

② 参见郭台辉《我的学术逆袭之旅》（http://www.aisixiang.com/data/101222-5.html）。

③ 参见郭台辉《我的学术逆袭之旅》（http://www.aisixiang.com/data/101222-5.html）。

气。所以，在研二下学期，我就开始转入考博节奏，基本每天都在图书馆里，按照考博对公共英语和两门专业课程的要求，展开政治学基本知识的全面提升。"①

第三，是攻读复旦大学政治学博士学位。从学业上说，郭台辉的不自主、非人格化导向仍然在持续："我的博士选题肯定难以关联到中国现实问题研究。由于自己的浅薄知识严重缺乏历史基础，更不可能是中国的历史问题，我只能做西方观念意义上的文本梳理，但又不可能从事西方经典思想、理论的哲学思辨性审视，也难以参与当代西方政治哲学的问题争论，只能通过大量同一主题的最新文献，做一点大陆学术界鲜有涉及的西方前沿理论。在这个意义上，我就被逼到当代西方社会政治理论研究这条道上来了。"② 也就是说，他在博士阶段的研究方向并非是兴趣、好奇心等内在动机驱动的结果，而是由于自身基础薄弱，既无法做中国现实和历史问题的研究，又无法做西方经典思想的哲学思辨研究，西方社会政治理论研究是"被逼"出来的。正如他在博士论文选题时所说，"西方社会政治理论研究……作为一个盲目无助的后来者，从中怎么挑选一个三年能做出来并且顺利毕业的题目？"③ 其中"盲目无助"恐怕是对他在学业上非人格化导向最贴切的表述了。在这种状态下选出的博士论文题目在郭台辉本人来看，也是不确定的，随时准备更换的。"其实，当时好几位老师与同学都不怎么看好我的鲍曼思想研究这个选题，认为我花三年宝贵时间做与中国毫无关联的二流学者思想研究，意义不大，没有前景。我每次提到论文选题，都被追问'鲍曼是谁？''为啥值得研究？'。实际上，这些问题我自己也说不出所以然。很多情况下，没等我讲完，听众的回答都是'不懂'，而其他做中国研究的同学总能找到本系老师或者师兄请教，这种反差让我产生一种孤独无助和焦躁不安的感觉，甚至整个学期我都感到很茫然，并同时到处找可替代的新选题……在第二学期开始，我已经找到三个替代性

---

① 参见郭台辉《我的学术逆袭之旅》（http：//www.aisixiang.com/data/101222-5.html）。

② 参见郭台辉《我的学术逆袭之旅》（http：//www.aisixiang.com/data/101222-5.html）。

③ 参见郭台辉《我的学术逆袭之旅》（http：//www.aisixiang.com/data/101222-5.html）。

的选题，一是公民身份研究，二是社会资本研究，三是现代化理论的反思。同时也给自己确定一个底线，这些主题如果自己没能力做，就只能选择鲍曼思想研究。"① 在博士学业的不自主、非人格化导向之下，也表现出郭台辉为了完成外在的学位、学业要求，而以控制性动机进行的论文写作："我记得，那时候自己开始有一个较严格的、倒计时的时间进度表。一般是六月初博士论文答辩，四月份进行预答辩，之前还要预留时间修改全文和找工作。所以论文初稿必须在第三学年的春节前完成。以这个时间为 deadline，计算下来只有两年完整的时间。其中需要准备半年的时间写作，只剩下一年半时间的收集资料、阅读与思考。"②

第四，是郭台辉的大弟生病来上海找他。这次意外事件带给他的影响是对学业论文的耽误："实际上，在随后那刻骨铭心的几个月，我基本上是白天或是陪他去医院，或是去一个职业学院兼课，晚上才思考自己的论文。经济压力、论文压力、就业压力，在这三座大山的重压下写博士论文，不仅进度缓慢，五个月才完成一章，而且质量明显不如之前的好。"③ 新增加的三重压力导致的是论文质量的下降，这也印证了有关压力对创造力负面影响的研究。

第五，是博士毕业后到华南师范大学任教。刚进入教职岗位的这段时间，主要是以控制导向为主："就这样，不知不觉，一个学期就在各种压力下忙忙碌碌过去了，但自己的研究似乎还没有认真考虑过……不能挪用博士论文，这对于一个仍沉醉于其中的新毕业博士来说，心里顿感压力巨大……这双重压力使我陷于一种无名的焦虑感中，痛苦的程度不亚于三年前论文选题的那种茫然寻觅。"④ 在初入职任教的这段时间里，郭台辉刚度过博士论文写作的压力，弟弟治病造成的各种压力，又身处工作的各种压力之中，似乎他的生活和工作主要是依靠各种压力推着往前走，还未看到

---

① 参见郭台辉《我的学术逆袭之旅》(http://www.aisixiang.com/data/101222-5.html)。

② 参见郭台辉《我的学术逆袭之旅》(http://www.aisixiang.com/data/101222-5.html)。

③ 参见郭台辉《我的学术逆袭之旅》(http://www.aisixiang.com/data/101222-5.html)。

④ 参见郭台辉《我的学术逆袭之旅》(http://www.aisixiang.com/data/101222-5.html)。

他自己的自主选择、自发性动机的迹象。重重压力推动之下,他开始了博士毕业后的所谓"转型",学习定量方法和翻译。郭台辉"忍痛割爱",离开博士期间的鲍曼研究,进行了所谓的"转型"。我们的问题是,这是由于外在环境逼迫的结果,还是他本人的自主性太低?据郭老师本人的分析,他之所以判断"博士论文的出版意味着自己的鲍曼思想研究也可能到头了"主要基于两个原因:第一个原因是,"博士论文一旦出版是不能再重复发表的……不能挪用博士论文,这对于一个仍沉醉于其中的新毕业博士来说,心里顿感压力巨大。"显然,这不能成为他不继续研究鲍曼的理由,博士论文仅仅是研究的一个阶段,如果真的对鲍曼研究感兴趣,完全可以继续研究。第二个原因是,"我也尝试用博士论文没有用过的材料,撰写鲍曼思想的其他内容,但任何投稿都是石沉大海,毫无回音。"显然这也不是不能继续的必然理由,投稿没有回音,可以出书、翻译或采取其他的形式继续鲍曼研究。这两点之所以能够终止郭台辉对鲍曼的研究,主要是因为影响到了眼前的生计:"必须转入新的研究主题,否则就难以在学术道路上维持生计了。"然而,在笔者看来,这里所谓的"生计"其实是外在职称、待遇这类"发展"问题。所以,这种博士之后的"转型",两方面的因素都有,既有现实发表、评职称的压力,又有郭台辉本人自主性低的问题,两相结合,就导致了一个三年左右培养起来的研究兴趣被"转型"了。"为了在学术道路上求得生存,我不得不忍痛割爱,告别鲍曼研究,隔断与博士论文的联系。当时辛辛苦苦从各地收集来的诸多关于鲍曼思想的著述,没日没夜研读鲍曼思想并翻译整理相关文献的大量笔记,也束之高阁。如今,一沓沓沉甸甸的论文复印件和装订完好的复印的书籍堆得几尺高,躺在办公室书橱一个冷僻的角落,无人问津,纸张开始泛黄,并发出某种霉味。虽然新的研究领域还没有完全进入,但已经釜底抽薪,结束了对鲍曼思想的跟踪与关注。"[①]

从学者职业成长的角度看,郭台辉的这次"转型"是非常可惜的一件事情,他明明对鲍曼思想的研究有兴趣,并取得了一定成果,但却要"忍痛割爱"。避免青年教师成长过程中被这样"转型"的悲剧,需要两方面

[①] 参见郭台辉《我的学术逆袭之旅》(http://www.aisixiang.com/data/101222-5.html)。

的努力：一是学校职称和待遇评价制度的深刻变化，即从控制导向的评价制度转换为自主支持的反馈。一方面，正如陈平原教授所说，职称评审应取消名额限制，改内部评审为真正匿名的外部独立评审；提高青年教师的工资待遇和收入。另一方面，青年教师应增强自身的自主性，对自己认定的研究方向应有坚定的信念，对外部评价机制应培养自身"免疫"的能力。

"转型"的过程并不顺利："博士毕业随即就遭遇研究转型的辛酸与苦楚，表现为既要冷血告别'热恋'多年的鲍曼思想研究，又要重新去苦苦'追求'另一个'精神恋人'——曾经擦肩而过的公民身份研究。这种徘徊、犹豫、挣扎与坚持一直延续了至少三年之久……直到2011年，我才明确自己的研究主题是公民身份的理论与历史，研究方法是概念史与历史社会科学，并正式写进个人学术简历。这意味着，博士毕业之后的五年都是充满'酸辣'味的转型过渡期。"①

"转型"之后的郭台辉，从博士期间的鲍曼思想研究转向了公民身份研究。在这个领域，"撰写几篇相关论文，很容易就被期刊录用了，在学术界也得到一定的认可"②。2009年中国政法大学举办首届政治思想史方法论研讨班，以及后来受邀请前往纽约大学社会学系做访问学者，都对这一新的研究方向起了积极的作用。而唯有为了晋升教授申请的国家级社科基金项目对此起了负面作用。这一点我们在前面第2章"控制导向的职称制度对教师工作动机的影响"部分已经做过分析，这里不再赘述。在这篇回顾经历的结尾，郭台辉老师已经认定公民身份研究和研究方法作为"准备付诸终生"的研究方向，呈现出自主性逐渐增强的趋势。

在郭台辉老师的个人经历中，攻读厦门大学的硕士研究生和复旦大学的博士研究生，通过这两次学历提升和深造改变个人处境，以及工作后参加国内研讨班和出国进修这样的职业进修，改变个人的因果导向类型是比较明显的一种职业发展路径，这同黄景老师的经历也非常相似。自主性的提升和自我身份认同（通过研究方向与研究主题体现），是这两位教师职

---

① 参见郭台辉《我的学术逆袭之旅》（http：//www.aisixiang.com/data/101222 - 5.html）。

② 参见郭台辉《我的学术逆袭之旅》（http：//www.aisixiang.com/data/101222 - 5.html）。

业发展经历中共同的特征。

5.2 空心病与致良知

北京大学心理健康教育与咨询中心副主任、总督导、精神科主治医师徐凯文基于多年的心理咨询经验，提出现在的大学生得了一种"空心病"。① 徐医师认为，导致这种"时代空心病"的正是存在于当下时代的"土壤"：功利化的应试教育。

在徐医师有关"空心病"的文章和讲演引起关注后，虽然对这个话题仍然有不少争议②，但更值得关注的是解决"空心病"的建设性意见。从学校积极领导力的角度看，积极教育、积极心理学是应对"空心病"的有效方式；徐医师则针对功利化应试教育提出了真善和美的价值观教育的可能性；③ 除此之外，另外一种引起关注的方式是北京大学教育学院文东茅教授提出的学习王阳明"心学"，致良知的方法。

文东茅教授提出"心学"作为应对"时代空心病"的背景是，自己曾经遇到类似的困扰："我自己就得过某种程度的空心病，在一段时间内没有生活和工作的方向感、意义感，总想着辞去行政职务、退休。"④ 在笔者看来，文教授所说的"空心病"并非徐凯文医师所说的"空心病"，而是接近于职业倦怠的一种表现。至少从症状来说，文教授的表现比徐凯文医师所说北大学生的症状表现要轻得多。那么这个"心学"到底是什么？对解决"空心病"是否有帮助？"心学就是研究心、发现心、使用心的学问，就是一种身心之学、修心之学。阳明先生认为，每个人都有一颗良知之心，只是被物欲、私欲所遮蔽了，致良知就是找回自己本身具有的清澈的良知之心，就是回答孟子'求放心'的问题……徐凯文老师说'空心病'

---

① 参见徐凯文《时代空心病——功利化应试教育之祸》（https：//zhuanlan.zhihu.com/p/21651116）。

② 参见《"空心病"事情始末及各方观点》（https：//zhuanlan.zhihu.com/p/23905194）。

③ 参见徐凯文《时代空心病——功利化应试教育之祸》（https：//zhuanlan.zhihu.com/p/21651116）。

④ 参见文东茅《用心学防治"空心病"》（http：//www.zgcxjy.com.cn/3g/view.aspx？m_id=1&id=5005）。

是比抑郁症还严重的心病，许嘉璐先生说，阳明心学是治疗当今社会癌症的一剂良药。心学治心病，心学就是治空心病的良方良药。"① 据文教授回忆，他是 2016 年 3 月 15 日开始学习致良知的"心学"②，"今年 3 月 15 日，一个偶然的，但现在想来一定不是偶然的机会，让我接触了阳明教育研究院，让我开始了致良知的学习"③。48 岁开始"心学"的学习，此前，文教授"主要研究领域为教育制度、教育政策与教育管理，对高校招生与就业、教育民营化、民办教育、教育均衡发展等领域的制度和政策有较专门的研究"④。"心学"致良知的研究同他以往的研究领域和方向有着非常大的差异，并不是一脉相承的，"心学"研究可以说已经跳出了传统意义上高校中教育学科的范围，更接近国学、传统文化研究。那么，是什么力量导致文教授这样巨大的一个研究转向呢？正是上面提到的"空心病"的出现，让他转到"心学"的方向。不然，从一个大学教授的职业生涯发展来说，没有任何原因会导致如此之大的研究转向。

文东茅教授在自己职业研究中的这一转向，令人想起黄西 31 岁从大学和公司的生物化学专业转向脱口秀，央视的主持人张泉灵 42 岁辞职转向投资公司，王石 52 岁放下万科公司的业务跑去登山等一系列我们称之为"自我实现"的行为。

文东茅教授通过"心学"应对"空心病"，至少在他自己身上收到了立竿见影的效果：在短短不到一年的时间里，"当我学习阳明'心学'之后，我意识到这其实是自己的心中'小我'意识太强，所以会感到'空荡荡'的。当我心中有了学生、有了对中国教育更深切的关怀，我的生活更充实，心也就更充实了，空心病就在不断去除。现在我的工作热情空前高涨，每天早上五六点就起床，自己学习，督促学生学习。我给学生上课，不再是一周上一次就走人，而是上'水课'，我们建立微信群，一周七天

---

① 参见文东茅《用心学防治"空心病"》（http：//www.zgcxjy.com.cn/3g/view.aspx?m_id=1&id=5005）。
② 参见《北大教授文东茅：学习致良知，利己利他利天下，我怎能不'着急'？》（http：//mt.sohu.com/20170304/n482365918.shtml）。
③ 参见文东茅《天降大任，唤我心归来》（http：//www.zhisland.com/newmedia/yangming/live10.html）。
④ 参见 http：//www.gse.pku.edu.cn/szdw/jxkyry/jyglyzcx/22238.htm。

随时与学生在一起，我们追求的是'上善若水''水滴石穿''水润万物'。我还主动在贵州修文、江西井冈山等地开展'良知教育'试点。从今年（2016 年）5 月 27 日第一次到修文之后，一百天内我去了五次修文，还带着修文的老师三次到石家庄、北京学习。我还主动做了很多很多有意义的事。我现在已经没有了退休的想法，而是要'为祖国健康工作六十年'"①。此外，文教授还将他对致良知"心学"的体验做了广泛推广："5 月 1 日，我就在我当班主任的博士班里推广，今年（2016 年）7 月 15 日，我就在 2011 级、2012 级、2013 级、2015 级、2016 级 5 个班同时进行推广。几乎整个暑假里，我是 5 个班 160 个人的总督学，每个同学每周汇报一次，而我要面对着 160 人每天做回应……经过长时期的磨合，我们的良知教育已经顺利开展，现在每天有几千名学生在落实我们的良知教育。在 5 所中学，所有校长每天都带着老师们学习致良知，在微信群里打卡、交流……我也非常高兴地得知，经过短短两个月之后，这些中学师生的面貌都发生了非常显著的变化，我坚信良知教育一定可以结出累累的硕果。"②

笔者并不怀疑文教授"心学"在自己身上的效果，只是对"心学"有两点疑问：一是作为当事人的文东茅教授学习"心学"的时间太短，不到一年时间就已经"急着"要进行推广，那么"心学"的长期效果是怎样的？二是"心学"学习作为中国传统文化的一部分，会不会有巨大的个体差异？就笔者浅陋的体会，"心学"需要有一定的人生阅历方能有深刻的领悟和认识，对于正在北大读书的那些"空心病"学生，如何能在有限的阅历中体悟"心学"奥妙？关于"心学"的发展和疗效，或许我们需要的不是着急推广，而是观察和实践总结。

5.3 职业倦怠的解决办法在工作之外

职业倦怠是转换工作轨道，甚至是人生轨道的一个契机。另一契机是重大疾病的考验，像我们提到的王石、张泉灵便是如此。职业倦怠发生

---

① 参见文东茅《用心学防治"空心病"》（http：//www.zgcxjy.com.cn/3g/view.aspx?m_id=1&id=5005）。

② 参见文东茅《天降大任，唤我心归来》（http：//www.zhisland.com/newmedia/yangming/live10.html）。

时，要转换工作轨道往往困难重重，因为导致职业倦怠出现的原因就是工作本身，当事人在对工作无法做出改变、无能为力、无可奈何的状况之下，才会出现职业倦怠，才会出现工作上的习得性无助。职业倦怠其实是一种工作中的习得性无助。所以，如果调整工作就可以解决职业倦怠，那么其实就不大可能出现职业倦怠现象了。

既然职业倦怠往往就是由于当事人对工作无可奈何、失去了掌控力和驾驭感，那么解决之法，就只能在工作之外来寻找。笔者的建议是以个人的兴趣爱好作为突破口（这时你就会意识到兴趣爱好广泛的重要性了！而工作狂式的人如果遇到瓶颈，恰恰是最难解决职业倦怠的，原因也在于此！）。上面提到的北京大学教育学院文东茅教授是通过工作之外，接触到阳明学院的"致良知"学习，才找到了职业倦怠的解决之法。这同他的本职工作其实没有直接关系。而黄西则是在工作之余去酒吧消遣，领略到了脱口秀这个职业，才找到了新的职业方向。

5.4 有深度的幸福

美国宾夕法尼亚大学教授马丁·塞利格曼有一部中译本专著《真实的幸福》①，英文名称为 *Authentic Happiness*。在英文中，"Authentic"的意思是可靠的、可信的、有根据的、真正的；以此作为这部著作的名称，有一定的理由，直观地讲，幸福是一门科学，而不仅仅是人们的经验之谈，它是建立在积极心理学的大量科学实验基础之上的；幸福是可以通过学习获得提升和改善的，这适用于每个人，而不仅仅是对张三有效，对李四就不管用；通过学习获得改善和提升的这种幸福是真实存在的，而不是像"传销""灌输"一样对人进行的"洗脑"。与之相对应，目前社会上有许多流行的所谓"灵修班""心灵培训机构"②，它们同积极心理学有很多相似之处，然而区别却是巨大的：这类灵修学习大多没有经过严格的科学实验

---

① 参见马丁·塞利格曼著、洪兰译《真实的幸福》(北方联合出版传媒股份有限公司、万卷出版公司，2010年)。
② 参见"为什么'灵修培训班'在中国有市场？"（http://news.sohu.com/20160802/n462267781.shtml）；"在美国很火的'灵修班'却在中国招摇撞骗"（http://edu.163.com/16/0805/00/BTLPO54400297VGM.html）。

检验，某种程度上在张三身上有一定效果，但在李四身上却未必见效。还有很多灵修学习类似"传销""灌输"式的"洗脑"，让当事人暂时摆脱了目前的精神危机，但是一旦回到原有的环境中，问题往往没有解决；当事人为了缓解精神层面的危机不得不反复回到培训班学习，这往往伴随着数额不菲的各种费用。

积极心理学的作用，除了上面提到的"真实的幸福"，这里笔者还想提出"有深度的幸福"，这是相对于社会上一些将幸福主题表面化、肤浅化的做法提出来的。例如，2012年央视系列街坊调查"你幸福吗"，不仅屡遭"神回复"，更是不断被社会各界、网友调侃。① 又如，很多关于幸福的讨论变成了心灵鸡汤，被浓缩成无数条励志格言，"幸福就是平平淡淡的""失望有时候也是一种幸福，因为有所期待所以才会失望"②。这种关于幸福观点的表面化、肤浅化的表述和理解，最主要的问题是无法真正起到改善和提升幸福感的作用。"有深度的幸福"意味着，幸福是需要学习、付出努力、代价和不断奋斗的结果，而不仅仅是几十年如一日的重复生活，或者被生活、工作推着往前走。③ 美国克莱蒙特大学教授米哈伊·契克森米哈赖对巅峰体验和高峰表现的研究表明④，我们只有在将自身实力发挥得淋漓尽致之时，才会获得巨大的满足感和成就感，而这种"心流体验"是需要高超的技能和高度的挑战相配合的，而高超的技能是持续的、自发性的学习、努力奋斗的结果。哈佛幸福课主讲泰勒·本-沙哈尔提出的汉堡模型⑤中，幸福型是出于内在自发的驱动进行努力奋斗的结果，那种希望"不劳而获"的幸福观点，不是享乐主义，就是虚无缥缈的，而享乐主义往往不可持续，最终导致虚无。

---

① 参见"央视系列街访调查'你幸福吗'为何屡遭'神回复'"（http://www.voc.com.cn/article/201210/201210080812588502.html）。

② 参见"幸福就是平平淡淡的"（http://www.360doc.com/content/15/0807/07/7624475_490024753.shtml）。

③ 从积极心理学的角度看，前者如同西西弗斯式的生活方式导致倦怠和虚无主义；后者则意味着非人格化的因果导向，也同抑郁、倦怠和虚无相联系。

④ 参见米哈里·契克森米哈赖《专注的快乐》和《当下的幸福》（中信出版社，2011年）。

⑤ 参见泰勒·本-沙哈尔《幸福的方法》第二章"解读人生的四种汉堡模型"（当代中国出版社，2011）。

在笔者看来,对"有深度的幸福"进行很好诠释的例子有很多,这里略举一二。例如,北京作家石康,20 世纪 60 年代生人,电视剧《奋斗》就是根据他的同名小说改编,后来前往美国生活,学习英语、购买翻新旧帆船。① 浏览他的微博,你会发现他总在学习新东西:"学习英语令我看那些相关的基础书,我汽车的机油表是如何工作的?柴油发动机工作原理是什么?这些书会把人从生活的各个角落引到更为基础的书上去,叫我去欣赏人类的积极方面,并从中感受到乐趣,随着一点一点的学习,文盲的压抑感以年为单位渐渐地减轻,而自由感与日俱增,我认为这是一种中年之乐,我是说,把年轻时搞砸了的事情搞好。"② 又如,"在美国自驾旅行时,总是看到有些很老的美国人单独骑摩托外出,每一个休息站都停,仔细检查摩托,喝水,去洗手间,散步,继续走,谨慎,认真,尽量不出差错。他们也一个人吃饭,看风景,修理他们使用的东西,他们还可能一个人睡觉。很久以后我才理解,这是力量,来自一个人,来自自我照顾。我在尝试,你可以试试,一个人。学习,练习,获得能力,再学习,再练习,获得更多能力,让那些能力成为自我的一部分,这些能力可令你退休后参加 Jester challenge,一个人,一条小帆船,顶着 50 节的狂风自信而安全地横跨大西洋。所以你必须利用一切可以利用的时间,创造肌肉,增强脑力,学习你需要的任何东西,理解别人发现的世界,用你的想象力创造自我,不去与别人谈论他们没有的东西,学会自我交谈,积累自我成就,感受那些成就所表现出的能力,理解那些能力所蕴含的力量,那就是你的真实力量。一个人的世界已足够大,两个人已太多,你不该有时间给第三人,因你生命有限,你永远永远需要更多你自己的时间。"③

5.5 职业认同与自我效能

在以往的自我效能讨论中,似乎对"自我"的关注较少,而对于"效

---

① 关于作家石康,可以参见他的新浪微博(http://www.weibo.com/shikang? c=spr_ qdhz_ bd_ baidusmt_ weibo_ s&nick=%E7%9F%B3%E5%BA%B7&is_ all=1)。

② 参见 http://www.weibo.com/shikang? c=spr_ qdhz_ bd_ baidusmt_ weibo_ s&nick=%E7%9F%B3%E5%BA%B7&is_ all=1,2016-8-14。

③ 参见 http://www.weibo.com/shikang? c=spr_ qdhz_ bd_ baidusmt_ weibo_ s&nick=%E7%9F%B3%E5%BA%B7&is_ all=1,2017-01-01 。

能"的关注较多,认为取得成功就是获得自我效能,不论这种效能是否符合"自我"的要求,是否出自"自我"的愿望。举个常见的例子,在对职业倦怠的研究中我们发现,有相当比例的校长和教师其实是不认同教育职业的①,那么对他们而言,讨论自我效能的话,恐怕更多的就是关注"效能",而不是关注"自我",通过提升效能来改善职业倦怠。因为他们的"自我"恐怕恰恰是不认同教育职业的。

下面这个案例是前面第3章"实践人本主义教育很难吗"中提到的小C,他在大学二年级休学一年去云南支教,而休学的原因很大程度上是对自己所学专业不满,"大二时的我因为对于自己本专业的不喜欢(从环境科学转到应用气象,又辅修传播学,还是找不到出路,厌学情绪严重),对学校缺乏人文精神的土壤以及教条式的学习环境,感到深深的失望,陷入了难以克服的精神危机",而支教的经历却帮助他很好地缓解了这种"精神危机"。大学毕业后,他进入教育报刊社工作,而不是进入环境、气象的专业领域。

在对小C有关大学毕业找工作的补充访谈中,他提到了自己在某地气象局实习一个月的看法:"大学毕业时,周围的同学大多顺着以往的轨迹,选择继续读本专业的研究生,或到各市县的气象部门就业。在大四去山西省忻州市气象局实习的一个月中,我深知自己是不喜欢这份职业的。气象局作为事业单位中的'清水衙门',工资不算高,但稳定、清闲、有保障、人际关系简单、环境相对单纯,是许多本地人或系统内部子弟愿意通过考公或走技术业务岗进入的部门,但跟我的性格与志趣大相径庭。"那么小C的"志趣"何在?为何大学期间又选择了自己志趣不在的环境气象专业,之后又在大二因"精神危机"而休学支教一年?"在中学时代,我喜欢阅读一些课堂之外的书籍,如奥尔罕·帕慕克、村上春树、杰克·凯鲁亚克、海明威、余华,他们或是从业过记者,或是为媒体机构供稿。作为理科生的我,从中学时期就意识到,自己真正喜欢的其实是文科,毕业后想成为一名记者。而在大学填报志愿时,又恰恰是受到这样的影响,并没有填报新闻或中文类专业。因为我发现,那些真正让我敬佩的记者和作家大

---

① 参见《学校积极领导力探索》第5章"那些不认同教师(校长)职业,却仍然从事教师(校长)职业的人们"。

都不是学新闻或文学专业出身,相反,他们可能没怎么上过学,或学习的是完全不相干的理工科,甚至正在从事的领域都与此无关。也就在那个时候产生了做记者大多都不应该学新闻,而是投入到挣扎的社会中去感受和历练的想法。"小C的想法可能听起来有些"幼稚",大学选择在自己不认同的专业领域学习,导致的后果是上面提到的"精神危机":"这也进一步加深了我在大学中'梦幻泡影'破灭后精神危机的形成。我感到自己的选择是过于单纯了,而在自己选择的环境中,因为缺乏必要的人文土壤和个人视野的局限,无力与之和解。"然而,小C除了休学支教来缓解这种"精神危机",还辅修了传播学专业的双学位:"在大学,我辅修了人文发展学院的传播学专业双学位,一是源于个人的兴趣和对本专业学习的不喜欢,二也是基于个人的发展,希望通过这个学位的学习,毕业后能从事这个方向的工作。"尽管在他现在看来这个双学位对他从事记者职业似乎没有实质性的帮助:"我没办法说清楚传播学双学位对我日后走上媒体工作产生了什么样的影响,我也不知道当我进入后来这家媒体机构时,我的传播学双学位是否起到了什么积极作用。但在我实际的工作和观察中,我发现这个学位本身所释放的信号,好像并不那么重要。"

小C对报社记者的职业认同反映在他一开始找到这家报社实习的过程中:

> 因此,在大四毕业找工作阶段,我只投了几家媒体单位的简历,其他的一概都没有看,"无冕之王"的光环依然感召着我。但现实是残酷的,我这样非专业出身的本科学生,想找到一份有编制的记者工作是不可能的。我第一个去的实习媒体就是某教育报社(在网上搜索的招募信息),这是我最想去的,也是最后一次就业实习,因为最后留了下来成为公司聘任的员工。说起来,我的找工作经历没费什么劲,因为目标很明确,甚至都没有尝试第二家,但这过程中的付出还是挺多的。

> 最开始,我来到该教育报社的总编室实习,总编室作为媒体单位的大脑核心,是对编辑素养要求最高的地方,带我的老师也在一开始就明确告诉我,实习期间没有工资,而且在总编室,是没有机会留下来工作的。我抱着来学习的想法,并没有在意这些,而在实习过程中,越来越感受到教育领域的媒体报道是符合自己的兴趣的。在这里学习之后,我可以去其他教育媒体找到工作。这位老师是人大教育系毕业的,他时常鼓励我,多结

合自己的教育实践经历，寻找基于兴趣的专业成长方向。我开始按照自己感兴趣的问题去联系学校和教师，采访留守儿童和打工子弟方面的新闻。但是，自己随性无规矩的写作风格，往往达不到所谓新闻专业主义的要求，实习过程中并没有发表什么像样的稿子，一直在坐冷板凳。在文字表达上的欠缺，并没有阻止我外出的热情，我自发地联系各种各样的人，沉浸在和别人沟通、连接的氛围中，不断练笔。一天下午，深度报道版的一位老师主动来找我聊天，她说经常看到我和他们一起加夜班，还有在没什么资源和任务指标的情况下，也采访这采访那的，她觉得我挺适合做一名调查报道的记者，然后又说她要组建一个新的全媒体部门，问我有没有兴趣过来工作。这第二位老师是中传法律系毕业的，她对我的认可、关注和指导，以及我对她做人做事理念的认可，影响了我后面的成长和决策。于是，我就从楼上搬到楼下，参与到这个新部门的组建之中，也是因为这样的机缘巧合，我在本不能留下来的总编室，留到了报社的另一个新部门。在这过程中，我作为免费劳动力，从年初的1月份，实习了近半年，到6月份毕业才正式入职。

小C从环境气象专业跨越到报社，实际上有着一定的门槛需要克服，包括不带薪的半年实习，并且一开始是不知道能留下来正式入职的，如果没有对记者职业的认同，恐怕这一开始的门槛就无从跨越。如果没有这份认同，在实习期间，就不大可能会"自发地联系各种各样的人，沉浸在和别人沟通、连接的氛围中，不断练笔"，自然也就不会很偶然地被调到新部门正式入职。

小C进入某教育报社的职业认同，在他后来的工作经历中也得到了证实。他在描述最能体现其领导能力的事情时，提到他进入某教育报社后对新媒体内容的运营：

2015年年末的时候，报社的副总编辑找我说，因为芬姐要生孩子，她是高龄产妇，身体情况本来就不太好，所以要离开岗位回家休息很久，报社向来又缺人，她就推荐由我来暂时帮她做新媒体内容的运营和管理。（芬姐是带过我的一位老记者，在那段时间她主要负责新媒体内容，是这个部门的内容主编）那个时候，我刚毕业入职半年，作为一个新人，跟班学徒坐冷板凳是常态，平时的主要工作也仅仅局限在编辑记者的岗位视野中，只要按照任务量做好文字上的内容就好了，其他的都是领导要操心的事情。对于体制内传统媒体来说，新媒体的创新环境很艰难，但是在口号上又是每一个传统媒体都要求做出亮点做出突破的这么一个新部门。美其名曰，为了媒体的产业融合，为了媒体的转型探索，代表着先进的生产力方向，以及拯救这个日薄西山、人人自危的焦虑环境下的一个路径出口。

就这样，我拿着不变的工资、浅薄的阅历与资源，以及更多的事务与责任，投入到这块媒体产业未来蓝图的试验田中。在这之前，报社的官网已经超过百万粉丝，在教育圈内可谓"声势浩大"，许多新媒体项目纷纷上马。可是在这公司化独立运营却又受制于体制操控的"畸形机制"下，"声势浩大"的背后并没有看到与过去的教育媒体形态有什么不同的新东西。依然是从内容到内容，从一个传统型的平台挪到另一个看似新颖的平台。

虽然我们的力量过于渺小，并不能改变制度的演进和大局的建设，但也许在做事情上可以改变一些思路，做一点细小的创新。于是，在我具体负责的新媒体平台上，我尝试利用新的技术和思维做一些不仅仅是文字生产和报道的事情，针对平台以基础教育领域教师为主的特色和用户需求，设计了一系列中小学教师免费学习的线上课程，发挥新媒体成本低、操作方便、交互体验好的优势，开设与传统国培不同的多选择、主题式、兴趣化和跨界化微课程。当然对于教师来说，最重要的还是基于线下的课堂教学和真实情境的学习与体验，所以除了线上的这些内容，我们还尽量为用户争取进入全国各地好的学校、好的课堂、好的活动的免费学习机会。

没有人怎么做？团队里除了我之外，只有一个同年进报社的女生来配合，但是人力太少，于是我就去各个学生兼职网站发帖招募实习生，包括北师大每年在四季青举办的实习生双选会，我都会报名参与，制作海报、展板和宣传资料到现场招人。因为没有任何实习补助，所以最终能来的大多是对学习成长和教育媒体行业有兴趣、有自发性的本科生，每两个月换一拨实习生，带着他们开展我们的新媒体运营工作，包括一开始的宣讲、培训和工作的分配、指导等。

没有钱怎么办？芬姐作为中层领导休息后，我们很难跨级跟高层领导直接对话，因为领导都比较忙。缺失了这一环，很难博弈到较好的资源支持，只能在芬姐的远程帮助下，一点点地做。线上学习课程计划每周做一次线上的名师直播讲座，而我们是给不了名师薪酬的，于是每次都在精挑细选一些有情怀的名师之后，给他们打电话、写邮件甚至当面沟通，把我们活动的公益性和目的性不断澄清，来邀请他们给广大一线教师做线上讲座。当然为此，我们作为回馈，要让他们获得更好的讲课体验，以及在微信上传播他们的教育文章和观点。除了名师讲座，还有教育教学的案例分享，把我们在传统报道中涌现出来的好的案例、好的方法，每周固定在周五晚上，邀请当事人做线上分享，回馈给中小学教育领域的教师和校长。

没有资源怎么整合？想要激发教师的学习热情和督促他们的有效学习，需要设计一些激励和学习流程机制，以及给他们更好的学习和服务体验，这些都需要添加更多新鲜的元素，而不是录制好语音和视频讲座直接扔给他们就行了。我们团队制定了学习计划，从小米公司的《参与感》到舍恩伯格的《大数据时代》，从一线名师名校的著作和案例，到其他互联网教育企业的新模式、新做法，从和一线教师的沟通采访，到咨询专家学者，从每日新闻舆情研判，到过往选题的阅读效果分析，我们定期分享和探讨，从知识层面武装视野，来进行课程设计。然后，在部门条块分割的报社内部，尽量去整合一些可用的资源。我会主动去和相关部门的主编阐述我们想做的事情，争取谋求到双赢合作的点，来进行资源互换和支持。一个例子，这一系列课程中有很重要的一部分是教师阅读的课程，我们在和教育科学出版社、华东师范大学出版社以及源创图书等较为熟悉的出版机构沟通之后，由他们来搞定作者和讲师，我们来把控主题和课程设计，最后既宣传了出版社，也使得我们的课程有了名师作者和出版社赠书的支持。

后来在2016年寒假和2017年暑假，我们又分别策划了第一期"好老师学习冬令营"和第二期"好老师读书夏令营"，都是以线上社群学习的互助形式开展，并开始收费，最终的收费也全额捐赠给了我之前报道过的乡村教学点和一个留守儿童较多的贫困县。用教育人的钱做教育的事情，同时还能帮助教师在专业方面成长，在传统内容报道的基础上，又转化成具有服务价值的课程，并实际帮助到所报道的学校，这一套制作流程在我离开之后，还在新媒体部门施行。而在这不长的一年时间，有3个我带过的实习生最终留在报社成了部门的正式编辑。

在小C描述的最能体现其领导能力的运营新媒体的过程中，面临许多困难和有挑战性的任务，既有传统体制内的很多限制，又有现实的许多问题，如没有足够的人手、没有一定的经费支持、没有资源的支撑；而面对这些时，却是"拿着不变的工资、浅薄的阅历与资源，以及更多的事务与责任"，如果没有对教育职业的认同，这样的困难和障碍是不大可能去想办法克服的。小C克服这些困难和有挑战性的任务，更多是基于职业的认同感："报社的工作虽然辛苦，虽然工资不高，虽然这个体制环境有各种各样的问题，但是在具体的工作中，因为做着自己喜欢的事情、喜欢的领域、面对着喜欢的人群，成就感还是很多的。"由于职业认同带来的自我效能感，才可能是真实的"自我"效能，因为"自我"与"认同"密切相关，一个人的兴趣、爱好、价值观是构成其"自我"的重要内核，只有当职业本身是与其兴趣、爱好和价值观相匹配的时候，才会有高度的职业认同感。所以，在提升自我效能时，职业认同是一个必要条件，如果忽视职业认同去提升效能，往往同"自我"效能不同，更多还是体现为控制导向的结果。

小C通过新媒体运营获得的自我效能感包括："每次帮助他人，帮助教师群体，都会有非常大的成就感。当为一线教师争取到去北京十一学校参加年会学习的免费门票时；当一位中学老师告诉我他面临的困惑与挣扎，真诚地询问我的建议时；当我们把出版社寄来的书一本本寄送给想要学习的教师用户时；当一位普通教师通过我们的平台不断写作、交流，最终出了一本书时；当一位校长让我们给他学校的新媒体宣传建设出谋划策时；通过小小的互联网和社群交流，即使从未谋面，但是在冰冷的技术背后所产生的温暖的连接，是工作中收获的最美好的记忆。"

上述的自我效能感是一种比较典型的职业自我效能感，因为里面既包含了对自身工作价值和意义的"个人化"的理解，又包含了个人应对挑战时发挥的擅长和优势，还包含了个人在工作中体验到的乐趣。

为了分析职业认同和自我效能的关系，我们这里其实可以进行一个假设式的判断，就是小C大学毕业后由于专业的限制没有进入教育报社，而是去了一家环境设备公司，或者考取了国家气象部门的公务员，这是小C大学同学就业比较常见的去向，显然小C又是非常不认同自己所学的专业领域的，那么他在从事这些职业后，还会获得上述的自我效能感吗？他也许会在工作中获得效能感，从自我决定理论的角度来说，是满足其胜任能力方面的需求，但却不是"自我效能"，这两者会在因果导向类型方面产生不同，一个是高控制导向或非人格化导向，另一个则是高自主导向。

5.6　消极关键事件与个体选择

在批阅学生作业时，有两位同学选择了以自己工作后的消极关键事件作为主题，这引起了笔者的注意。这里需要说明的是，课程中要求学员完成的作业是在平均十多道题目中任选一题来进行的。在《学校积极领导力》一书的第一章曾对这些题目做过介绍，这两位学生选择的题目是第29题："你在自己的职业发展中是否遇到一些'关键事件'，可以是积极的，也可以是消极的，这些事情对你的影响很大，以至于改变了你的很多看法和行为？请具体描述之。"[1] 之所以这两篇作业引起笔者的注意，原因在于授课以来，学员总人数超过200人，还没有看到有学员选择这个题目。所以，笔者觉得有必要就这个题目进行深入讨论和分析。

小C完成的案例如下：

当我思索这个问题并追寻自己的职业经历时，会想起许多影响自己职业思考的事件，其中比较有代表性的，引起我许多困惑和反思的就是媒体行业的"车马费"问题。

当我刚开始从事新闻工作时，是不知道"车马费"这一行业"潜规则"的。第一次收到"车马费"还在实习期间。一个接近年末的冬天，我去昌平参加某教育公司的产品发布会，这个新闻任务是由负责带我的记者老师指派的。像许多此类仅仅需要发布一个消息通稿而不用展开采访的任务一样，到场后会有主办单位给你一些活动资料，装在准备好的纸袋里，当我结束了常规任务回到单位后，老师让我检查一下活动资料袋，说里面应该会有一个信封，信封里会有一笔车马费，让我拿着，并说"你们实习期间没有工资，所以我就尽量给你安排一些这样的任务，也好拿着一笔钱，你就收下吧"。那是我第一次意识到，原来还可以这样操作。我本能的感觉是这笔钱我不应该收下，首先这样的任务极其简单没有技术含量，自己也不需要出什么力气，只是跑跑腿，把媒体关系维护到就行了，任务也是由老师介绍过去的，所以这笔钱应该给老师。但老师坚决不要，我也

---

[1]　参见侯龙龙编著《学校积极领导力》（机械工业出版社，2017年，5页）。

就拿下了，在那段还处于适应和了解这个陌生行业的时期，我还没有深入地去思考这个东西会在以后给我带来的影响。第一次，就这么顺利地过去了，只是会觉得，这钱来得太过容易，让我有点心虚。

后来随着工作的深入，这种性质的采访机会渐渐增多，一个月总会有那么两三次，每次是300元到500元不等的数额，都会用信封装好。身边的所有人都在默默进行着这种性质的采访，一方面确实见识到了各种各样的人和事在你周遭新鲜地变化着，另一方面媒体关系的所谓维护，就是对于我们来说，他们是源源不断的金主和新闻的潜在来源，对他们来说，我们也是他们完成日常宣传指标和在特定宣传公关时期可以利用的对象。但很多时候，对于我们这些参与的个体，这一切都是匆匆过客，并没有真正学到什么，只是跑了很远的路，为了领一笔虽然数额不多但极其好挣的钱。

采访的艺术性消解了，新闻的专业性也没有了，人和人之间交流的情感连接被拿钱办事所替代，一切都是为了钱。这让我非常困扰，甚至会怀疑我做这些是为了什么。它和我要开展的核心工作有什么关系吗？我一会儿听说某位老记者从来不收车马费，简直像传说；一会儿听说某大报的车马费都是统一上交，到年底再平均分配；一会儿又听说那些不收车马费的老记者，其实是有更高级的玩法，既赚的多，又很隐蔽。总之，我在一次次这样的出访中，只感到疲惫、混乱、心不在焉、浪费时间，不知道自己在干什么，鲜有真正让我觉得有意思、值得一看的活动。

内心的一次小爆发是一次我去某大学昌平校区的采访，让我至今印象深刻。该校区举办了一个全国大学生提案大赛，我实际上就是给他们发一个600字的消息通稿，内容他们早已写好，我要做的就是到现场，收下装有信封的资料袋，回来后把消息通稿简单修改发布，再把发出来的链接回给活动主办方。那一次我参观完活动后在回来的路上，我发现资料袋里竟然没有像往常一样准备好"信封"，我很生气，第一反应是，"这帮孩子真不懂事，我大老远跑这么久到昌平，来回折腾几个小时，连个车马费都没有"。我记得我当时是真的很生气。一方面是习惯了"车马费"后的心理惯性，认为受到了"不礼貌"的对待，另一方面也是在为自己而丧气，"我这一天都干了什么？来回昌平这么久，一天的时间都荒废了，什么也没得到！"我在回程的地铁上这么想的时候，意识到，我为什么会因为没拿到钱而产生"生气"的念头，把自己的心情搞得这么糟糕呢？我突然发觉——这件事情本身已经扭曲了我工作的乐趣，我开始被"车马费"牵着走，它竟然改变了我最初对这个问题的看法，而变成了一个毫无抵抗、坦然接受、不假思索的人。那天我在地铁上一遍遍地想，这个事情是怎么一步步改变了我，我在微博上发了一个状态，"现行的媒体环境决定了车马费的存在，单靠媒体人的自律难免会导致新闻价值的异化，对于我来说，当我突然意识到我只是为了这点'车马费'而'走穴采访'时，我感觉自己已经被异化了"。

新闻行业的死工资本身就不高，稿费也很低，可以说，"车马费"是很重要的一笔收入来源，出于中国人情社会的传统，即使一次很正当的新闻采访，在结束后对方也一定会给你一笔好处费，这种现实你没法改变，也很难拒绝。只是从那天起，我决定做一次自我平衡的妥协。我只选择参加我感兴趣的核心工作议题的活动，其他的统统都推掉，转而让我的其他同事参与。当他们问我为什么不去时，我只说"工作太忙，去不了"或者"我对这个活动不感兴趣"。我出去"挣快钱"的机会越来越少，但也有了更多时间去做自己的事情，不用把生命消耗在来回奔波上。我希望参与的是能够发挥自己能力，凭自己本事挣钱的感兴趣的活动，有投入必然有回报，这自然是合理的。当一个人能够运用他的专业能力把事情办好，那得到一定的回报是合情合理的事情，对于那些与专业核心能力无关，不需要投入就能挣快钱的活动我避而远之。我一直在想，为什么这样的激励只能藏在水底，而不能光明正大地以明确的机制化的形式实现，那么对于很多像我这样的人也许就不会有困惑了。这当然又涉及媒体职业伦理的问题，一股道德的力量在约束着你，这当然是对行业的规范。但有些时候，一笔你本应该拿到的回报，却变相地非要以另一种"见不得人"的面目才能拿到，为什么要这样呢？

我只选择去自己感兴趣的和教师成长、学校发展有关的活动，随着时间的推进，我渐渐觉得好了很多，生活变得清净而安心了，不再被一些杂七杂八与我核心兴趣范围无关的活动所困扰。但最终，还是因为一次报道，这种情绪再一次爆发了。

这是一次对一个即将上市的教育集团的报道，该教育集团当时在做的事情行业内还少有人做，可以进行很深入的采访，这是让我感兴趣的地方，我便在领导的牵线之下，参与了这次报道。从企业的角度来看，花钱办事是一个效率问题，从他们品牌宣传部门的言行中，我感受到对他们来说，我只是一个被雇佣来干活的人，我和他们的关系，仅仅是他们需要我背后的平台给他们背书，和我这个人没有任何关系。随着持续的接触，这种傲慢和轻视让我越发觉得他们对于专业价值的不尊重，以及想要操控我按照他们宣传的角度去写。这期间的交流让我很不舒服，但是退出已经来不及，我从一开始就没有经验评估好这件事情可能带来的影响，再一次想当然地进入了一个让自己困扰的境地。他们甚至一度觉得我跟他们之间有沟通的问题是因为我没拿到钱，以此来跟他们博弈拿到钱才好办事，然后就直接用微信给我转了一笔钱。当我看到那笔钱的时候，非常的难受，我觉得再写下去是对自己的侮辱，我们在电话里进行了两三次争吵。我意识到这样的沟通已经进行不下去了，便去找领导谈话。领导一边安抚我，一边说我的经验还不够，还需要历练，我不知道这一次从积极的角度来看算不算是一次历练，但确实已经伤害了我的自尊。最终，他们动用更高层的关系，还是把我那篇稿子发出去了，但我并没有让署自己的姓名。当然这家企业今后也把我从他们的媒体名单上拉黑，再也没有联系过我，转而和另一位富有经验的能够玩转这套规则的人去对接。这次事件，让我对自己的职业产生了深深的怀疑，我不知道是自己错了，还是他们错了，是不是真的因为自己能力不行，才会使他们想要以控制的态度来对待我。当我产生了我也许可以配合配合他们，先把表面工作一团和气地应付过去的想法的时候，我又对自己产生了深深的鄙视。在我身边的一些同事看来，这并不是一件多么重要的大事，不过是又一起基于自我的职业价值感与外界发生的冲突，这次沟通不舒服是运气不好，下一次好好接触就行了。但坦白说，在那之后的几天，我一直很消沉。重要的不是事情的结果，而是事情发生过程中，我所感受到的别人的伤害以及自我的龌龊。这件事情能够从心中慢慢消化，可能是因为我后来真的只是围绕自己感兴趣的核心领域工作，也找到了工作领域中自己擅长和认可的方面来发挥自己。

小 C 提供的上述案例主要是围绕新闻媒体行业中的"车马费"这一主题展开的，讨论"车马费"带给自己的困扰、反思和选择。我们先不讨论"车马费"是好是坏，先看看从作为一个新闻从业的新人角度看，"车马费"带给他的是什么样的体验。很明显，从小 C 作为新人的角度看，"车马费"主要起了一种负面、消极的作用，尤其是他从初入行接触"车马费"到后来的心理变化可以看到，从一开始"有点心虚"的接受，到反思"车马费"带来的种种后果，以至于"非常困扰"，再到没有收到"车马费"的一次"小爆发"，感觉自己"被异化"，最后在报道上市教育集团时的"再次爆发"，伤害了"自尊"。从一位新闻从业新人的角度看，"车马费"主要扮演了一种负面、消极的角色，这里呈现的主要是消极的关键事件。

在"车马费"的一系列事件上，更为重要的恐怕是小C看待"车马费"的视角和他的选择，或者换句话说，为什么"车马费"在小C的入行经历中成了消极的关键事件？如果换一个人，还会是消极的吗？比如，认为新闻行业"车马费"是正常现象，并且迎合这种规则，甚至为了"车马费"而搞新闻，这样的人会认为这是一种消极事件吗？显然不会。实际上，小C在对待"车马费"问题上完全可以有不同的选择，例如，像前面所说，迎合这套行业规则，适应、顺应、为了"车马费"去跑新闻，这是一种选择；这种选择显然是一种以外部回报为导向的职业发展，是一种高控制导向的方式。第二种选择是，"逆来顺受"，"车马费"是这个行业的通行规则，作为一个新人应该认清局面，自己在这样的行业规则面前是无能为力的，只能听之任之，这是一种非人格导向的方式。而小C的做法是："我只选择参加我感兴趣的核心工作议题的活动，其他的统统都推掉，转而让我的其他同事参与"，"我只选择去自己感兴趣的和教师成长、学校发展有关的活动"。可见，小C的做法是一种高自主导向的选择。所以，对不同的导向方式，"车马费"是积极还是消极，显然是不一样的。

下面我们再来讨论一下"车马费"在新闻行业中的价值这个问题。上面说了，在不同人看来，"车马费"这件事情很难说是消极的，尤其从一些老记者或者"过来人"的角度看，甚至可能嘲笑小C在这件事情上表现出的"幼稚""不成熟"。那么这里所说的积极和消极，真的只是不同人看待问题的视角不同、结果各异吗？如果我们从整个行业的健康发展来看，从对一个行业发展具有根本性作用的职业价值观和职业认同感的角度看，新闻媒体行业的"车马费"的存在无疑起着一定的消极作用。小C对这件事情的选择背后是他对"车马费"的反思和思考：对新人来说，为了"车马费"而跑的许多新闻，"并没有真正学到什么"，"浪费时间，不知道自己在干什么,鲜有真正让我觉得有意思、值得一看的活动"。更重要的是,"采访的艺术性消解了,新闻的专业性也没有了,人和人之间交流的情感连接被拿钱办事所替代"。这说明新闻的专业价值被商业化的"车马费"所侵蚀,新闻从业人员难免不被"异化",从这个意义上讲,不论每个新闻从业人员的选择如何,"车马费"的存在本身是对行业发展起消极作用的。

下面是另一位同学ZLL完成的与消极关键事件相关的案例。

"留学圈"的那些事

步入留学行业,是在2013年7月。我所在的T公司也是一家资质挺不错的留学公司,当时大学毕业,只觉得自己有一身抱负,生怕没有展现的舞台,T公司就像一块敲门砖,我希望它能让我不断靠近自己的教育梦想。到现在,我还清晰地记得阳光洒进落地窗,蓝白色的大厅里老师和家长们交谈的情景。前两个月试用期的时间,每天都跟着mentor学习很多新东西。首先进入到公司中,听着大家每天都用各种美国大学的简称,用英文交流,谈论各所大学招生的要求、地理位置、概况等,那时候刚去的我每天都在背美国大学的排名、简介、要求等;当时还要查阅美国前100名学校的各种招生要求,我们大量地查阅能找到的英文网站和各种资料。日子就这样一天天过去,试用期很快结束,而我也在快速的吸收成长中感觉到对工作有了更清晰的认识和理解。我和同事们也一天天熟络起来。

案例1:本年,有一名学生被康奈尔大学录取,签证3次没过,后来终于过了,去了康奈尔连课都听不懂,于是念了一段时间的语言课程,坚持了没多久,退学回国了……

从9月开始,我已经开始带学生了,因为我带的学生主要以高中生申请美国本科为主,而由于大部分高中生的各项独立自主能力还比较弱,需要老师的专业协助,因此我们的工作之一就是协助学生准备高中四年(包括初三)的学校成绩单。在中国,很多中学,尤其是初中,是没有成绩单标准模板的,很多情况下都是我们把做好的成绩单模板发给学生,学生打印出来找到所在的学校去盖章,成绩很多都是我们自己填的。美国大学本科录取标准一般要求按百分制计算的话学生的平均GPA不能低于85分,如果GPA过低,就算TOEFL和SAT考得再高,也会对学生的申请造成不良影响。对于一些市级省级高中、国际学校来说,学校会提供学生的成绩，但是由于学校也知道有些学生是要出国的，所以在 GPA 上不会为难自己的学生。而二三线城市的不出名的学校，很多成绩单都是自己做的。我主要想说明的一点，就是学生成绩单的造假和"有水分"的情况，就我在留学行业内看到的，是比较普遍的。我当时第一次听我的学生问我"老师，我们学校没有成绩单模板"的时候，经验不足的我连忙问身边的"老人"应该如何去做，他们的表情、动作都像呼吸那么自然，我得到的答案是"你可以暗示学生或者家长能不能和学校通融下，我们自己出成绩单，学校盖章之类的"。当我听到这个答案时，心里"咯噔"了一下，因为我实在觉得自己很难去暗示我的学生去"造假"。

我所面临的现实情况是，在面对每个首次接触的学生时，一旦谈论到成绩单问题，很多时候我都不得不暗示他们去"造假"。慢慢地，我觉得自己仿佛也有点"被麻痹"了，就像一件已经练习了好久的事情，顺嘴就说出来了，但是我的心里每次在这种时候还是会有一根弦被抽动，隐隐的感觉。那时候，和同事朋友聊天，我经常会问他们，是不是一旦教育被商业化以后，就一定会有这些弄虚作假的情况发生？真正的教育不应该是帮助学生的吗？而现在我们不断地暗示我们的学生作假。那个时候，我对现实是失望的。

也是从"成绩单"事件之后，我在思考，这份工作的价值是什么？难道就是用虚假的成绩单帮助学生申请到国外的大学？难道就是教育学生你们从现在就可以造假成绩单，并且还造的心安理得？每次当我给本科学生做转学申请的时候，看到美国大学官网上用赤裸裸的红色标注"中国学生的成绩单需要获得国际机构认证"，我的心情真是复杂极了，难道我们的教育终其一生，就是在培养自私的精致主义利己者吗？为此声名远扬，真的值得吗？而上述案例中，那名学生为什么会发生那样的情况？就是因为成绩单——假的，托福——假的。

案例 2：有一天，A 在工位上工作，突然她的上司找到她，问：你为什么在和家长、学生交流的过程中说到了另外一个留学机构。A 想了半天也没明白是怎么回事。直到领导说起，A 才明白发生了什么。

原来是：A 当时和 B（A 和 B 是同事关系，A 是申请顾问，B 是销售顾问）合作去会见家长和学生，前面的交谈都很顺利，快要结束的时候，家长问 A：孩子的成绩不太好，您有好的机构推荐吗？A 没有多想，说到一个和自己所在公司有竞争关系的公司，当时 A 并没有意识到这一点。当天 A 就收到了 B 发来的邮件，质问她为什么要提到别的公司。而 A 只是实事求是地说明自己只是觉得那里的培训还可以，所以向家长推荐了。随后 B 就直接告状到了直属上司那里，B 的上司又找到了 A 的上司，于是 A 被单独叫到了会议室。

案例中的 A 就是我。

我当时被叫出去的时候，根本不知道发生了什么，领导刚开始说的时候，我还是一头雾水，直到领导已经说到具体的事情我才明白。领导和我描述了这件事情的严重性，当时刚进公司的我很震惊，我并没有想到还能闹出这么多事情来，我也不明白原来这是和公司生死存亡保客户密切相关的事情。领导说得很明白，如果家长去咨询了其他公司的培训业务，那么也有可能咨询留学业务，我们的客户资源就受到了威胁。其实我当时心里挺不服气的，如果是真正服务做得好，别人能抢走吗？就算我不说，可能家长也会从别的渠道了解到，这些我们防止得了吗？

后来随着对这个行业的进一步了解，我慢慢地能够理解我同事的感受：她辛苦签约的资源，肯定不想落空。也能够理解公司，现在做留学申请的公司太多了，在中关村就有几百家，市场上弱肉强食，大家拼得你死我活，当然不能把自己的客户往外推了。

当时这件事情对我这个刚入社会的愣头青来说，触动还是很大的，对我的看法和做事方式也有了一些新的启发，其中最重要的一条便是：在工作中，说一句话就要负一句话的责任。说话之前一定要全方位思考，不要想到什么立马就说出来。还有一点便是年轻是资本，以前总说这句话，然而真正在遇到事的时候，才会理解得更加深刻。年轻，新手，意味着还有犯错的机会，就算犯了错，因为年轻，别人也会比较包容，但是随着年龄的增大，犯错的成本也会越来越高。所以，年轻人犯错并不可怕，往往是在错误中进步，但是也不能仗着自己有犯错的资本而肆意妄为，做事还是要全面考虑的。这对我来讲，也算是一种进步和收获吧！令我心痛的是，在中国经济高速发展的今天，很多企业还深陷恶意竞争的泥潭，一切以利益至上，而我们的企业要想生存下来，再发展壮大，太难，于是乎很多企业都是小心翼翼、如履薄冰，生怕自己碗中的肉被别人抢了去。

ZLL 同学的这两个案例都是她进入职场后碰到的消极事件。第一件事情学生成绩单造假的问题对 ZLL 的影响，其实同前面小 C 刚做记者时遇到的"车马费"问题非常相像，这两件事情对整个行业的发展显然是非常不利的，然而，行业内却缺少一种内部的力量来纠正这种负面现象。新人恰恰是有反思能力的，却往往被看作"幼稚""不成熟"，成绩单造假带给 ZLL 的，先是"不得不暗示他们去'造假'"，然后"慢慢地，我觉得自己仿佛也有点'被麻痹'了""但是我的心里每次在这种时候还是会有一根弦被抽动，隐隐的感觉""那个时候，我对现实是失望的"。这一消极关键事件同前述小 C 的案例类似，都在削弱当事人对自己工作价值观和意义感的判断。

  ZLL 的第二个案例涉及新人初入职场因为对企业之间竞争规则的不了解而被同事和领导进行批评教育，她自己从这一消极事件中得到了一些启示："最重要的一条便是：在工作中，说一句话就要负一句话的责任。说话之前一定要全方位思考，不要想到什么立马就说出来"，以及"年轻人犯错并不可怕，往往是在错误中进步，但是也不能仗着自己有犯错的资本而肆意妄为，做事还是要全面考虑的。这对我来讲，也算是一种进步和收获吧！"

  上述两个案例对于 ZLL 而言，虽然都是消极的关键事件，然而带来的后果却截然不同，一个是在削弱当事人的职业认同感和职业价值观，另一个却带来了学习和进步。

第 6 章　职业发展的驱动力

6.1　意义感的判断：内化过程因人而异

在自我决定理论中，自发性动机通常包含两部分（或者多个部分）。一部分是内在动机，即我们因为某件事情本身的有趣、好奇、挑战性和满足感而产生的动机，内在的意思是驱动力来自事情本身，而不是事情之外的任何因素。另一部分自发性动机来自外部动机的内化，这种内化往往来自当事人对某件事情的价值感、意义感的判断。[①] 能否顺利将外部动机内化，是区分自发性动机和控制性动机的关键。比如，为了完成某件事情之后能够得到奖励、荣誉、有金钱或物质上的回报，往往无法将这种外部目标加以内化。将外部目标内化的主要方式是当事人赋予某件事情以独特的意义和价值。将外部目标内化为何重要？因为通过对外部目标赋予意义感和价值感所获得的动机被整合进入个体自身，使得外部目标同个体自我成为一个整体，个体能够以自发动机去完成，从而成为自我决定的过程[②]。那么，这个内化的过程是如何发生的？是自发完成的吗？例如，政府或者社会认为某件事情有意义，是否当事人就自动将这件事情全盘接受，完全内化了呢？显然不是。政府或社会认定的某件事情的价值必须经过当事人

---

① 参见 Deci E L, Ryan R M. The "what" and "why" of goal pursuits: Human needs and the self-determination of behavior. Psychological Inquiry, 2000, 11, 235 - 237. doi: 10.1207/S15327965PLI1104_01。

② 参见 Deci E L, Ryan R M. The "what" and "why" of goal pursuits: Human needs and the self-determination of behavior. Psychological Inquiry, 2000, 11, 235 - 237. doi: 10.1207/S15327965PLI1104_01。

自己的判断，当事人是否接受，显然取决于当事人自己的价值观念，因此，同一件事情的内化过程是因人而异的，有些人能够全盘接受的价值和意义，另一些人可能完全不接受。这意味着，同一件事情，有些人能够通过内化以自发性动机进行行动，而有些人则无法内化，只能通过控制性动机驱动行为。在德西和瑞安看来，能否将外在社会认可的主流价值、文化观念内化为个体自身的一部分，很大程度上取决于个体自身基本的心理需求（自主、胜任和关系）在多大程度上在相关的行为中得到支持和满足。来自外部的压力、控制和评价会对内化过程产生阻碍。① 下面我们举例来说明。

第一个例子是前面提到的华南师范大学政治与行政学院的郭台辉教授，他在申报国家社科基金规划课题青年项目"新生代农民工的公民身份认同与政治行为方式之内在关系研究"时，这并不是他真正感兴趣的题目，"自己并没有多大兴趣却有严格时限"②，而申请这个课题的动机是为评上教授"增加亮点"。为何要以这样一个不感兴趣的题目申请国家级的课题呢？这就涉及职称评审和科研评价的导向问题，在2015年国务院印发的《统筹推进世界一流大学和一流学科建设总体方案》③ 中，提出了"双一流"建设规划。为了实现"双一流"的建设任务，要求："提升科学研究水平"，"以国家重大需求为导向，提升高水平科学研究能力，为经济社会发展和国家战略实施做出重要贡献……推动加强战略性、全局性、前瞻性问题研究，着力提升解决重大问题能力和原始创新能力……围绕重大科研项目，健全科研机制，开展协同创新，优化资源配置，提高科技创新能力"④。在2016年8月教育部下发的《教育部关于深化高校教师考核评价制度改革的指导意见》⑤ 中，提到了"完善科研评价导向"的问题，首先就强调要"坚持服务国家需求和注重实际贡献的评价导向。鼓励原始创新

---

① 参见 Deci E L, Ryan R M. The "what" and "why" of goal pursuits: Human needs and the self-determination of behavior. Psychological Inquiry, 2000, 11, 238 页。

② 参见郭台辉《我的学术逆袭之旅》（http://www.aisixiang.com/data/101222-5.html）。

③ 参见 http://www.gov.cn/zhengce/content/2015-11/05/content_10269.htm。

④ 参见 http://www.gov.cn/zhengce/content/2015-11/05/content_10269.htm。

⑤ 参见《教育部关于深化高校教师考核评价制度改革的指导意见》（教师〔2016〕7号）（http://www.moe.edu.cn/srcsite/A10/s7151/a01609/t20160920_281586.html）。

和聚焦国家重大需求，引导教师主动服务国家创新驱动发展战略和地方经济社会发展"①。"服务国家重大需求"的科研评价导向，如果不是落实、"挂钩"在教师的职称评审上，能"引导教师主动服务"吗？反过来说，将"国家重大需求"导向同职称评审挂钩，出现的结果是迎合这种需求，像上述郭台辉为了评审教授而不得不牺牲自己的研究兴趣。问题是这种迎合式的科研评价导向，如何能真的有利于"服务国家重大需求"？以笔者作为青年教师的体验，类似郭台辉评教授而申报国家级项目的做法并不在少数，许多教师为了评副教授、教授不得不去迎合这种"导向"。在这种情况下，"服务国家重大需求"的价值和意义并不因为政府赋予了重大价值和意义，它就自动可以内化为教师们的自发性工作动机，相反，在上述例子中，仅仅是激发起了郭台辉明确为了评审教授的控制性动机，而且，这样的课题也很难说可以产生有创造性的成果。

第二个例子是北京大学中文系三位教授在对待中小学语文教育及语文教材编写的态度和选择。全国中小学的语文教育和语文教材编写这样的主题，不能不说是"国家重大需求"或"社会重大需求"，然而，面对同样的"重大需求"，北京大学中文系的钱理群教授、温儒敏教授和陈平原教授却表现出了三种不同的态度和选择。钱理群教授介入中学语文教育讨论，"主编《新语文读本》等，虽被打压，但越战越勇"。温儒敏教授是"《高中语文》的执行主编，又是新课标修订组负责人，近期还在编各种语文教材，在中学语文教学方面影响很大"②。这两位北大教授尽管都深入介入中小学语文教育讨论，但是"他们俩的风格不太一样，老钱一直坚守民间立场，老温则官方色彩比较浓，承接的是教育部项目。但有一点，他们都不是一时兴起，而是多年持之以恒地关注中小学教育"③。同为北大中文系教授的陈平原，曾经有多次机会参与中学语文教材的编写工作，然而面对这种"重大需求"，他却选择了"撤出"和"逃离"："十年前，也就是2005年，我与原复旦大学著名教授章培恒先生合作主编中华书局版初中及小学《语文》课标。章先生管小学部分，我管初中部分，但主要工作是编

---

① 参见《教育部关于深化高校教师考核评价制度改革的指导意见》（教师〔2016〕7号）（http：//www.moe.edu.cn/srcsite/A10/s7151/a01609/t20160920_281586.html）。
② 参见陈平原《六说文学教育》（东方出版社，2016年，149页）。
③ 参见陈平原《六说文学教育》（东方出版社，2016年，149页）。

写组做，我们只是帮助出主意、把把关。此前参加过人教社版《高中语文》的编写，只负责其中一册，加上专题课教材《中国小说欣赏》，别的事不太管。这回是主编，被要求参与宣传推广，我拒绝了……此后，好几次有人请我出山，都谢绝了。"① 面对编写全国中小学语文教材这样的"重大需求"，陈平原教授并未选择接受、承担，进而将其内化为自己的自发动力，而是选择了"逃离"和"撤退"。这同北大中文系另两位教授，尤其是承担语文教材编写的温儒敏教授，显然有很大不同。而陈平原教授如此选择的理由是："真正让我警觉，赶紧'金盆洗手'的，是以下三个因素：其一，编中小学教材，兹事体大，不同于个人著述。写文章，你说不行，我可以改；编教材可不一样，不能拿百十万儿童当小白鼠。其二，凡编写教材的，都希望发行量大，面向全国；可中国太复杂了，东西南北、沿海内陆、城市乡村，你越深入调查就越心虚。其三，编教材，有意识形态方面的限制，同时还受商业利益牵扯，其中的错综复杂，非我等书生所能把握。说白点，为中小学生编教材，这是一件专业性很强的工作，不能随便进来插一脚。既然我做不到全身心投入，只好赶紧撤退。"② 细看这三点原因，同样存在于钱理群和温儒敏教授身上，然而，同样的原因却可以导致不同的选择，这在北大中文系这三位教授身上充分体现出来。

第三个例子是 20 世纪 50 年代初留美学者在回国与否问题上的选择和判断。众所周知，以朱光亚、华罗庚、邓稼先、钱学森等为代表的一批留美学者回国，成为我国的"两弹一星"元勋；而杨振宁和李政道等学者则选择了留在美国，并获得了诺贝尔物理学奖的成就。那么在今天看来，"服务国家重大需求"的导向，在不同留美学者眼里，显然就有不同的判断。举例来说，朱光亚等联名签信，并发布在 1950 年的《留美学生通讯》上，"中国需要社会建设的干部，中国需要了解中国实情的社会学家。回国之后，有的是学习机会。不少回国的同学，自动地去华北大学学习三个月，再出来工作。早一天回去，早一天了解中国的实际政治经济情况，早一天了解人民政府的政策，早一天参加实际的工作，多一天为人民服务的

---

① 参见陈平原《六说文学教育》（东方出版社，2016 年，149 页）。
② 参见陈平原《六说文学教育》（东方出版社，2016 年，149 页）。

机会。现在祖国各方面都需要人才，我们不能彷徨了!"① 华罗庚也选择了归国："伊利诺伊大学对华罗庚非常礼遇，除聘请他外，还可以由他选择两位杰出青年代数学家，使伊大成为研究代数的中心，他接受了聘约，接了他的夫人和三个儿子来团聚，算是他生平第一次过恬静的生活。不意1950年他决意要全家回大陆去，伊大千方挽留他，甚至于有'你先回去看看，你的孩子由伊大照料'的建议，但是华先生怀着一种'中国人应当站起来'的心情，举家成行了。我与华先生是道义之交，当时只觉得'人各有志'，就不必多言了。"② 从上述内容可以看出，一方面，朱光亚和邓稼先有亲人在大陆团聚的考虑，另一方面，朱光亚和华罗庚等学者也确实是将建设和报效祖国作为自己回国发展的动力。杨振宁和李政道留在美国的选择主要是出于什么样的考虑？"1951年8月，30岁的他（巫宁坤）放弃了完成一半的博士论文，在旧金山登上驶往香港的克利夫兰总统号邮轮，李政道前来送行。'我愣头愣脑地问政道：'你为什么不回去为新中国工作？'他笑笑说：'我不愿让人洗脑子。'"③ 从上述文章的分析，杨振宁和李振道选择留在美国有当时时局动荡等复杂因素的考虑，但是"服务国家重大需求"导向这一点上，显然他们同朱光亚、邓稼先、华罗庚等学者是不同的。

　　从上述实例可以看出，对来自外部的像"服务国家重大需求"这样的目标，并不是每个人都可以将它内化为自己的内在动力，这个内化的过程是因人而异的，有些人确实可以做到将"国家重大需求"内化为自己的一种使命感、责任感，但仍然有很多人是无法做到的。

　　那么，到底是什么因素在影响人们对外部目标的内化过程呢？德西等人（1994）的研究发现④，有三项因素对内化过程产生较大影响：一是需

---

　　① 参见王丹红《1950年代初留美学者的选择——与三联书店前总编辑李昕先生商榷》(http://chuansong.me/n/1068948551285)。

　　② 参见王丹红《1950年代初留美学者的选择——与三联书店前总编辑李昕先生商榷》(http://chuansong.me/n/1068948551285)。

　　③ 参见王丹红《1950年代初留美学者的选择——与三联书店前总编辑李昕先生商榷》(http://chuansong.me/n/1068948551285)。

　　④ 参见 Deci, Eghrati, Patrick, Leone. Facilitating internalization: The self-determination theory perspective. Journal of Personality, 1994, 62, 119-142。

要解释为何这一外部目标是重要而有价值的；二是承认外部目标本身可能是无趣的，人们在从事这类工作时会觉得枯燥、无趣，这样的感受是被理解和接纳的；三是人们在从事这类外部目标时可以选择继续还是退出。让我们从这三个方面看"服务国家重大需求导向"可能存在的问题。"服务国家重大需求导向"往往在第一方面是有利于人们的动机内化过程的，因为"国家重大需求"本身是容易感召人们使命感和责任感的，以挑战性目标的方式出现在项目申请者的面前；但在第二方面，人们从事这类"服务国家重大需求"的项目时所可能表现出的工作本身无趣、枯燥的感受，却很少得到目前科研评价方式的关注，或者换句话说，那些从事这类项目的研究人员的真实感受是被忽略的、不被关注的，当然也就谈不上是被承认和被理解的；从第三方面来说，"国家重大需求"的科研项目往往有严格的项目周期和时间表，一旦进入这类项目组、课题组，成为研究主力和骨干，是不大可能随意选择退出的，也就是说，这类课题的真正参与者是没有选择继续还是退出的机制的。在这三个影响外部目标内化的因素中，具备两个或三个因素对促进内化过程是有利的，然而如果有一个因素或者三者皆不具备，那么内化过程就会遇到困难。

"国家重大需求导向"的课题和项目在后两方面的问题，导致现有的许多这类课题和项目无法让参与者将外部的"国家重大需求"内化为自己的内在动力，而是以外在"任务"的方式"被迫"去完成。这可以解释近些年各个学科所谓"国家重大攻关项目"经费投入巨大，但是真正重大的创造性成果稀少的现实。① 解决"国家重大需求导向"的科研人员将其内化的问题，需要从项目管理的机制着手，一是项目负责人对项目实际的承担者在从事项目工作过程中的感受予以理解和关注；二是项目负责人要允许项目参与者一定程度上拥有继续和退出的选择自由。

6.2　外部动机的内化与因果导向类型的关系

借着去河南某大学进行校长培训的机会，顺道进行了一次学术交流，

---

① 参见蒲慕明、饶毅、汪品先等议：中国科研缘何难有重大创新？（https：//weibo.com/p/1001603854624271558385？sudaref=www.baidu.com&display=0&retcode=6102）。

主题是报告拙著《学校积极领导力》，花了一个多小时陈述该书的内容，然后由学生提问，现在回想起来，这些问题令笔者有一种意外的惊喜，同时感到不虚此行。提出的问题具有一定的挑战性，这里特地把几个问题整理出来，进行深入讨论。

其中一位同学提出，既然自发性动机更有利于我们学习、工作的顺利开展，有利于创造性的发挥，那么如果能想办法尽量对外部的要求和动机进行内化，通过内化转化为自发性的动机，那岂不是很有意义的工作吗？这个关于外部动机内化的问题，笔者以为很有价值。关于外部动机的内化是不是无条件的，是否可以采取某些方式对外部的要求进行内化处理？如果真的存在可以将多数（甚至任何）外部评价内化为自发性动机的话，那么这个人必定是机器人，外部输入任何程序指令，"他"都可以无条件地"内化"为自己的自发性动机，不打任何折扣地执行指令。显然，活生生的人类是无法做到像机器那样完全听命于人的，因而，对人而言，对外部评价、要求、指令、任务进行内化是有条件的，不是无条件的。这个条件笔者认为有两个：一个是当事人接收到的外部任务是否同他/她真实信奉的价值观相符，以及在多大程度上是一致的。外部任务越是同当事人的价值观相符，当事人越是认同这种任务所代表的价值观念，内化的程度自然就越高；相反，亦反之。另一个条件同当事人的因果导向类型有关。笔者在回答这位同学的提问时提到，如果一个非人格化导向的人平时就无法左右自己的学业和生活，都是依靠"随大流"过日子的话，讨论其外部动机的内化到底有多大意义呢？这样的"内化"并不会对当事人的消极被动状态有任何帮助。例如，"北大屠夫"陆步轩，在第二任妻子的建议下去卖猪肉，但他自己并不认同这一职业，尽管如此，他也无法改变自己"猪肉佬"的身份。对陆步轩而言，首先需要提升自我效能、壮大自己的自我认同感，进而从改变自己职业发展的驱动力、职业发展方向的角度考虑问题。如果只是考虑如何把卖猪肉这一工作"内化"为他自己的自发性动机，这种内化的意义何在？

而高控制导向的人，主要是依靠外部的评价、压力、任务要求推动自己的学业和工作，当事人在某种程度上接近于我们上面提到的"机器人"，即以高度的理性化驱动自身的学业和工作，对这些人而言，似乎讨论内化与否并不重要。因为当事人本就是以高度理性的态度，像"机器人"一样去处理外部指令，他们需要关注的并非内化问题，而是心理承受能力，毕竟人是有机体，这种"机器人"式的生活有多少人可以长期承受呢？对于高自主导向的人而言，能否将外部任务内化在很大程度上取决于当事人是否认同这一任务，这种认同可能来自对分派任务的领导者的认同，也可能来自任务本身是否有价值、有意义，或者是否有趣、能发挥当事人的专长，也就是与同当事人的价值观在多大程度上是一致的有关。自主程度越高的个体，往往价值观念也越鲜明，认同与排斥的往往差异巨大，在这种情况下，不同的价值观的任务很难做到内化为个体的自发行为。

6.3 职业不认同与职业倦怠的关系

在上述交流中，聆听报告的一部分学生是师范类研究生，他们自本科起分别在不同的学科专业院系像中文、历史、英语、数学、物理、化学等学习三年，第四年进入教育学院，接下来面试进入硕士研究生的学习，再有两年的时间，一年用于研究生学业，最后一年进入中学实习，以硕士学位毕业。交代这个背景是因为接下来的一个提问与此有关。这位提问的同学提到，在实习的一年中，指导她的"师傅"和其他前辈教师给她的建议是，教师并不是什么好的职业，压力大，收入低，从这些建议中可以看出，这些中学教师对自身的职业是不大认同的，那么她毕业后如果做初中教师，很可能会面临类似的问题，所以，这位同学提的问题是，即使我成为一名初中教师，很可能是不认同教师这份职业的，但是必然会出现职业倦怠吗？

这位同学提的问题是关于教师职业认同与教师职业倦怠之间关系的，显然这需要借助大量的实证研究进行。在笔者的案例分析中发现，短期内（3年、5年）职业不认同不一定会出现职业倦怠，但是长期看，尤其是10年、20年甚至整个的职业生涯，如果职业不认同一直持续，会导致出现职业倦怠的概率大大增加。难道不可能有例外吗？作为社会科学的研究，当然会有例外。例如，当事人的乐观性水平比较高，除了工作还有很多的兴趣爱好，多才多艺，热爱生活，尽管不认同自己的教师职业，但是长期的工作生涯仍然没有出现职业倦怠，这是完全可能的。但是，对于这些例外的情况，只能说当事人付出的代价太大了，他/她原本有机会在自己的职业中发挥创造性，达到职业繁荣的状态，但是由于不认同自己的职业，却又没有转变职业发展的驱动力，只能拥有一个平庸的职业生涯。

6.4 外部激励、自我效能感与内在动机的关系

在上述交流中，同学提出的另一个问题是，如果外部激励能够带来当事人的自我效能感，当事人变得有更强的自信心，这对内在动机、自发性动机不是很有利吗？举例来说，大学教师按照职称评定的外部要求，虽然激发起的是外部动机，但是如果这种外部动机的驱动导致当事人不断获得了职称的提升，对当事人而言是一种自我效能感的提高，这对当事人自发地从事教师工作不是很有利吗？反之，如果不按照职称评定的外部要求去做，导致当事人评定职称屡屡受挫，自我效能感降低，这对自发性动机的发挥也是非常不利的吧？对于这个问题，不得不说当时的回答很仓促，并且不是很成熟："教师迎合外部职称评价获得的效能感是否还是自我效能感？这同自我（self）似乎关系不大，只能称作效能，而不是自我效能。"现在看来，这个回答似乎错误理解了自我效能的概念，但是关于外部动机与自我的概念却显示出我对这个问题所持看法的方向。关于这个问题的看法，其实同人的基本心理需求中的自主性和胜任感有关。在自我决定理论中，人的三个基本心理需求是自主性、胜任力和社会关系，这三种基本心理需求越是得到满足，就越是容易产生内在动机、自发性动机[①]。那么在这三种基本的心理需求中，任何一种或者几种心理需求的满足都会有利于促进内在动机的发生。

然而，在这三种基本心理需求中，是否存在为了满足其中一种或者几种而需要牺牲另一种或几种的问题呢？显然是存在的。常见的一个现象就是当事人为了满足关系的需要而牺牲自主性的需求："有时关系需要会和自我决定需要相冲突。如果个体想要获得他人的赞赏（能提升人际关联感），有时就需要和他人的期望或需要保持一致（会降低自主感）。"[②] 尤

[①] 参见 Deci E L, Ryan R M. The "what" and "why" of goal pursuits: Human needs and the self-determination of behavior. Psychological Inquiry, 2000, 11, 227 - 268. doi: 10.1207/S15327965PLI1104_01。

[②] 参见（美）简妮·爱丽丝·奥姆罗德（Jeanne Ellis Ormrod）著、汪玲等译《学习心理学（第6版）》（中国人民大学出版社，2015年，339页）。

其是在我国这样强调集体主义而非个体主义的文化中，恐怕更是如此："在特别强调对团体成绩（而非个人成就）的认同与义务的文化中——如许多亚洲文化——个体通常会认为关系感比自我决定要重要得多。"① 那么在上述提问中，实际上涉及的是胜任感与自主性这两种基本心理需求的矛盾，教师为了获得外部评价要求的职称，就必须做出一定调整去迎合这种外部要求，这中间当事人是需要牺牲自主性需要的，以换取职称评审获得的自我效能和胜任感。②

笔者认为，迎合外部激励往往伴随着当事人自主性的让渡和牺牲。我们在华南师范大学教师郭台辉的案例中看到③，为了评上教授职称，他不得不选择一个流行的课题名称去申请国家级的课题，事实上，他也因此得到了教授职称，然而代价却是这个课题耗费他很多的时间和精力，却并非他真正想做的。所以，迎合外部评价而获得自我效能和胜任感是要付出代价的，这个代价就是自主性的让渡。那么，紧接着不可回避的一个问题就是，这种代价是否值得？关于这个问题，恐怕也是因人而异的，不同因果导向类型的人会得出不同的判断。笔者以为，对非人格化导向的人来说，当事人的核心需求恰恰是自主性需求，而非胜任感的获得，因为当事人即使获得了胜任感，也仍然是"随大流"的，所以，这种让渡自主性而迎合外部评价要求的做法其实代价更大，是不值得的。对于高控制导向的人，这种迎合外部评价的做法就是一种常态，并不构成任何问题。而对高自主

---

① 参见（美）简妮·爱丽丝·奥姆罗德（Jeanne Ellis Ormrod）著、汪玲等译《学习心理学（第6版）》（中国人民大学出版社，2015年，339页）。

② 关于自我效能与胜任感的关系，可以参见（美）简妮·爱丽丝·奥姆罗德（Jeanne Ellis Ormrod）著、汪玲等译《学习心理学（第6版）》（中国人民大学出版社，2015年，335页）。这两个概念当然有所区别，"第一，胜任是基本的人类需要，然而社会认知学者虽然认为自我效能感是有益的，但并未指出其是人类必要的本能驱力。第二，胜任是相对普遍的、蕴含于自我感知中的——总体上自己如何看待自身——而自我效能感更多是和特定任务相关的。"但是也有相互联系的部分，"某种程度上，总体的胜任感影响特定任务上的自信心，从事某项工作时的自我效能感能够促进总体的胜任感和自我价值感。此外，在阅读动机文献的过程中，我发现研究者在讨论特定的任务或情境时会采用胜任感（或其他类似术语），而在描述相对一般的自我感知时则使用自我效能感这一术语。"这里我们是从相似性上将自我效能和胜任感看作可以替换的概念。

③ 参见本书第2章和第5章相关内容。

导向的人来说,如果类似职称这样的胜任感更为重要,而当事人又有足够的自主性用于出让,那么这种"暂时的妥协"就是值得尝试的。

此外,与此密切相关的另一个问题是,这个外部评价获得的效能感能够持续多久?比如,大学教师从讲师评上副教授、从副教授评上教授所获得的胜任感能够持续多久呢?以笔者的个人体验和对其他同事的观察,这种胜任感不过是几个月到半年左右的时间,而让渡自主性的代价却往往需要付出几年的努力。所以,这种为了获得自我效能感和胜任感而牺牲自主性的做法实在应当慎之又慎。

提出上面三个问题的学生都来自河南某省属院校,不能不说,三个问题是富有挑战性的、有水平的、不容易回答的。

6.5 经历、动机与创造性

在学习人本主义理论的过程中,大致了解了一下人本主义理论的几位提出者的个人经历,由此引发了笔者对人本主义理论提出者自身经历与他们提出人本主义理论之间的关系的思考。笔者发现,这些提出者的个人生活、工作经历同人本主义理论的提出有着极为密切的关系。

亚伯拉罕·马斯洛(1908—1970)作为人本主义的创立者,一生都致力于研究健康的人、自我实现的人。他提出的需求层次理论,尤其是对自我实现的人的研究,不仅是管理学家道格拉斯·麦格雷戈提出的Y理论的基础,更是人本主义创造力观点的基础,创造力就是那些最健康的人表现出的自我实现行为。为何马斯洛的人本主义理论中花了大量的篇幅和精力来描述自我实现的人、健康的人、有创造力的人?或者说马斯洛研究自我实现的巨大动机来自何处?表面看,似乎同马斯洛博士毕业后在纽约的两位老师有关,这两位老师是人类学家鲁恩·贝内克和心理学家马克思·韦特默,这两位老师"与一般人有很大的不同,这引起了他的好奇心。在马斯洛看来,这两个人代表人类发展的最高层次,并把这个层次称为'自我实现'"[①]。但是,从马斯洛自己的经历看,他的生活中无论是自己还是周

---

① 参见 Jess Feist、Gregory J. Feist 著、李茹主译《人格理论》第7版(人民卫生出版社,2011年2月,246页)。

围的人，恰恰是不健康的、非自我实现的。比如他的母亲，在马斯洛眼里，"她冷酷、极端自私"，所以他一直憎恨母亲。他在自己的日记里提到了他的研究和对母亲的憎恨之间的关系："我总是很奇怪我的乌托邦理想、重视伦理道德、人道主义，强调友好、爱、友谊以及所有其他的东西都来自哪里。肯定地说，我确知它们并不是母爱的直接结果。但是，我整个生活哲学的形成以及我所有的研究和理论都能在我对她的仇视及憎恶她所代表的一切中找到根源。"① 也就是说，这种"憎恶"情感驱使他去研究与母亲正相反的那些积极品质。又如，读大学时，马斯洛遵从父亲的意愿读了法律专业，但是很快他就放弃了，"因为他深感法律过多的与邪恶的人打交道，对善良的人却关心不够"。马斯洛还曾考入威斯康星大学的医学院，但也很快就放弃了学医，因为"外科医生能够面无表情地将患病的身体部位切割下来，他对外科医生这种冷静和平心静气的态度很反感。对马斯洛来说，医学院就像法学院一样，对人类都持有一种无动于衷的消极的看法。医学院的这段经历让他感到既不安又厌烦"。② 此外，马斯洛自己的经历很难说是健康、自我实现的："马斯洛的个人生活充满了痛苦，他的痛苦来自生理和心理两个方面。青少年时代，他特别害羞、不幸、孤独和自卑。在以后的岁月里，他的健康状况经常出问题，患有几种疾病，其中就有慢性心脏病。在他的传记中，关于他的健康状况不良的叙述随处可见。在他临死前1个月的最后一篇传记中，他抱怨人们期望他成为一个勇往直前的领袖和发言人。他写道：'从气质上说，我就不是勇敢的人。真的，我的勇气是用来战胜各种压抑、谦恭、温柔、羞怯，而疲劳、紧张、忧惧和睡眠问题总是耗费我大量精力。'"③ 正是由于马斯洛周围的人和他自身的经历，这种不健康、非自我实现的现实状况恰恰成为驱动他去关注、研究那些健康的、自我实现的、创造性的个体的理由。

---

① 参见 Jess Feist、Gregory J. Feist 著，李茹主译《人格理论》第 7 版（人民卫生出版社，2011 年 2 月，236 页），以及爱德华·霍夫曼著、许金声译《做人的权利——马斯洛传》（改革出版社，1998 年，11 页）。

② 参见 Jess Feist、Gregory J. Feist 著，李茹主译《人格理论》第 7 版（人民卫生出版社，2011 年 2 月，236 页），以及爱德华·霍夫曼著、许金声译《做人的权利——马斯洛传》（改革出版社，1998 年，237 页）。

③ 参见 Jess Feist、Gregory J. Feist 著，李茹主译《人格理论》第 7 版（人民卫生出版社，2011 年 2 月，238-239 页）。

在马斯洛的经历中，还有几个值得关注的问题。例如，马斯洛的家庭背景对他的职业发展是否有直接的帮助？马斯洛是否接受了精英式的大学教育才有了职业生涯的巨大创造性？马斯洛为何会进入心理学的职业领域？

第一个问题，关于马斯洛的家庭背景，在爱德华·霍夫曼撰写的马斯洛的传记中介绍了他的父亲塞缪尔·马斯洛（Samuel Maslow），作为一个犹太移民，他14岁离家出走，身无分文漂洋过海来到美国，"塞缪尔在费城待了几年，一面学习新的语言，一面打零工。后来他移居纽约，和另外的亲戚住在一起。在纽约，塞缪尔做起了制桶生意，并且很快同表妹罗斯结了婚。在他们双方家庭先辈中，既没有杰出的学者，也没有富翁"[1]。在马斯洛出生时，他的家庭属于"下中产阶层"，在马斯洛九岁至十岁时，"随着塞缪尔在制桶业上的成功发展，一家人由下中产阶层的街区搬至中产阶级的街区"[2]。在这样一个犹太移民的中产家庭成长，马斯洛的家庭教育和学校教育很难说是良好的，情况恰恰相反："我是一个极不快乐的孩子……我的家庭是一个令人痛苦的家庭，我的母亲是一个可怕的人……我没有朋友，我是在图书馆和书籍中长大的。但是，奇怪的是，过着这样的童年生活，我居然没有患精神病。"[3]

第二个问题的答案是否定的，马斯洛大学就读于"没有什么名气的"纽约城市学院，期间为了追求自己的表妹曾转学去了康奈尔大学，学了一个学期又转回纽约城市学院，可以说马斯洛接受的本科教育是很普通的。如果说受教育对马斯洛产生了明显影响的话，那只能说是马斯洛考入威斯康星大学读博士期间，与亨利·哈洛一起进行的研究工作发挥了作用。但这些影响同马斯洛获得博士学位后，开始职业发展时期遇到的诸多心理学家对他的影响相比，并不明显。在获得博士学位后他做哥伦比亚大学师范学院桑代克研究助理时期，获得了自己选定研究课题的自由；他在纽约工

---

[1] 参见爱德华·霍夫曼著、许金声译《做人的权利——马斯洛传》（改革出版社，1998年，2页）。

[2] 参见爱德华·霍夫曼著、许金声译《做人的权利——马斯洛传》（改革出版社，1998年，4页）。

[3] 参见爱德华·霍夫曼著、许金声译《做人的权利——马斯洛传》（改革出版社，1998年，1页）。

作期间，还接触了许多逃避纳粹、移居美国的欧洲心理学家，"这些人每一个都对马斯洛产生过影响"，包括试图作为自我实现案例的人类学家鲁恩·贝内克和心理学家马克思·韦特默等。所以，就教育而言，马斯洛接受的只是普通的本科教育和研究生教育，他获得的真正的支持来自开始心理学的学术职业生涯之后。

第三个问题，为何马斯洛会进入心理学的职业领域？在读大学期间，马斯洛并没有显示出对心理学的兴趣，他感兴趣的是哲学课程，"有趣的是，对马斯洛最有影响的课程是文化哲学，但他没有修完这门课"[1]。而他的心理学导论课程虽然是由一位著名心理学先驱爱德华·铁钦纳教的，但是他的心理学研究是"'没血没肉'，与人没有任何关系的，因此给马斯洛留下了一个冷冰冰的、对人类漠不关心的印象"[2]。马斯洛真正对心理学发生兴趣是在大学毕业之后，由于对华生的行为主义产生兴趣，他才去学习了心理学的课程。

值得一提的是，马斯洛对美国研究型大学中"要么发表，要么毁灭"的科研评价机制的态度是不满的。他在威斯康星大学就读博士期间的日记中抱怨："这里所强调的就是领先。领先意味着做一个又一个无聊的实验，然后发表一篇又一篇无聊的文章……一篇文章好，两篇文章双倍的好。这里有显而易见的数学关系，你发表的文章篇数与作为一个心理学家的'优秀素质'成正比。"他也对在这种发表论文科研体制中随波逐流的学者进行了评论："他们总是让我联想到，一帮商人和政治家正用鼻子迎风嗅着，渴望知道正在发生什么，什么是美国心理学家中的流行时俗。现在藐视格式塔心理学很时髦，于是他们都藐视它。如果时俗是赞颂，他们就赞颂它。他们的实验仅仅针对当时正热心的问题……他们像一群在精神上被阉割的人……去他的吧，我宁死也要保持自己心智的强健。让他们的那一套见鬼去吧！"[3]

---

[1] 参见爱德华·霍夫曼著、许金声译《做人的权利——马斯洛传》（改革出版社，1998年，36页）。

[2] 参见爱德华·霍夫曼著、许金声译《做人的权利——马斯洛传》（改革出版社，1998年，237页）。

[3] 参见爱德华·霍夫曼著、许金声译《做人的权利——马斯洛传》（改革出版社，1998年，64页）。

另一个案例是心理学家埃里克·埃里克森（1902.6.15—1994.5.12），他提出了心理发展阶段理论，而令人印象深刻的是他提出的"认同危机"（Identity Crisis）① 这一概念。尽管"认同危机"仅仅是发生在发展阶段理论的第5个阶段青年期的事情，但是，显然"认同危机"在埃里克森自己的生命历程中具有特殊的意义和价值。正如在他的传略中所说，"埃里克·埃里克森是谁？他是丹麦人，德国人，还是美国人？他是犹太教徒还是异教徒？是艺术家还是精神分析学家？这些问题就算埃里克森本人恐怕也难以回答，为了确定他是谁，可以说他几乎用了一生的时间。"② 显然，对埃里克森来说，"认同危机"是贯穿他一生的关键事件，而不仅仅是青年期需要应对和处理的问题。说他是丹麦人，是因为他的母亲是丹麦人；1933年，由于法西斯主义的盛行，埃里克森和家人申请加入丹麦国籍，但却被丹麦当局拒绝；"他长期以来一直对丹麦语和丹麦人有一种亲切感，而且丹麦国旗让他有一种异常的自豪，但他却从来没有在这个国家生活过"。③ 说他是德国人，显然是因为他出生在德国南部，在他青春期冒险离家之前一直生活在德国。而说他是美国人，则是因为他在美国定居的时间最久，从1933年丹麦拒绝他的入籍申请后，他就移居美国，直到1994年去世前，60多年的时间都在美国。虽然埃里克森同这些国家都有渊源，但是他自己认为自己是哪国人呢？这个问题同他一直寻找自己的生身父亲，却始终找不到答案有关。他一生不断地更换居住地去寻找他父亲的名字，却始终不得。说他是犹太教徒，是因为他的母亲是犹太丹麦人，他会像犹太教徒一样去教堂，他的同学也叫他犹太人。说他是异教徒，因为埃里克森长着"斯堪的纳维亚的容貌"，在教堂的时候，"他的碧眼金发让他看起

---

① 正如我们在前文3.13精英教育的三种形态与人本主义教育中提到的，埃里克森提出的"Identity Crisis"常被翻译成"同一性危机"，我们这里则翻译为"认同危机"，一方面是根据这一词汇的含义，反映的是身份、职业、宗教等的认同问题；另一方面就是根据下面提到的埃里克森本人的经历。

② 参见 Jess Feist、Gregory J. Feist 著，李茹主译《人格理论》第7版（人民卫生出版社，2011年2月，208页）。

③ 参见 Jess Feist、Gregory J. Feist 著，李茹主译《人格理论》第7版（人民卫生出版社，2011年2月，207页）。

来像个旁观者"①，移居美国后，他将自己的名字从霍姆伯格改为埃里克森，在关于他的传记介绍中，一般认为这种改名意味着他"放弃了早期的犹太人身份"②。说他是艺术家，是因为埃里克森在青春期离家，并过了7年的画家和诗人的生活。说他是精神分析学家，比较容易理解，他不仅接受过弗洛伊德的女儿安娜的心理分析，在安娜开办的学校教学；而且他移居美国之后既进行过行为矫正的精神分析业务，也在医学院、心理诊所进行过研究。贯穿埃里克森一生非常重要的问题就是他自己的"认同危机"，对自己身份认同的问题，通过不断更换工作和居住地的办法对自己生父的不断寻找，都反映出这个认同问题对埃里克森一生的影响之大。正是上面这些埃里克森的独特个人经历带给他的"认同危机"，导致他一生都在处理和应对这种"危机"，而他的社会心理发展阶段理论可以说是对自己"认同危机"和应对处理的结果，正是解决自身"认同危机"的需要，赋予了埃里克森研究"认同危机"的动机，这显然是一种内在的、自发性的研究动机，这种研究动机尤其体现在他对甘地的研究上，"他对甘地产生了很强烈的情感，用他毕生的时间来研究这位他从未谋面的前辈……他流露出对甘地强烈的好感"③。因为在甘地的整个生命周期中，很关键的就是中年甘地对自身认同危机的应对和解决。

有关埃里克森的一个有趣的问题就是，埃里克森所接受的教育与他的创造性贡献之间的关系是怎样的？显然，埃里克森没有接受过正式的大学教育，更不存在精英大学严格的学术训练，那么正式学校教育同他在心理学上提出发展阶段理论可以说不存在任何直接关系。而今天愈演愈烈的精英教育与人的创造性和想象力的发挥之间，存在着让人忧虑的鸿沟。

从埃里克森提出的"认同危机"来理解目前在学校中比较普遍的职业倦怠现象，恰恰说明学校校长和教师们有相当比例没能真正解决自己的"认同危机"：对自身职业的不认同，却又无法摆脱的状况，会导致病理性

---

① 参见 Jess Feist、Gregory J. Feist 著，李茹主译《人格理论》第 7 版（人民卫生出版社，2011 年 2 月，207 页）。

② 参见 Jess Feist、Gregory J. Feist 著，李茹主译《人格理论》第 7 版（人民卫生出版社，2011 年 2 月，209 页）。

③ 参见 Jess Feist、Gregory J. Feist 著，李茹主译《人格理论》第 7 版（人民卫生出版社，2011 年 2 月，226 页）。

的问题,比如,职业倦怠。所以说,职业倦怠恰恰是一种"认同危机"的反映。黄西通过转换职业,从生物医药领域转换到脱口秀的职业,解决了自己的"认同危机";李健从广电总局的网络工程师转换为歌手,解决了自己的"认同危机";崔永元从央视辞职到中国传媒大学任教,解决了自己的"认同危机";刘慈欣从山西娘子关电厂工程师转换为科幻作家,解决了自己的"认同危机"。而陆步轩恰恰是没有解决自己的"认同危机",一直从事自己不认同的卖猪肉职业,由此导致的就是"认同危机"带来的各种病理性问题。

6.6 读《马斯洛传》

对马斯洛来说,一些关键性的事件,即那些改变了马斯洛想法和行为的事情,是非常值得分析和讨论的。第一个关键事件是马斯洛19岁那年同自己未来的妻子、当时的表妹接吻,这对他产生了巨大影响:"一天,马斯洛像往常一样去她家串门,刚开始,他犹豫地坐在贝莎的身旁,他们交换着脉脉含情的目光。随着这种沉默的延续,她娴静而温柔地凝视着他,并向他靠近了一些。马斯洛既渴望接触她,又十分羞怯,这使他坐在那里踌躇不安。这时,富有经验的贝莎的姐姐安娜打破了沉默,加速了这段缓慢的浪漫史,她把马斯洛推向贝莎,说道:'看在彼得的份上,吻她吧!'马斯洛先是大吃一惊,然后,几乎是在安娜的胁迫下,吻了贝莎。他后来回忆道:'贝莎没有反抗或拒绝,她回吻了我,于是,我的人生真正开始了。'马斯洛一直认为,第一次浪漫的亲吻是他生活中最重大的时刻之一,这是一次真正的高峰体验。这对他的自我形象产生了巨大影响,在这时,他感到自己已经是成人,体验到了宝贵的性爱和友谊。'我被一个异性接受了,和她在一起,我感到极度幸福和愉快'。"[①] 一个年轻人的初吻当然对他有着重要影响,然而,对马斯洛而言,这个意义显然不仅于此,这里提到了对他"自我形象"的巨大影响。马斯洛在成长过程中对自我形象应该是相当自卑的,他把自己看作"一个长着两个脑袋的怪人"。他说:"我

---

① 参见爱德华·霍夫曼著、许金声译《做人的权利——马斯洛传》(改革出版社,1998年,35页)。

异样地感觉到,我是一个非常丑陋的年轻人。我天生有一种深刻的感觉,即不知怎么回事,我有些不对劲。在我的记忆中,我从来没有任何优越感,只有一种强烈的、令人痛处的自卑感。"① 这种自卑感在父亲无意的玩笑中更加恶化:"在一次家庭聚会上,他(父亲)用一种反问的口气说:'难道亚伯不是你们见过的最丑的孩子吗?'"②

对马斯洛在大学时期产生重要影响的不仅仅是他同表妹的关系,还有一部书,是威廉斯·雷厄姆·萨姆纳的《社会风俗》。"这是一本被马斯洛看成是'珠穆朗玛峰'的著作。它影响了马斯洛的一生。"③ 这是一部主要关于文化习俗、宗教变迁的书,书中使用了大量生动的案例和故事来说明这样的观点,如果没有理性和科学,不加思考地让过去的道德习俗支配,那么现在的文明也在劫难逃。这部书对马斯洛的影响是:"此书具有一种震撼力量,使马斯洛豁然贯通。萨姆纳的书不仅描写了已经过去的古代,而且也描写了自己的生活!因为他也深受迷信和狭隘心理之苦,这些痛苦主要来自他的母亲和那些向他抛掷石头的孩子们。马斯洛由此推论,他应该将自己的一生投入到与非理性的斗争中去,并且运用自己的理智和知识去创造一个更完美的世界。"④

而真正影响马斯洛选择心理学作为未来职业的,则是克拉克大学卡尔·莫奈森编辑的《1925年的心理学》一书。该书是由他在纽约市立大学的哲学老师推荐的。书中收录了行为主义心理学家约翰·布鲁德斯·华生写的三篇文章,这三篇文章"对他选择心理学作为职业起了决定性的作用"。"真正使我感到兴奋的是华生的文章……在令人激动的时刻里,我突然看到了在我面前展现的心理学作为一种科学的前景,一个给人以希望的真正

---

① 参见爱德华·霍夫曼著、许金声译《做人的权利——马斯洛传》(改革出版社,1998年,7页)。
② 参见爱德华·霍夫曼著、许金声译《做人的权利——马斯洛传》(改革出版社,1998年,7页)。
③ 参见爱德华·霍夫曼著、许金声译《做人的权利——马斯洛传》(改革出版社,1998年,36页)。
④ 参见爱德华·霍夫曼著、许金声译《做人的权利——马斯洛传》(改革出版社,1998年,38页)。

进步的和真正解决问题的规划。我们所要做的只是勤奋工作和全身心地投入。"①

马斯洛就读医学院可以说是由于找不到工作、生活所迫而做出的一种妥协。这件事情的背景是，1934年马斯洛完成了在威斯康星大学心理学的博士学业。"威斯康星大学的心理学研究生教育享有极高的声誉，而马斯洛由于在杂志上频频发表文章，以及其研究富有创见已经初露锋芒。马斯洛也很开朗而友善，但由于他的犹太背景"，他很难找到一份工作，"申请了全国几乎一打空缺的职位都遭到了拒绝"②。"看到别无选择，他决定再进入医学院学习。因为他已读完有关课程，并在相邻的领域得到了博士学位，所以在1934年9月24日，他进入威斯康星大学医学院，开始了学制两年的学习。他对开业当外科医生并无真正的兴趣，但希望再得到一个医学博士学位，通过自己双博士学位的资历来获得研究职位。"③ 马斯洛很快发现自己无心学医，于是就从医学院退学了。

在马斯洛早期的职业发展中，有一个重要的人（或者说贵人）对其影响很大，这个人就是哥伦比亚大学教授爱德华·L. 桑代克。桑代克对马斯洛的影响不仅是直接提供物质上的帮助：在他从威斯康星大学医学院退学后，经济拮据、没有正式工作的情况下，桑代克提供给他一份博士后奖学金，让马斯洛在生活上没有后顾之忧；桑代克对马斯洛更为重要的影响是非常大度地放手让马斯洛从事自己感兴趣的研究，而不是命令式地要求他只能从事自己认为重要的研究题目。在马斯洛一开始进行的桑代克的研究课题"人性与社会秩序"中，他对这个课题很快就感到"乏味和不耐烦"、开始"拖延"和"抵触"。而桑代克对此的处理却不同寻常，他不仅没有解雇马斯洛，而且以一种英雄惜英雄的方式给他提供了自主支持：他不仅把自己的办公室交给马斯洛使用，给他发薪水，而且表示，"还是应该让

---

① 参见爱德华·霍夫曼著、许金声译《做人的权利——马斯洛传》（改革出版社，1998年，40页）。

② 参见爱德华·霍夫曼著、许金声译《做人的权利——马斯洛传》（改革出版社，1998年，75-76页）。

③ 参见爱德华·霍夫曼著、许金声译《做人的权利——马斯洛传》（改革出版社，1998年，76页）。

你自己独立思考。这样，对你，对我，甚至对世界都将是最合适的"①。马斯洛在桑代克提供的自主支持环境中，进行了人类性行为与支配行为的关系研究，在这一年半中，"他开始形成自己独立的专业特征"。这对至今而言任何一个刚刚进入学术职业的学者而言，都是弥足珍贵的。②

桑代克对马斯洛的学术并未产生实质性影响，而是提供了马斯洛学术发展需要的环境。接下来的这个人却正相反，是对其学术思想发生重要影响的人。20世纪30年代，由于德国政府的法西斯化，大量欧洲的学者移民到美国，尤其是纽约，其中马克斯·维特海默（Max Wertheimer）对马斯洛产生了重要影响。这种影响"主要不是通过其著作，而是通过讲课和无数次非正式的交谈"③。虽然是格式塔心理学的代表人物，维特海默的一些思想直接影响了马斯洛，例如"高峰体验"（Peak Experience）这个在马斯洛思想中重要的概念，就是维特海默在文章中首先描述的；再如，积极心理学的思想，维特海默在1940年的文章中针对心理学中强调病态而非健康的倾向，提出"难道在成人和儿童中就没有仁慈、诚实相处和公正待人的倾向吗？难道这些品行都源于强迫和恐惧吗？"他认为社会科学的一项重要任务就是研究同情心和利他行为等行为倾向，这说明维特海默的思想里已经有了积极心理学的研究方向。

那么，马斯洛是如何产生人的需求层次理论的呢？下面这些事件都或多或少对此产生了积极的影响。例如，对马斯洛的学术思想产生巨大影响的人有维特海默、本尼迪克特等人；马斯洛对黑脚印第安人的人类学研究；马斯洛在布鲁克林大学的教学工作；马斯洛的女儿及家庭生活等，这些都对自我实现理论的形成产生了影响。

从马斯洛早期的学术思想的萌芽看，应该是他关于自我实现人的思考，那么马斯洛是如何走向自我实现人的想法的呢？哪些人或事情在马斯

---

① 参见爱德华·霍夫曼著、许金声译《做人的权利——马斯洛传》（改革出版社，1998年，86页）。

② 让我们回忆一下数学家张益唐在攻读博士期间与其导师的关系，时至今日，恐怕多数人的学术之路都是要服从导师的研究方向，而不容易获得独立的自主研究方向。

③ 参见爱德华·霍夫曼著、许金声译《做人的权利——马斯洛传》（改革出版社，1998年，108页）。

洛形成这些思想过程中产生了重要影响？或者从学校积极领导力的角度看，促使马斯洛研究自我实现人的具体动机是什么？显然，他关于自我实现人的想法首先来自对他影响很大的两位学者——人类学家露丝·本尼迪克特和心理学家马克斯·维特海默。早在1935年马斯洛刚认识他们时，就意识到这两位学者的与众不同："他们令人迷惑不解，与周围的一切显得那样不同，就好像来自另一个星球……尽我全部的知识也无法理解他们。"①

有关马斯洛思想在管理上的应用是另一个值得关注的问题。马斯洛到布兰代斯大学出任心理系主任，可以说是一个观察马斯洛理论在管理上的应用的契机；此外，在桑代克的自主支持管理下，有过学术工作经历的马斯洛会把这种方式应用在自己的管理中吗？在这本传记中，主要交代马斯洛任系主任期间，如何招募有创新精神的同事，而很少讨论他具体的管理方式，很显然马斯洛是希望同事们可以和睦相处，但是他仍需为了调节同事之间因经费和职位的争吵而"做一些不受欢迎的事"②。而真正能够体现马斯洛管理方式的应该是他对博士生的指导方式，他确实采取了自主支持的方式，同桑代克当年对待他做博士后一样的方式，给予博士生"前所未有的自由"，"他放弃了许多传统的升级程序，例如频繁的考试、正式讲演甚至必修课程。他相信，为了有效地训练未来的社会科学专家，培养他们的写作论文这类技能以及让学生尽可能独立地进行实地调查和研究是至关重要的。他鼓励学生们自己选定研究步骤和焦点，强调自我发现而不是严格监督"③。然而，尽管采取了自主支持的指导方式，马斯洛与研究生的关系却"并不理想"，因为自主支持的指导方式对于有主动性、目标明确的博士生来说是有效的，但是对于不自觉、缺乏主动性的学生往往效果不佳。笔者认为，对于后一类学生，首先需要的是帮助其建立自主性，而不是下放权力给予空间，当然，自主性的建立本身需要一个长期的过程，尤

---

① 参见爱德华·霍夫曼著、许金声译《做人的权利——马斯洛传》（改革出版社，1998年，171页）。
② 参见爱德华·霍夫曼著、许金声译《做人的权利——马斯洛传》（改革出版社，1998年，224页）。
③ 参见爱德华·霍夫曼著、许金声译《做人的权利——马斯洛传》（改革出版社，1998年，245页）。

其是对非人格化导向的学生而言,有时在几年的学习生涯中都很难建立起来。

虽然在马斯洛出任的布兰代斯大学心理系系主任管理职位上并不能很好地观察出马斯洛的理论在管理中的实践,但是在这部传记中还是有其他案例和故事可以说明马斯洛的理论在管理中的应用。1962年6月,马斯洛接到邀请访问了一家生产商用数字电压表的公司,这家公司的老板安迪·凯将马斯洛的《动机与人格》一书奉为圣经,并据此在他的公司中进行管理实验。凯的主要管理措施是,拆除装配线,用6~7人的生产小组代替;小组成员和领导共同决定如何完成生产任务,并且对安装、检查、排除障碍、整理工具等负全部责任。每一位小组成员都熟悉几种产品的全部生产过程,休息时间由小组根据需要自行决定。每个小组都在独立的车间工作,车间布置也由工人自己选择方案。除了付给雇员高出当地圣迭戈普遍工资水平25%的高薪外,他还废除了工时卡、销售人员的支出账目、对迟到和生病者进行惩罚等旧规定。由于各部门有包括保留自己经费在内的较多的自主权,他和其他高级管理人员便只是全力从事长期规划。① 在接下来的暑期,马斯洛基于对工商企业管理的观察和思考完成了一部题为《夏天的笔记》,后来以《优心态管理》为名出版的著作,在工商业界产生广泛影响。

值得一提的是,马斯洛的学术著作《变态心理学原理》和《动机与人格》都是通过教学形成的。前者是在给布鲁克林大学授课内容基础上形成的;而后者则是他在布兰代斯大学授课的教程内容。②

在20世纪50年代中期③,马斯洛就因为对创造性的研究而获得学术界之外的广泛声誉,他被邀请参加军队、企业和公共服务界的演说邀请。

---

① 参见爱德华·霍夫曼著、许金声译《做人的权利——马斯洛传》(改革出版社,1998年,298-299页)。

② 参见爱德华·霍夫曼著、许金声译《做人的权利——马斯洛传》(改革出版社,1998年,226页)。

③ 而对现代创造性的研究则开始于1950年吉尔福德(Guilford)所做的美国心理学会主席演讲。参见Keith Sawyer著、师保国译《创造性:人类创新的科学》(华东师范大学出版社,2013年,18页)。可以说,马斯洛对创造性的研究属于现代创造性研究的开端之列。

实际上，马斯洛对创造性的研究表现为"内行不认可，外行追着转"的现象。① 然而，今日的积极心理学早已不是马斯洛那个时代，积极心理学至今仍很少关注创造力这个主题，这不能不让人感到十分奇怪。为何积极心理学不在一开始就关注创造性？为何至今仍然少有人关注这一主题？这是一个值得思考的问题。

马斯洛有关"高峰体验"的研究是如何开始的？为什么会产生有关"高峰体验"的想法？作为一个人本主义者，马斯洛仅仅是将"高峰体验"作为一项研究，还是将其作为自己的一项直观体验？一个不了解心理学的人，也许会认为研究者自己去体验并实践所研究的主题是理所当然的，然而，在心理学的学术圈里，所谓的学术规范并非如此，而且恰恰相反，研究者不仅不需要体验自己所研究的心理现象，而且亲身去体验还会被认为是不恰当的行为，因为这会被认为是主观的、个人化的、经验的，从而使这种体验远离了客观性、普适性和科学性。马斯洛在"高峰体验"上的研究便是如此。1961年，他准备在10月20日举行的霍妮纪念会上提交一篇论文，整个9月和10月他都在准备这篇名为《自我同一性和高峰体验》的论文。在论文写作中，他有了一次高峰体验："在演讲前3天的晚上……他在一种富有灵感的异常状态中醒来，穿着一身睡服走下楼梯，开始写日记。他沉浸在一种充满创造性和想象力的激情中，兴奋地一写就是几个小时，完全忘记了时间。这阵情绪过后，他感到有些头晕，黎明的寒冷使他浑身发冷，牙齿打颤，而且膀胱憋得快要爆炸。"② 就是这样一种心理体验，马斯洛在是否进行讲演分享时却一直犹豫不决，并最终在演讲中没有分享他自己的个人体验。他的看法很能说明到今天仍是如此的心理学研究与个人体验的关系："在现代科学中，我们的主观体验和感受的地位太低下了，常常受到轻视，甚至被忽略不计。统计学和定量的方法并不是了解人类思想的唯一途径，现在，是通过接受'个人的心理学和经验的心理学

---

① 参见爱德华·霍夫曼著、许金声译《做人的权利——马斯洛传》（改革出版社，1998年，261-263页）。

② 参见爱德华·霍夫曼著、许金声译《做人的权利——马斯洛传》（改革出版社，1998年，288页）。

的问题和材料,来拓宽科学研究范围'的时候了。"① 这里,马斯洛清楚地表明,个人体验和经验对于心理学研究的重要性。

通过上面的梳理,大致回顾了《做人的权利——马斯洛传》中对马斯洛影响较大的关键性事件和人物,显然,家庭背景和受教育背景都不足以解释马斯洛在人本主义心理学上的巨大贡献。马斯洛关于自我实现、高峰体验,以及对工商业管理产生巨大影响的《优心态管理》等研究成果都同他的个人体验和经历密切相关。虽然马斯洛在研究生阶段接受的是实验心理学的训练,但是他的主要成就都不是按照所谓规范的实验研究取得的,而是靠人类学调查、个人体验和观察思考形成的。这给今天大行其道的定量研究、实验研究都提供了借鉴。

6.7 从《洋墨水》《红墨水》《玻璃天花板》看驱动力

作为香港科技大学创校校长,吴家玮的成就自不必说。作为一个教育工作者,笔者的职业习惯更为关注他的家庭教育和学校教育经历,吴家玮的留美四部曲中,《洋墨水》对此有详尽的交代。

6.7.1 《洋墨水》与求学的驱动力

关于家庭教育,吴家玮的自传中并未有太多交代,因为四部自传内容始自1955年,吴家玮当时已17岁准备赴美留学。从家庭背景看,吴家玮的家境是不是不同寻常?因为那个年代就可以赴美留学啊!其外祖父夏敬观,清末"担任过数任大学校长","民国前后还当过两任省级学官,包括江苏的提学使和浙江的教育厅厅长"。② 外祖母出自书香世家,祖父是殷商。"父亲毕业于清华大学;到伊利诺大学深造三年,主攻当年热门的铁路管理,跟着又在宾夕法尼亚大学沃顿商学院读了经济硕士学位。"③ 按理说,这么优渥的家庭背景,同赴美留学之间是水到渠成的关系。其实不全然如此,也许同内地大部分普通家庭相比,吴家玮的家庭背景相当优越,

---

① 参见爱德华·霍夫曼著、许金声译《做人的权利——马斯洛传》(改革出版社,1998年,289页)。
② 参见吴家玮著《洋墨水》(复旦大学出版社,2010年,15页)。
③ 参见吴家玮著《洋墨水》(复旦大学出版社,2010年,17页)。

但在那个战乱年代，就香港培正中学的学生而言，"我的家境并不好"，这从吴家玮17岁赴美为了获得本科奖学金而不得不进入一所不知名的乔治镇学院可以看出。父亲"原来希望我能像他那样在国内念完大学，然后出国深造"①。应该这样说，吴家玮的家庭背景使他会去美国留学，但在留学生中，他的家庭又不算是殷实的。话说回来，从吴家玮后来读华盛顿大学物理博士及职业发展结交到的著名人士不少，并生出"这世界真是不大"的感慨②，他自己的解释恐怕更能说明其家庭所处阶层情况："中国人口虽多，但那个时代阶层分明；能念上大学、继而出国留学的，看来属于一个不很大的圈子。留完学后，学术和社会活动比较多的，又属于圈子里的一个小圈子。这么说来，彼此'以缘相识'大概不算很出奇的巧合。"③ 这恐怕部分说明了吴家玮的家庭背景影响，以及后来吴家玮的学术和社会活动中的社会资本因素。

从学校教育看，值得关注的当然首先是吴家玮是如何进入物理学这个学术领域的，最初的驱动力是怎样的。从吴家玮的经历来看，进入物理学主要是外驱力使然。为什么这么说？从刚到美国乔治镇学院开始，吴家玮就说"我是来美国念土木工程的"④，而这个土木工程的选择也是为了好找工作而已，"一般的想法是，工科毕业的不怕找不到工作。那就念工科吧……听说叔父是念土木的，留学回国后就参加了机场设计，从来没有为失业担过心，那就念土木工程吧"⑤。"偏偏乔治镇学院没有土木工程。说得准确些，什么工科课程都没有。那就改念与工程有些相关的理科吧。""听说物理是读任何理工科都需要的基础学问，念工科的都得先学些物理。只要学院里有这课程，念了没有坏处；打好基础，说不定一两年后可以换所大学，到时再改念工程。那就念物理吧！"⑥ 从吴家玮对待数学的态度也可以看出选择物理的这种外部动机心态："我对数学相当喜欢，虽然不懂其妙，考分总是很高，可是长辈都说：数学太理论、太抽象，念了将来找

---

① 参见吴家玮著《洋墨水》（复旦大学出版社，2010年，9页）。
② 参见吴家玮著《洋墨水》（复旦大学出版社，2010年，345页）。
③ 参见吴家玮著《洋墨水》（复旦大学出版社，2010年，346页）。
④ 参见吴家玮著《洋墨水》（复旦大学出版社，2010年，66页）。
⑤ 参见吴家玮著《洋墨水》（复旦大学出版社，2010年，66页）。
⑥ 参见吴家玮著《洋墨水》（复旦大学出版社，2010年，66页）。

不到饭吃。"①

那么后来为何吴家玮没有在进一步深造时改回学土木工程呢？显然他一开始是有此打算的，在短短两年就准备从乔治镇学院毕业后，打算申请研究生院时，"起初的想法是趁回到原先念的土木工程，或进别的工科也行。可是一看各工学院的介绍手册，才知道若要进工科念研究生课程，必须预先读完很多听都没听见过的必修课。不好好花上两三年时间，根本就做不到"。正是缘于这种需要额外的付出和代价，他才放弃土木工程，继续攻读物理，"……无知之极的我很不服气，觉得让我给还省下来的两年，实在太不划算。不如就继续念物理吧！再说，好像物理系的研究生都能兼任助教，除了免缴学费，还能拿到充裕的助学金。这样，衣食住行都能应付，无须让辛勤的父亲继续为我操劳"②。可见，无论是读土木工程还是攻读物理，在吴家玮看来并非是因为特别喜欢这类学科，由于内部动机驱使，而是出于就业、解决经济压力的考虑。

从学业经历和外驱力的专业选择看，吴家玮在物理专业上也不大可能一帆风顺，这主要体现在他被位于圣路易市华盛顿大学物理系录取后，博士资格考试没有通过，只得拿了硕士文凭暂时就业。③话说吴家玮没有完成博士学业，不得已拿着硕士文凭进了孟山都化学公司的研发部门，为何不继续在工业界工作，赚钱养家，而是又折返校园继续攻读博士呢？事实上，吴家玮进入孟山都公司工作后，是比较顺利的："三年来，研究生院里的感受和苦闷打击了我的自信，没想到进入孟山都后居然学得、做得比别人快——至少不比别人差。"④ 实际上，为何不继续在工业界工作，这个问题吴家玮在自传中也有过这样的自问："看同事们的生活，个个那么舒畅。该上班的时候上班，该下班的时候下班。上班时稳稳当当、扎扎实实，下班后轻轻松松、舒舒服服。回到家里，享其天伦之乐。那个圈子里美国人都这样过日子，为什么我不能照样？"⑤ 更何况吴家玮当时与妻子尹芳已经

---

① 参见吴家玮著《洋墨水》（复旦大学出版社，2010年，66页）。
② 参见吴家玮著《洋墨水》（复旦大学出版社，2010年，99页）。
③ 参见吴家玮著《洋墨水》（复旦大学出版社，2010年，112-121页，149-158页）。
④ 参见吴家玮著《洋墨水》（复旦大学出版社，2010年，170页）。
⑤ 参见吴家玮著《洋墨水》（复旦大学出版社，2010年，159页）。

订婚，准备完婚，不更是应该考虑赚钱养家吗？实际上，吴家玮在后来办理停薪留职重回校园时就面临两个问题：一是吴家玮在美国的居留身份能否继续申请；二是生计问题，"怎么养活自己两口子"①。如果说上述因素都是外力因素，那么内力因素同样存在：吴家玮在孟山都接手多个实际项目后收获良多，"做上手后，发现不只对热动力学增加了认识，同时当真喜欢上方程和数学推导。一方面终于能够使用课程里学到的'本事'；一方面又看到怎么能够变通这些本事，让科学知识展示实用价值。多多少少工业界的研发和开展源自物理思维的运用，多多少少工业界的吃饭本领来自貌似枯燥的方程。原来书本和现实真有这么密切的关系，不亲自摸索、捕捉、攻占，无从体会"②。所以，吴家玮实在没有理由在孟山都工作了一年半之后，再重回校园。

重返校园的主要原因是"连续发生了两样意料不到的事"。"第一件意料不到的事，是物理系和公司都为我破了一系列的惯例。"③ 华盛顿大学物理系鉴于他在硕士研究和学习态度方面的表现，破例让他重考博士资格试。这一破例恐怕是吴家玮能够回到学术领域的大前提。试想，如果没有这一破例，吴家玮重新申请其他院校的博士学业的话，在当时情况下恐怕是不大可能的，从家庭经济压力到个人投入的时间、精力都不允许。而孟山都公司破例保留吴家玮在公司的职位，居留身份不变。第二个意料不到的事是一开始收到做博士的萨德教授离开华大前往伊利诺伊大学物理系，所幸并没有影响吴家玮的博士资格重考。此外，孟山都内部改组，原来的上司走了，这件事对吴家玮的影响是："原来的上司这么一走，把我对孟山都的心理负担解除了大半。本来一直有个阴影挂在心头：来日若想留在学界、不回公司工作，会对不起这位为我尽力安排复学的好上司。他这一走，我心理上起了变化：不是我不愿意回去，而是原属单位和上司都不复存在，无'家'可归。"④ 这从他在通过博士资格考试之后，恢复半工半读时的状态也可看出："其实我物理已学上了瘾，根本不想回公司，可是

---

① 参见吴家玮著《洋墨水》（复旦大学出版社，2010 年，216 页）。
② 参见吴家玮著《洋墨水》（复旦大学出版社，2010 年，205 页）。
③ 参见吴家玮著《洋墨水》（复旦大学出版社，2010 年，214-215 页）。
④ 参见吴家玮著《洋墨水》（复旦大学出版社，2010 年，219 页）。

法律不允许我恢复留学生身份，不回去不行。"① 在吴家玮的自传中，基本没有透露出有长期留在工业界的想法，似乎只有读博进入高校工作才是他当时的志向，这一志向是建立在华大破例博士资格重考这一意外事件的基础上的。不得不说，吴家玮的这种倾向性还是反映了我们文化里唯有读书高的意识。

尽管吴家玮进入物理学的博士生涯属于明显的外驱力使然，但是在经历了博士资格考试的失败之后，似乎带来了一种驱动力的转变效应。在华盛顿大学物理系破例让其重考，并以第一名的成绩通过后，吴家玮在物理学的博士学业中逐渐产生了内驱力，如他在导师芬伯格指导下发表了第一篇在《物理评论》上的学术论文，其中阐述了他对科研的"苦干、理解、信心"的理解。② 这种驱动力的转变，也部分解释了他为何舍弃在工业界像孟山都公司这样的研发职务，回到校园继续进行博士深造和学术研究。实际上，到1964年2月底，吴家玮彻底离开孟山都时，已经把这份兼职工作看作"担子"了："前后历时将近五年的担子终于放下，从此可以跟随导师芬伯格，投入全部时间和精力做我的博士科研。"③

在完成博士学业后，吴家玮同夫人尹芳共同讨论比较了三种就业路径，孟山都工业界的工作、教学型大学或博雅学院教书，以及到名校做博士后。④ 夫妇二人的看法都是"该向高处跑"，其中孟山都的工作最不看好，"以我来说，最明显的是不怎么欣赏'打工'……假如愿意过那样的太平生活，当初花这么多时间和精力读博士学位干啥？这条路在心头分明早已被我们淘汰"。这不能不说是一种文化上的偏见。至于去教学型大学或博雅书院教书（谁知时隔多年后吴家玮会于1973年出任圣迭戈加州大学热菲尔学院院长，及1983年出任教学型大学旧金山州立大学校长⑤），"假如愿意那样，几年来机会多的是，一直可以申请到这样的职位，为什

---

① 参见吴家玮著《洋墨水》（复旦大学出版社，2010年，239页）。
② 参见吴家玮著《洋墨水》（复旦大学出版社，2010年，298-302页）。
③ 参见吴家玮著《洋墨水》（复旦大学出版社，2010年，325页）。
④ 参见吴家玮著《洋墨水》（复旦大学出版社，2010年，349页）。
⑤ 参见吴家玮著《洋墨水》（复旦大学出版社，2010年，387-388页），这虽符合吴"向高处跑"的策略，但是由学术导向的教授去出任教学型学院和大学的领导，这不能不说是一种拧巴。

么没有考虑?"两人的就业志向是:"尽可能去一流的研究型大学从事教研。成败不计,但求不枉几年寒窗。"正是基于此,伦斯勒理工学院聘吴家玮为助理教授时被拒绝了。因此,上述"向高处跑"的职业发展策略,很难说有多少内驱力在里面。综合而言,华盛顿大学物理系破例让吴家玮重考博士资格考试恐怕是吴家玮后来整个学术生涯的一个转折点,如果没有这次博士资格重考,恐怕吴家玮的经历需要另外书写了。

6.7.2 《红墨水》与行政管理工作的开端

除了上述在物理学术职业的发展外,吴家玮更重要的职业生涯是在高校行政管理上的成就,他不仅突破了华人所谓的"玻璃天花板",做了旧金山州立大学的校长,更是落叶归根,做了香港科技大学的创校校长。这些在大学行政上的成就都始自他在西北大学出任物理及天文系系主任一职。所以,这里首先需要了解他最初是如何进入行政管理岗位的。按照《红墨水》一书的回顾,在他自己看来,从西北大学的教授转到系主任的岗位,从学术职业改道行政岗位,就如同华盛顿大学破例让他重考博士资格考试一样,是"出乎意料"的。"第一次去院长办公室,没几句话就让我不明不白地当上了系主任,30岁就失去了'阳春教授'的身份,出乎意料地走上了学术行政的不归之路。"[①] 为何这次职业转轨也是"出乎意料"的呢?这同吴家玮在不知情的情况下被推荐为西北大学校级学术委员会临时委员会主席的经历有关。

同样值得关注的是,如果吴家玮在物理学术上有足够内驱力的话,为何还会跑去做行政管理?上面提到他出任物理及天文系系主任虽是"出乎意料",但他显然没有推却、婉拒的意思,而是顺势而上,由系主任到加州大学圣迭戈分校热菲尔学院院长,进而是旧金山州立大学校长和香港科技大学校长。从事学术工作的人都知道,学术研究和行政管理是两条截然不同的发展路径,需要的知识、能力、素养等各方面的储备截然不同。如果不是对行政管理有特别的偏好,牺牲学术方面的发展,其代价是相当大的。

---

① 参见吴家玮著《红墨水——吴家玮回忆录》(海天出版社,2016年,237页)。

6.7.3 《玻璃天花板》与大学管理工作的驱动力

如果说吴家玮出任西北大学物理系系主任是"出乎意料",那么后来他受聘加州大学圣迭戈分校(UCSD)热菲尔学院院长是出于什么考虑呢?总不能又归结为"意外"吧?事实上,吴家玮从西北大学物理系教授出任UCSD热菲尔学院院长,妻子尹芳是反对的,"她不愿意我干行政工作。'当教授多好?以为你准备过一辈子教授生活嘛!看你那不分昼夜拼命做研究的劲头,哪像是愿意当院长的?'"① 吴家玮对这个院长的聘任前后过程没有太多交代,《玻璃天花板》的开头是已经接受院长一职,准备从芝加哥西北大学物理系迁至加州,而这个院长的聘任过程仅仅只是一句带过,"突然间,晴天霹雳,天上掉下来个绝好机会,终能重返仙境"②。如此简单地带过,甚至无从考察校方在聘用吴家玮做热菲尔学院院长时,是否基于他做系主任的工作经历。当然,从吴家玮对西北大学执教和重返圣迭戈加州大学的形容,很容易看出他对后者的向往:西北大学执教被形容为"人间烟火",而后者则是"学术仙境"。从书中表现出来的吴家玮当时的心态看,接受圣迭戈加州大学热菲尔学院院长一职,主要是冲着更好的物理系,做学术界的"阳春教授"去的,而不是冲着当院长,将来能在行政管理上走得更高、更远去的(吴家玮在当时也不可能想到自己后来会做加州州立大学的校长和香港科技大学的创校校长)。"这次回 UCSD,当上院长,情况必然发生变化。还能干科研吗?虽然不那么乐观,总还保留了些希望……若三五年的院长任内不完全废弃武功,之后应该还能走回'阳春'老路。啊,这个想法过分天真!……生不逢时吧!到 UCSD 后,放在科研上的精力和时间下降得很快。'阳春教授'之梦骤然惊醒。"③ 甚至从后来吴家玮在考虑是否接受旧金山州立大学校长一职时,也可以看出当时接受 UCSD 热菲尔学院院长的考虑:"好不容易回到 UCSD,不就是想在这儿

---

① 参见吴家玮著《玻璃天花板——吴家玮回忆录》(海天出版社,2016,8页)。
② 参见吴家玮著《玻璃天花板——吴家玮回忆录》(海天出版社,2016,1页)。
③ 参见吴家玮著《玻璃天花板——吴家玮回忆录》(海天出版社,2016,18-19页)。

过一辈子的吗？当几年院长后回系里做物理，多好的如意算盘！"①

那么到吴家玮"打破玻璃天花板"接掌旧金山州立大学校长一职时，是不是吴家玮就打定主意从事行政管理工作，而做好离开学术界的"阳春教授"的准备了呢？事实并非如此，"那个时代，当上热菲尔学院院长已经很不寻常，被选任为旧金山州大校长简直不可思议。……我该是个'陪跑'而已"②。即使是在最后面试关头，吴家玮对旧金山州立大学校长一职的态度仍然是"很矛盾"，并非看起来的水到渠成，有志于行政管理的长远抱负。一方面，对这个校长职位的犹豫是想回物理老本行做"阳春教授"；另一方面，"这么多年来参加华人运动，哪能没点责任感？到这地步，总得有人打破这块玻璃天花板吧？坦白说，我若不是中国人，绝对不会去当校长"③。在旧金山州立大学校长之后的香港科技大学创校校长一职，对吴家玮本人来讲，也不是踌躇满志、志在必得的样子：他先是由于华人身份做旧金山州立大学校长而被选进香港科技大学这"第三间大学筹备委员会"的委员，在选择校长时，遴选委员会"得到了 44 份申请书和 47 封推荐信；一半以上来自英国。选委会仔细考虑了 60 位候选人，初选了 16 位，约见了 14 位，最后'面试'了 5 位"④。面对校长一职如此激烈的遴选和竞争，吴家玮却"身为筹委之一，我自然没有申请，也不知道是谁推荐了我"⑤，从旧金山州立大学校长到香港科技大学创校校长，这样重要的岗位和成就，竟然都不是吴家玮有意为之，从自我决定理论来讲，校长职位都是胜任需求起主导，而非自主需求起主导。

综上所述，从吴家玮的学业和职业生涯发展来看，主要是一种基于胜任需求的外部驱动，从早期学业在工程和物理专业之间的选择，到意料之

---

① 参见吴家玮著《玻璃天花板——吴家玮回忆录》（海天出版社，2016，152 页）。
② 参见吴家玮著《玻璃天花板——吴家玮回忆录》（海天出版社，2016，151 页）。
③ 参见吴家玮著《玻璃天花板——吴家玮回忆录》（海天出版社，2016，152 页）。
④ 参见吴家玮著《玻璃天花板——吴家玮回忆录》（海天出版社，2016，403 页）。
⑤ 参见吴家玮著《玻璃天花板——吴家玮回忆录》（海天出版社，2016，403 页）。

外获得物理博士资格重考,在工业界与大学、学术与教学之间的选择,再到西北大学物理系主任的"出乎意料",以及在行政岗位上的圣迭戈州大学热菲尔学院院长、旧金山州立大学校长、香港科技大学创校校长等职务,都没有看到吴家玮在行政管理方面所应有的强烈抱负和内在驱动力,更多是由于每一步行政职务的胜任力,而获得了下一步行政岗位的机会。那么,从自我决定理论的角度出发,不禁让人想问,从系主任到院长、再到校长这样重要的岗位上,当事人究竟发挥了多少的创造性?或者说,这类行政管理岗位究竟需不需要当事人发挥创造性?还是说,行政管理岗位仅仅是一种常规性的岗位,并不需要当事人发挥创造性?

6.8 职业驱动力案例:周国平

6.8.1 学术写作与散文写作

在周国平的职业发展经历中,可以说写作,尤其是非学术性的写作,扮演着重要的角色。例如,"90年代发生了一件出乎我意料的事,就是我成了一个著名的散文作家。……到2002年为止,我发表了300多篇散文"[1],其中有多篇文章被选入高考语文试卷和高考模拟试题的现代文阅读[2],那么这种散文写作的动机是怎样的呢?"其实,写这些东西的时候,我哪里是在写散文啊。因为妞妞的灾难,因为婚变,我不得不劝慰自己,开导自己,而我的资源只有哲学,手段只有文字,于是写下了许多哲学性的感悟和思考,这些东西便被人称作了哲理散文。同时,由于变故导致的心情,我难以潜心做系统的学术工作和写大部的著作,篇幅短小的文字就成了最合宜的形式。"[3] 这些写作由于外部"变故"所引起,属于外部动机,但却是用来"劝慰自己,开导自己",所以,是被内化了的外部动机。

---

[1] 参见周国平著《岁月与性情:我的心灵自传》(人民文学出版社,2014年,255页)。

[2] 参见"周国平谈高考:拿我文章当考题,我都答不对"(http://www.chinanews.com/cul/2014/06-10/6265022.shtml)。

[3] 参见周国平著《岁月与性情:我的心灵自传》(人民文学出版社,2014年,255–256页)。

周国平说:"我写作从来不是为了影响世界,而只是为了安顿自己。"① 所以,周国平的散文写作、非学术写作是一种内化了的、自发性动机驱动使然。

实际上,周国平这种写作的习惯很早就形成了:"在上小学时,我就自发地写日记了,所记的都是一些琐屑的事情,诸如父亲带我到谁家做客、吃了什么好吃的东西之类。在这种孩子气的日记中隐藏着一切写作的基本动机,就是要用文字留住生活的快乐,留住岁月,不让它们消逝得无影无踪。上初中时,我已经基本上养成了写日记的习惯。从高一下学期起,我开始天天写日记,一直坚持到'文革'中的某一天,八年中从未间断。"② 显然,周国平写作的这种自发性动机从小就已养成,这种自发性动机驱动下写日记带来的好处不是有形的物质奖励或学校环境中的评价可以带来的:"日记成了我的最亲密的朋友,每天我把许多时间献给它,我的一切都可以向它倾诉。在这过程中,它不只是一个被动的倾听者,它和我对话,进行分析、评价、开导,实际上成了另一个自我的化身。我从写日记得到的最大好处就是形成了一个内心生活的空间,一种与一个更高的自我对话的习惯。"③ 这也就解释了,小学、中学写日记本身尽管不见得是一件有趣、有意思的事情,但却因为获得"内心生活的空间""与一个更高的自我对话"而被内化为自发性的写作动机。

相比较而言,学术写作的动机要复杂一些。周国平于 1978 年 10 月开始在中国社会科学院哲学研究所苏联当代哲学专业三年的硕士研究生学习。从后来周国平读博士研究尼采和西方哲学的专业取向看,他报考硕士研究生的专业选择并非出自对苏联当代哲学专业的兴趣或自己的价值判断,"之所以报这个专业,是因为我的俄语基础很好,比较有考上的希

---

① 参见周国平著《岁月与性情:我的心灵自传》(人民文学出版社,2014 年,257 页)。
② 参见周国平著《岁月与性情:我的心灵自传》(人民文学出版社,2014 年,56 页)。
③ 参见周国平著《岁月与性情:我的心灵自传》(人民文学出版社,2014 年,56 页)。

望"①。这个苏联当代哲学专业的选择更多是权宜之计，出自控制性动机；到1980年发表他的第一篇学术论文《正确评价德波林》时，出发点是"真考上了，我在苏联哲学方面总不能一点事不做"②。这一外部动机驱动的学术论文写作延续到硕士毕业论文，以及接下来一些谈马克思人性理论的文章，"包括《马克思主义哲学和价值观》《只有一个马克思》《历史进步的双重尺度》《马克思的自由观》等"③。对于刚开始学术写作的周国平来说，此时的写作动机和写作状态是这样的："按我的性情，我是宁愿去尝神设的禁果而不是去闯人设的禁区的。我始终意识到，当我写这些东西的时候，我还不是我自己。我辛勤地写着，可是很少是我自己在说话。我不愿做一架学术机器，哪怕是一架高效率的机器，消耗大量的知识原料，制造出一批批学术产品。"④ 在硕士研究生阶段开始的学术写作，更多被周国平自己看作"学术机器"加工出来的"学术产品"，更多是一种控制性动机的驱使使然。对这种状况，周国平本身当然不满意："不，我还必须有灵魂，我要做一个有灵魂的活生生的人。假如我真的需要一种体系，也仅仅是为了更加完整地表达我的人生感受。是的，仍然是人生，它是我唯一拥有的东西，我必须时时感受它，这样才觉得自己是一个活人。我尚未找到适合于我的表达方式。"⑤ 而真正适合的"表达方式"大概是从他硕士毕业之后留在哲学研究所工作，从事尼采研究开始的。对尼采的关注完全出自内在动机："作为消遣，我读各种闲书，读到徐梵澄、楚图南在新中国成立前翻译的几种尼采著作，顿感一见如故。"⑥ 对尼采的翻译和学术

---

① 参见周国平著《岁月与性情：我的心灵自传》（人民文学出版社，2014年，206页）。

② 参见周国平著《岁月与性情：我的心灵自传》（人民文学出版社，2014年，219页）。

③ 参见周国平著《岁月与性情：我的心灵自传》（人民文学出版社，2014年，221页）。

④ 参见周国平著《岁月与性情：我的心灵自传》（人民文学出版社，2014年，224页）。

⑤ 参见周国平著《岁月与性情：我的心灵自传》（人民文学出版社，2014年，224页）。

⑥ 参见周国平著《岁月与性情：我的心灵自传》（人民文学出版社，2014年，229页）。

写作是周国平攻读博士期间的主要工作，1983年写出《从酒神精神到权力意志——尼采艺术哲学初探》，1985年写出畅销书《尼采，在世纪的转折点上》，博士论文《尼采与形而上学》于1990年在湖南人民出版社出版，对尼采的关注"像一个美丽的谜语，经过枯燥的劳动却探得了奇妙的谜底"①，这是对尼采作品翻译和写作过程，内化了的自发性动机最好的写照。所以，在周国平的学术写作方面，有一个从控制性动机向自发性动机转变的过程，从硕士阶段的外在要求、外部动机驱动，到博士阶段及以后出自兴趣和内化的自发性动机驱动的这样一个过程。

对周国平的两种写作方式（即所谓纯学术写作与非学术性的哲理散文写作）进行比较是一件有意义的事情。可以说，学术写作是别人眼中的"正业"，而散文写作则是"副业"。在他本人看来，显然是更偏向于"副业"的，因为从工作数量的投入上看，"正业"显然没有"副业"的产出多。"90年代以来，我的确甚少出版学术专著，在《尼采与形而上学》（1990）之后，直到1995年，为了应付与人合作的一个课题，才又花了半年时间啃胡塞尔和伽达默尔的著作，就他们的意义理论写了若干篇论文。"② 相比之下，"副业"的产出相当丰富："到2002年为止，我发表了300多篇散文，先后结为《守望的距离》（1996）、《各自的朝圣路》（1999）、《安静》（2002）三个集子。可以算作散文的还有随感录《人与永恒》（1992）和纪实作品《妞妞——一个父亲的札记》（1996）、《南极无新闻——乔治王岛手记》（2002）。"此外，还有《人生哲思语编》（2000）、《人生寓言》、思想札记，等等。③

在周国平看来，之所以会有这种对副业的偏向，是因为："我丝毫不低估学术工作的重要性，并且对踏实地做着这种工作并且取得了成绩的同行怀有敬意。就我自己而言，我不愿意做所谓纯学术研究，而宁愿以我的

---

① 参见周国平著《岁月与性情：我的心灵自传》（人民文学出版社，2014年，229页）。
② 参见周国平著《岁月与性情：我的心灵自传》（人民文学出版社，2014年，259-260页）。
③ 参见周国平著《岁月与性情：我的心灵自传》（人民文学出版社，2014年，256页）。

方式把学术工作纳入我的精神探索的整体轨道。"① 实际上，周国平的非学术性写作，同《学校积极领导力》第二章中提到的刘慈欣在工程师职业中发展的科幻写作、石悦在公务员职业中发展的趣味史学写作、黄西在生物制药公司发展的脱口秀等都是同样的事情：出于兴趣、爱好等内在动机驱动发展的"副业"往往更具创造性，甚至最终可能取代"正业"。

尽管在周国平自己看来，不论是"正业"还是"副业"，都被纳入他"精神探索的整体轨道"，然而，现实中的"副业"对"正业"还是产生了不那么积极的影响。例如，在他所在的单位中国社会科学院哲学研究所，始终没有将他评为博士生导师，以至于很有诚意来读周国平的博士的人都被挡在门外。② "我估计，堂皇的理由不外是说我不务正业。我写的哲理散文是不能算学术成果的……看来，中国学术界的奇怪规则是，在评估你的学术能力时，你的文字表达能力是作为负数加入计算的。凡是表达生动的文字，不管所表达的内容是什么，都不能算作成果。不仅如此，而且因为它们的存在，对你的形式上符合标准的学术成果的评估也要相应地打折扣。因此，如果你写了大量有文采的——因此而被判定是非学术的——著作，那么，在它们的抵消下，即使你的那些可以被承认是学术性的著作在绝对数量上也不少，在质量上相当高，至少高于他们生产的大多数产品，他们仍然认为自己有权对之忽略不计。"③ 可见，在周国平的哲学学术研究领域，这类散文写作的"副业"不仅被看作"不务正业"，不被看作职称晋升的"学术成果"，而且对其职业发展中的博导评审还产生了负面效应。

6.8.2 内在动机与外在免疫

周国平的不同成长阶段，在学习、工作上都保持了自身的内在动机，而且对外在环境中的恶劣情形，或者外在很多评价、奖励产生了自我免

---

① 参见周国平著《岁月与性情：我的心灵自传》（人民文学出版社，2014年，259页）。
② 参见周国平著《岁月与性情：我的心灵自传》（人民文学出版社，2014年，260-265页）。
③ 参见周国平著《岁月与性情：我的心灵自传》（人民文学出版社，2014年，262页）。

疫。例如，在北京大学读本科期间，"作为一名哲学系学生，我把主要精力投向了外国文学，这正是我的幸运。我从这些伟大作品中感受到了人性的深度和广度，仿佛在我的心中建立了一个秘密花园。有了这个家园，当我面对僵化的环境和课程时，就能够保持一份内在的自由，也保持了一种免疫力"①。这里的"僵化的环境和课程"是指周国平从 1962 年开始在北京大学读书时的环境，在周国平的自传中，在"贫乏的哲学课"和"不听课的学生"等部分都有较为详细的介绍②，概括而言，那个历史时期的大学环境就是"教条的课程和高度政治化的环境"③。面对这样一个时代的环境限制，周国平通过大量阅读外国文学，"建立了一个秘密花园"，从而对外在环境形成"免疫力"④。

在临近退休之际，周国平对名利的看法几乎就是哈佛大学阿玛贝尔（Teresa Amabile）教授提出的"创造力内在动机原则"和罗切斯特大学德西和瑞安提出的"自我决定理论"的一个周氏版本："现在我似乎出了一点名，走到哪里，都会遇见喜欢我的读者。可是，这个我不就是在广西山沟里用功读写却始终默默无闻的那个小公务员吗？或者，不就是在北大课堂上耽于读课外书而不好好听课的那个学生吗？我早就养成了自主学习和工作的习惯，区别只在于，从前这遭到非议，现在却给我带来了名声，可见名声是多么表面的东西。"⑤ 对周国平而言，他对名声的看法如此，自然也就容易对名声"免疫"了。

"如果没有这些名声，我就会停止我的工作了吗？当然不。这种为自己工作的习惯已经成为我的人格的一部分，把它除去，我倒真的就不是我

---

① 参见周国平著《岁月与性情：我的心灵自传》（人民文学出版社，2014 年，75 页）。

② 参见周国平著《岁月与性情：我的心灵自传》（人民文学出版社，2014 年，76-84 页）。

③ 参见周国平著《岁月与性情：我的心灵自传》（人民文学出版社，2014 年，85 页）。

④ 初次读到周国平这段自传的叙述，尤其是看到他使用的"免疫力"这个词，同哈佛大学教授阿玛贝尔等人进行的所谓"免疫"实验，具有一种隐秘的联系，这种联系意味着，像周国平这样具有高初始动机的个体，确实可以自发地悟到很多创造力研究的关键性主题，"免疫"是其中之一。

⑤ 参见周国平著《岁月与性情：我的心灵自传》（人民文学出版社，2014 年，269-270 页）。

了。我相信，凡创造者必定都是热爱工作、养成了工作习惯的人，这工作是他自己选定的，是由他的精神欲望发动的，所以他乐此不疲，欲罢不能。那些无此体验的人从外面看他，觉得不可理解，便勉强给了一个解释，叫作勤奋。"[1] 这一段论述恐怕是对内在动机、自发性动机的职业驱动力最精彩的描述了，"为自己工作"的观点令人联想起我们在《学校积极领导力》第二章提到的索尼案例，井深大的观点"工作最好的报酬就是工作"，两者具有异曲同工之妙。然而，考虑到周国平所在的体制内工作性质，这种"为自己工作"的观点更具有独特的价值和意义。

"世上许多人是在外在动机的推动下做工作的，他们的确无法理解为自己工作是怎么一回事，一旦没有了外来的推动，他们就不知道自己该做什么了。还有一些聪明人或有才华的人，也总是不能养成工作的习惯，终于一事无成。他们往往有怀才不遇之感，可是，在我看来，一个人不能养成工作的习惯，这本身即已是才华不足的证明，因为创造欲正是才华最重要的组成部分。"[2] 这一段叙述，周国平不仅直接使用了"外在动机"来解释很多人的工作驱动力，而且用"不能养成工作的习惯"解释为何许多有才华之人最终"一事无成"，在他看来，工作要取得成就，必须养成"为自己工作的习惯"，也即具备自发性动机、内驱力驱动的职业发展，这是职业创造力的根本。如果仅仅具有"聪明"或者"才华"，却没有形成"为自己工作的习惯"，那仍然无法实现职业繁荣和职业创造力的状态。

综上，周国平以自己的人生体验和思考所形成的关于职业成长和发展的观点，同哈佛大学阿玛贝尔教授提出的"创造力内在动机原则"和罗切斯特大学德西和瑞安提出的"自我决定理论"具有惊人的一致性，可见，个体的质性案例同创造力和心理学实验研究的定量分析揭示了同样的原理。

6.8.3　因果导向的类型（Causality Orientation）变化

周国平在人生不同阶段所体现出的因果导向类型会有所不同，但总体而言，他的自主性导向（autonomy orientation）比较明显。例如，1962年

---

[1]　参见周国平著《岁月与性情：我的心灵自传》（人民文学出版社，2014年）。
[2]　参见周国平著《岁月与性情：我的心灵自传》（人民文学出版社，2014年）。

周国平在北大读本科期间，就已经通过外国文学的大量阅读在自己心中"建立了一个秘密花园"，这使得他可以对外在僵化的课程和高度政治化的环境获得"免疫力"。在郭世英的影响下，周国平在大学一年级时读了大量与课程无关的外国文学，"如果说一年级上学期是我的俄国文学年，那么，下学期即1963年上半年可以说是我的现代思潮年了。通过自己阅读，也通过世英的谈论，我对现代西方文学和哲学有了零星模糊的了解"①。到了大学二年级，周国平阅读和写作了不少诗歌，"大学第二年是我的诗歌年，我沉湎于写诗的快乐。海涅是我的偶像，我写了许多爱情诗"②。这些阅读和写作显然同当时的课程、政治环境格格不入，完全出自他的自发性动机。这种自发性动机可以从他自己写诗的心得看出："在留下的文字里，我找到了若干论诗的片段。例如，描述诗兴袭来的感觉：'和别人一样，我读书、聊天、沉思、散步、睡眠、参加会议……突然，有另一颗心脏跳跃在我的胸膛里。'谈论诗艺：'一个妙句可以照亮整首诗，就像一个生动的人可以照亮整个屋子。'"③ 到了大学第三年和第四年，学校生活就被政治运动的"四清"给终止了。周国平与同学都被派往北京郊区搞所谓"清政治、清思想、清组织、清经济"的"四清"运动，等到从农村回到学校，周国平也不可避免地卷入到当时的政治运动中。在1966年"文革"初期的大背景下，周国平也写了像《关于当前运动的若干问题》和《造反有理，夺权有理》的大字报，"虽然没有伤害到具体的人，但多少起了煽风点火的坏作用。现在我提及这一点倒不是要忏悔，而是想说明当时的总体氛围，我不属于极少数能够超越这种氛围的先知先觉者之列"④。

从1978年开始周国平在中国社会科学院哲学研究所攻读硕士到1984年攻读博士期间，有一个从控制导向转向自主导向的过程。到后来就职于中国社科院哲学研究所时，他更是以自发性动机驱动自己的职业，写作有

---

① 参见周国平著《岁月与性情：我的心灵自传》（人民文学出版社，2014年，75页）。

② 参见周国平著《岁月与性情：我的心灵自传》（人民文学出版社，2014年，104页）。

③ 参见周国平著《岁月与性情：我的心灵自传》（人民文学出版社，2014年，105页）。

④ 参见周国平著《岁月与性情：我的心灵自传》（人民文学出版社，2014年，118页）。

关尼采的学术论文和著作。同时，在20世纪90年代的散文写作方面，比较明显的是以自发性动机驱动。

在自发性动机居于多数的情形里，周国平在某些时期也表现出非人格化的导向。这主要表现在他于1968年北大毕业后被分配到广西农村劳动锻炼的将近十年里。从一开始的分配情况看，周国平与其同学在被分配时，对于分配去向是有选择余地的，然而他却放弃这种选择。"分配方案很快下来了，我班25人，去广西最多，共11人，其次是山西7人，浙江5人，诸如此类。问到我的志愿，我说随便。几个家在江南的同学都想去浙江，问我不去行不行，我说可以。结果我被分配到了广西。"[1] 周国平在分配方案上可以选择、争取到离家乡近的浙江，但他却不选择、不争取，"分到广西的人先去湖南洞庭湖农场锻炼，锻炼结束后，宣布具体地点，我是南丹县，另一个同学是资源县，他问我肯不肯交换，我的回答也是可以。结果我去了资源县。我真是觉得无所谓，去哪里都一样"[2]。去广西也仍然有两个地方可以选择，当别人都在选择时，周国平却放弃了，而且也没问问为何对方希望跟他交换地点。周国平在分配方案上的消极被动，或许是受好友郭世英之死的打击和影响。在接下来周国平和同学被送往湖南洞庭湖的南湾湖农场锻炼的一年半时间里，他的非人格化导向更加明显："个人软弱无力的观念像阴影一样笼罩着我。一个人犹如一粒微尘，飘落在某一时代某一社会的大网上，我们根本不可能做举网人，只能被这时代的大网支配着……表面上我也有振奋的时候，但我深知其不可靠。时常，当我参加着各种活动，或者和大家一起开着玩笑，一种抑郁感突然抓住了我，我的心像被电击似的感到剧烈的空虚和不安，把我与周围的一切隔离开来。每天的生活除了劳动，就是关于劳动的重复又重复的训话和讨论。再苦的劳动，咬一咬牙总可以挺过去，并且渐渐适应。真正的痛苦在于这种强制性破坏了知识分子的一切习惯，没有任何回旋的余地，甚至头脑中自幼及

---

[1] 参见周国平著《岁月与性情：我的心灵自传》（人民文学出版社，2014年，152页）。

[2] 参见周国平著《岁月与性情：我的心灵自传》（人民文学出版社，2014年，152页）。

长形成的基本概念，也随之遭到了根本的打击。"①

在1970年广西资源下放劳动锻炼期间，一开始周国平对自己也缺乏充分的认识。"这些学生绝大多数被分到公社去了，一般是当中小学教师，也有当公社的专职共青团干部的。我算是最受重用的，只有我一人留在县革委会政工组工作，机关恢复旧名后，担任县委宣传部干事。在当时，这使我的虚荣心得到了相当的满足。我这样一个年轻的书生在县里出现，又安排在县府工作，大约是很引人注目的。不多时间，差不多半个县城的人都认识我了，走在路上，常有我不认识的人向我打招呼。然而，后来的事实证明，这小小的春风得意只是假象，我的秉性使我完全不适合于在县机关工作。"② 周国平一开始的这种自我认识的模糊和盲目，令人联想起北大"屠夫"陆步轩的经历，陆一开始拒绝了四次做中学教师的机会，一心要进长安县的机关工作，尽管陆的个性适合"做学问"，然而，两人最大的不同在于，陆始终围绕下海经商和进机关体制这不适合的两个目标反复折腾；而周国平则很快就认清了自己的个性和适合的位置："一个简单的事实是，虽然我在宣传部工作，但始终入不了党，四年后便被调到位于一个公社的县党校去做教员了。与此同时，若干分配在公社的学生则入党提干，有一位当上了组织部副部长，另一位顶替我做了宣传部理论干事。当然，我很快看清了这种情形的必然性，也就不在乎了。"③ 周国平在县委宣传部工作的状态，在他的自传里有比较形象的描述，这中间工作动机呈现一种无动机的工作状态。④"我依然在县委宣传部里写着各种材料，看我能写，几乎所有写材料的任务都落到了我的身上。我很快发现，我在做着毫无意义的事情。……我是越来越厌烦了，想到自己不得不把生命中最宝贵的年华耗在制造这些垃圾上，我深感屈辱，常常是一边写着，一边本能地

---

① 参见周国平著《岁月与性情：我的心灵自传》（人民文学出版社，2014年，169-170页）。

② 参见周国平著《岁月与性情：我的心灵自传》（人民文学出版社，2014年，174页）。

③ 参见周国平著《岁月与性情：我的心灵自传》（人民文学出版社，2014年，174页）。

④ 在自我决定理论中，除了自发性动机、控制性动机之外，还有一种就是缺乏动机的工作状态。而非人格化导向往往导致的是工作的无动机状态。

感到厌恶，写了几句就丢开，然后强迫自己再写几句。我一遍遍问自己：难道我的生命就这么贱吗？我给自己确立了一个原则：用尽量少的时间敷衍塞责，绝不多花一分钟。尽管如此，浪费掉的时间仍是大量的，现在想来仍觉心痛。"① 除了写作以外，周国平同顶头上司县委宣传部副部长的相处也并不愉快，对这位副部长他非常看不惯。

在1974年8月被调到党校做教员以后，尽管是被下放到偏远的中峰公社，然而工作状况却有了较大改观。一方面，是更换后的领导，党校校长唐开嶂是一个"难得的通情达理的人"，"以欣赏的态度放手让我讲课，在讲课之外不支使我干各种琐事。在他手下工作，我的心情比以前舒畅了许多"②；另一方面，"摆脱了写材料的差事，能够自己支配大量时间，这比什么都好。……相比之下，我也比较喜欢讲课，因为多少能够自主"③。尽管从县政府宣传部下调到县党校情况得到了改善，然而，在资源县的总体时光仍是非人格化导向的，他在《岁月与性情》"停止的岁月"一节中表达的情绪基本上是围绕孤独、虚度岁月、绝望这样的词汇展开的，其中的抑郁情绪显而易见："我根本不是在生活，只是在机械地延续着生命，这可怜的生命！"④ 除了对岁月虚度的痛苦感受，周围同学的经历也对他有着刺激："从1974年起，我的若干老同学陆续上调到了自治区一级的机关。刚听到这类消息，我颇受刺激，为自己的遭遇感到不平。后来，我在出差时拜访了他们，看到了他们的状态，心里反而坦然了。……我发现，他们一如既往地对精神事物没有兴趣，唯一的变化是更加世故了。"⑤ 尽管在2004年写作这本自传时，周国平认为"我仍然看不到自己在现实中有什么前途，但是，这种处境反倒使我形成了一种内在的自信和定力。我相信，

---

① 参见周国平著《岁月与性情：我的心灵自传》（人民文学出版社，2014年，178-179页）。

② 参见周国平著《岁月与性情：我的心灵自传》（人民文学出版社，2014年，180-181页）。

③ 参见周国平著《岁月与性情：我的心灵自传》（人民文学出版社，2014年，181页）。

④ 参见周国平著《岁月与性情：我的心灵自传》（人民文学出版社，2014年，199页）。

⑤ 参见周国平著《岁月与性情：我的心灵自传》（人民文学出版社，2014年，201页）。

我是走在正确的路上"①，然而他本人在1974年这个时期的日记并不完全支持这种"自信和定力"的看法。在那个时候对自己未来未知的情况下，没有足够的行动和变化可以支持这种看法，这更多的是他自己回忆个人历史时的一种美好解读。这从他那时候的日记内容中就可看出："我的吃亏在太老实，如果像那种沽名钓誉之辈行事，绝不会是现在这个样子。但是，本性难改，宁肯老实而默默无闻，不愿滑头而飞黄腾达。所以，恐怕只能如此以终了。"② 到1976年国内大的政治环境发生巨变之前，周国平在资源县的党校工作，一直未看到这种状况有任何的改变。

笔者判断，周国平在1968年北大毕业后下放农村，一直到1976年"我决心走出这一潭死水，但困难重重"③，这八年之间周国平的因果导向类型主要还是以非人格化导向为主的，他的工作升迁、工作内容和个人命运基本都不是自己可以左右的，这些客观的外在历史环境直接影响到他的因果导向状态。他的这种非人格化导向的状态到1978年考上中国社科院哲学研究所的硕士研究生，离开广西资源才真正结束。

总体来说，周国平自己的总结是："我庆幸自己较早就形成了自己的生活信念，业已走在合乎自己天性的生活道路上了。那么，我就这样继续走下去吧。"④

周国平在2004年临近退休时写下的一段人生总结，道出了因果导向类型的另一种变化："一个人年轻时，外在因素——包括所遇到的人、事情和机会——对他的生活信念和生活道路会发生较大的影响。"这里道出了年轻人容易出现被外在因素改变和影响（甚至左右）的情况，这时往往体现出非人格化导向的情况：在生活信念、生活道路这样大的问题上，年轻人不容易有自己的自主导向，更容易将之看作外部不可控的力量所导致

---

① 参见周国平著《岁月与性情：我的心灵自传》（人民文学出版社，2014年，201页）。

② 参见周国平著《岁月与性情：我的心灵自传》（人民文学出版社，2014年，202页）。

③ 参见周国平著《岁月与性情：我的心灵自传》（人民文学出版社，2014年，205页）。

④ 参见周国平著《岁月与性情：我的心灵自传》（人民文学出版社，2014年，271页）。

的，当然，这种情况并不会一直持续下去。"但是，在达到一定年龄以后，外在因素的影响就会大大减弱。那时候，如果他已经形成自己的生活信念，外在因素就很难再使之改变，如果仍未形成，外在因素也就很难再使之形成了。"随着年龄增长，如果自主导向逐渐增强，"形成自己的生活信念"①，外在因素的影响就会大大减弱，这个力量看起来有个此消彼长的关系，实际上，很可能是外在因素未变，但是自主导向本身导致的自主性增强，从而使非人格化导向转变为自主导向，"外在因素就很难再使之改变"。另一方面，假如"自己的生活信念"没有形成，外在因素始终左右着个人的生活信念、生活道路这样关键性的事件，非人格化导向就会持续下去，"外在因素也就很难再使之形成了"。

6.8.4 两个年代北大毕业生的比较

拿周国平的案例同陆步轩的案例进行比较，两人不处于同一个年代，看起来似乎不可比。周国平于 1945 年出生于上海一个"绝对平民"家庭②，而陆步轩于 1966 年出生于陕西省长安县农村，从家庭背景看，周国平似乎略好于陆步轩。两人的唯一共同点恐怕就是同为北京大学的毕业生了。周国平于 1962 年至 1968 年就读于北京大学哲学系，而陆步轩则是 1985 年至 1989 年就读于北京大学中文系。按说不是同一个年代的人不便比较，但是从职业驱动力的角度看，这两人仍然值得一比。陆步轩是比较明显的外驱力驱动的职业发展，主要依靠控制性动机驱动；而周国平除了个别时期，主要表现为自发性动机驱动，是内驱力驱动的职业发展。按说周国平上大学正赶上"文化大革命"，再加上去广西农村下放的 8 年，社会环境对他的发展更加不利，而陆步轩则处于改革开放后的年代，尽管毕业时受到 1989 年"政治风波"的影响，但是论社会环境的不利因素，其所处环境显然不可能有周国平经历的恶劣。周国平在 1968 年至 1976 年下放到广西资源的 8 年间也表现出非人格化导向的一面；而陆步轩从 1989 年

---

① 实际上，还有另外一种可能，就是形成了他人期待的（如父母或社会期待的）或社会集体的生活信念（或者叫随大流的观念），而不是"自己的"生活信念；这种过程往往是通过控制性环境，导致个体形成控制导向。

② 参见周国平著《岁月与性情：我的心灵自传》（人民文学出版社，2014 年，3 页）。

大学毕业起，就主要表现为控制导向和非人格化导向，进入卖猪肉行业是第二任妻子的主意，他始终不认同屠夫职业，却始终做着屠夫。周国平从1978年考上中国社会科学院哲学研究所的硕士研究生开始，就逐渐恢复了自发性动机的驱动，直至现在，在哲学学术写作和哲理散文写作中都表现出了职业创造性，达到职业繁荣的状态；而陆步轩依靠控制性动机驱动的结果，只是普普通通，成为一个"小老板"[1]。

6.9 驱动力转换的时机与自省能力

在《学校积极领导力探索》一书的第6章中，我们探讨了"职业转换和发展的内驱力与外驱力"，既有像法医秦明这样始终以内驱力驱动的职业发展，也有像陆步轩这样以外驱力驱动的职业过程，相比较而言，现实的校长和教师职业中，恐怕后一种方式居多。但是，还有一些人，像黄西一样，在自己职业发展的过程中，在一些人生的节点上，改变了驱动力，由外驱力转变为内驱力，从而达到职业的创造性。那么这里所说的驱动力转变的时机是怎样的呢？通过一些案例的分析，我们发现，这种时机往往是出现在当事人的心理或者身体生理出现倦怠、生病甚至重大疾患的时候[2]。那么有一个关键的问题没有解决，就是为何同样经历了心理或者身体的倦怠、疾病考验，有些案例就成功地转变了驱动力，而像陆步轩这样的，却始终没有改变驱动力的方式，仍然保持外驱力？我们来回忆一下陆步轩的案例，他搞化工、搞装修接连失败，第一次婚姻走到尽头，天天酗酒、打麻将，这不正是一个陆步轩可以调整自己驱动力的良好时机吗？实际上，他也确实有过这样的考虑："也曾想过回到不远处的老家，待上一年半载，什么都不想，什么都不干，从而调整失衡的心态，从过去的阴影中走出，开始全新的生活。"[3] 然而，当陆步轩处于人生低谷时，还没有来

---

[1] 也许有读者会反驳说，哲学写作容易发挥创造性，而卖猪肉这个职业很难表现出创造性来；在笔者看来，任何职业都具有发挥创造性潜能的可能性，只是表现方式不同。

[2] 例如，张泉灵吐血被误诊，王石身体被诊断要瘫痪，黄西面对迷失自我，李健遇到职业倦怠，崔永元的职业倦怠和抑郁症，文东茅教授的"空心病"，等等。

[3] 参见陆步轩著《北大"屠夫"》（世界图书出版公司，2016年，111页。）

得及进行自我思考和调整,就发生了另外一个外部事件:在工地孙师傅的介绍下,很快就第二次结婚。与初婚妻子办理完离婚手续,"拿到'绿卡',成为自由之身的第二日,便认识了我现在的妻子——陈晓英"①。在这个特殊的时期,不是应该好好反思自己的过往,调整自己的人生方向吗?在这样根本性的人生命题都未及思考和解决之前,就匆匆又进入另一段婚姻,这同陆步轩个性中缺少自我反思和自省的认知习惯有莫大关系。我们看到,在陆步轩后来的职业发展中,不论是开小商店这样的决策,还是卖猪肉,都是由外力决定的:"一日,妻子与丈母娘忽然心血来潮,突发奇想,说孩子一天天长大,一家人要吃要穿要用,孩子还要上学读书,仅靠我一人之力,猴年马月才能买得起商品房,建议开一小商店,我只管进货,由她娘儿俩负责经营。我想想也是好事,就没有反对。"② 商店每天亏损,三个月下来,亏了近万元。"还是女人仔细,妻子发现附近没有肉食经营户,居民吃肉要跑很远的路,很不方便,建议将商店改作猪肉店。"③

为何陆步轩在人生的低谷,这样一个驱动力可以转换的时机,却没有转换驱动力,包括陆步轩在不认同卖猪肉职业的情况下,依然能坚持多年从事卖猪肉的职业,始终让外部力量来左右自己的职业选择甚至是人生选择?笔者以为,很关键的是陆步轩缺乏一种自我反思的能力,一种自省的能力。这种自我反思、自省的能力在黄西身上非常明显地表现出来了。例如,在他博士毕业后的第二份工作时:"我在基因模型公司工作以后开始写日记。因为我经常会在生活中遇到一些不顺心的事,而我总觉得以前也经历过类似的事,但我不记得当时是怎么度过这些困难时期的,所以我觉得应该写点日记,如果将来再遇到什么困难可以回头看一看,从过去的经历里吸取一些教训。"④ 在儿子出生以后,黄西思考了一下自己脱口秀的职业还要不要继续下去:"2007 年底的时候,我就对育婴的一些事情比较熟练了。这时我也琢磨了一下自己的人生。大概人们在创造了一个生命以后就会开始反思自己的人生。我当时想,将来我的孩子长大以后我要怎么面

---

① 参见陆步轩著《北大"屠夫"》(世界图书出版公司,2016 年,113 页)。
② 参见陆步轩著《北大"屠夫"》(世界图书出版公司,2016 年,128 页)。
③ 参见陆步轩著《北大"屠夫"》(世界图书出版公司,2016 年,134 页)。
④ 参见黄西著《黄瓜的黄,西瓜的西》(中信出版社,2015 年,166 页)。

对他讲呢？'你爸以前是个搞单口相声的，后来决定放弃。'我儿子问我：'为什么呢？'我回答：'因为你来到了世上。'我当时一直在思考的问题是，如果我现在放弃，我到底是一个懦夫，还是一个敢于放弃自己喜欢的东西的英雄呢？经过很长时间的思索，我觉得成为父亲以后就把自己喜欢的东西放弃是一个比较懦弱的举动。"① 再如，张泉灵在"辞职日记"里表达的主要是一种自我反思、自省："我开始有一种恐惧。世界正在翻页，而如果我不够好奇和好学，我会像一只蚂蚁一样被压在过去的一页里，似乎看见的还是那些天和地，那些字。而真的世界和你无关。……我要跳出去的鱼缸，不是央视，不是体制，而是我已经在慢慢凝固的思维模式。"②

从以上几个案例分析可以看出，自省、自我反思是一种因人而异的能力，有些人具备，而有些人不具备。自省、自我反思能力在一些人生起伏的转折时期能够起到纠正和转换驱动力方向的作用，所以，养成自省、自我反思这种能力和习惯是非常必要的。

---

① 参见黄西著《黄瓜的黄，西瓜的西》（中信出版社，2015年，193页）。
② 参见"张泉灵辞职日记：生命的后半段从头来过"（http://news.sina.com.cn/m/gb/2015-09-09/doc-ifxhqhuf8250366.shtml）。

第 7 章　人本主义的学习与课程教学

7.1　通识教育与跨学科教育

《学校积极领导力》一书第九章对目前国内大学的通识教育进行了讨论，认为国内大学的通识教育有"水土不服"的问题。近来又读到北京大学教授汪丁丁有关大学跨学科教育的教学实验和系列观点①，对此有感而发，算是对相关问题的一个看法。

汪丁丁教授说："所谓'跨学科教育'，就是跨越在官僚化的学术资源配置影响下相互隔绝的各科与各课，最初的方式是'课程包'——由一个核心问题贯穿整体的不同知识模块，由分别研究各科知识但有跨学科教学能力的教师共同授课，称为'跨学科课程'。"② 笔者以为，跨学科教育是通识教育的一个重要特点，尽管二者有不同侧重，例如通识教育强调对古典著作的跨学科学习，而汪丁丁教授在浙江大学和东北财经大学进行的跨学科教育实验未见得一定会重视古典著作的知识。在对通识教育的质疑中，一个重要的问题就是授课教师自身不具备跨学科教育的能力，但却试图将此能力教授给学生。从教育心理学的角度看，"说一套，做一套"的教学效果往往是大打折扣的。在汪丁丁教授的跨学科教育实验中，碰到的一个核心问题也是"有跨学科教学能力的教师"是否真正具备。"由于中

---

① 参见汪丁丁《转型期社会的跨学科教育问题》(《社会科学战线》，2012 年第 7 期，197-201 页)。

② 参见汪丁丁《转型期社会的跨学科教育问题》(《社会科学战线》，2012 年第 7 期，200 页)。

国教育在两代人的时间里遵循着'革命教育'路线并接受官僚化管理,并且在更漫长的时间里沿袭着科举制的应试传统,培养跨学科师资成为一件特别艰难的事情。"①

事实上,不论是通识教育、跨学科教育,还是专业教育,笔者认为最大的问题还是脱离学生的生活和经验,这一点我们在《学校积极领导力》一书中已经有过说明。基于从小学到大学教育一直脱离学生生活和经验的现实,大学阶段必须通过"补课"的方式,建立起基于学生生活和直接经验的知识、方法、价值判断等,否则这种"补课"就得由家长和社会来进行。而后者往往导致所谓的"精致的利己主义者"或者愤世嫉俗者这两种常见的成年人。跨学科教育有利于解决这一问题。跨学科教育中设置的"核心问题"必须基于学生生活和直观经验的现实,否则抽象的议题,即使有跨学科教育,也同专业教育没有本质区别,学生仍然会把它仅仅当作另一种打包好的"抽象知识"来对待,而不可能将其融入自己所学,进而影响自己的价值判断。换句话说,通识教育、跨学科教育同传统的专业教育一样,完全可能成为另一种形式的"灌输"。

解决跨学科教育师资问题,无法"等待政治体制改革",或者"既有的应试教育遇到严重财政困难"②,更不可能指望"企业家和经理人"进学校③。这些宏大的方面并不是不需要,而是在现有的体制环境下,有很多具体而微的工作可以尝试。例如,在笔者看来,跨学科教育的师资问题首先需要的是吸引大学中真正对教育有热情的那批教师,而不是所谓有专业背景的教师,这样的教师以四川大学的周鼎和河南大学的常萍为代表,然而在各个大学中实际上都或多或少存在这样一些教师,他们对教学的热情远远超过科研,但由于国内大学缺乏真正意义上的教学型大学或者博雅学院④,使得他

---

① 参见汪丁丁《转型期社会的跨学科教育问题》(《社会科学战线》,2012 年第 7 期,200 页)。

② 参见汪丁丁《转型期社会的跨学科教育问题》(《社会科学战线》,2012 年第 7 期,201 页)。

③ 最近的创新创业教育恰恰在这么做。

④ 这是目前通识教育的一个致命伤,就是通识教育的师资仍然主要是以科研成就为导向的,而不是全身心投入在教学和教育活动中的。这是通识教育不可能搞好的根本原因。真正的教育是什么?不妨看看中小学的一些教师和校长的做法,他们比许多大学教授清楚得多。

们只能在科研导向的高校夹缝中生存。跨学科教育首先要解决的是教育问题，而不是跨学科的问题。

7.2 《我的教育生涯》与跨学科教育

刚刚买到汪丁丁老师的《青年对话录：我的教育生涯》，看了他对跨学科教育的思考、实践，在敬佩的同时，更想将汪老师的跨学科教育引介一下，尤其是它同人本主义教育、人本主义学习关系密切。

正如书中所言，跨学科教育的主旨是"培养有灵魂的专家"，从黄金圈理论的解释角度说，这是办跨学科教育的"为什么"，或者说是自我决定理论的"动机"问题；作为一个专业从事教育研究的人，汪老师的价值观念笔者是深深认同的。书中更多从社会现实、教育官僚体制的后果及汪老师倡导的"行为社会科学"的跨学科专业应对来叙述他的这一目标，笔者对这一问题的思考更多起源于《失去灵魂的卓越》和《优秀的绵羊》两本著作[1]。对教育应当发挥的价值和作用，笔者与汪老师的看法是一致的：应当而且可以做到（尽管不易）"培养有灵魂的专家"。

"实验初目标：培养跨学科教师"这部分内容回答了上面提到的对跨学科教师来源和资质的一个疑问，即教师自己不是跨学科的，如何能培养出真正跨学科的学生？从学习心理学的角度来说，学生更多是根据教师或周围人的行为去学习，而不是简单的听从说教。这个困难汪丁丁是通过跨学科自己培养的"行为社会科学博士"来解决的，不能说这个办法一定比专业学科的教师，尤其是资深、大牌教授更好，但是确实是一种过渡性的尝试方法，至少这批新教师自己是接受跨学科训练培养的。当然，你可以说培养效果到底怎么样，从事教学的经验如何，还需要观察，但确实是解决跨学科教育，同样是类似于通识教育师资力量的一个努力方向。例如，一门"金融学导论"的跨学科课程，"以求解一个核心问题为导向，贯穿了大约25门课程（75学分）的相关知识模块。在应试教育体制内，这些

---

[1] 参见哈瑞·刘易斯著、侯定凯等译《失去灵魂的卓越》（华东师范大学出版社，2007年），以及威廉·德雷谢维奇著、林杰译《优秀的绵羊》（九州出版社，2016年）。

课程通常要由不同专业或不同院系的教师讲授，并且需要 7 倍于 180 的课时。真正的要害问题在于，这些来自不同院系的教师们绝难依照跨学科方法讲授 25 门原本独立的课程，更难由一个核心问题贯穿这些课程，向学生呈现为问题求解的一条特定知识路径"①。

"跨学科实验的四大创新"涉及跨学科教育的实质性内容。第一大创新是由博士一年级组成的"博士教研组"提供"金融学导论"的"跨学科教学方法"，是一种尝试性的办法。第二大创新——"评价纬度"方面的创新在笔者看来，是更为根本性的，要解决学生学习动机的问题，即"相与之情厚，向上之心强"，或者"相与之情是向上之心的充分条件"，这就涉及人本主义教育的一个核心目的，就是传统所谓"情感、态度和价值观"教育，只有解决了这方面的问题，即学习是有强烈感情卷入的，而非纯粹理性思考、情感麻木的；学习是有喜欢或厌恶的，而非麻木隔绝的；学习是有趣、自己赋予其意义的过程，而非外在世界规定的价值和意义。要做到这些，就必须结合学生和教师互动的情境世界，书中所说的"问题中心"或"问题导向"是类似的一种表述。东北财经大学的实验班以"相与之情、向上之心、独立之精神与自由之思想"作为新的评价体系，更多是出于对体制内应试评价、绩效导向的评价体系的一种矫正，新的导向显然值得肯定，尽管它不能依靠评价来解决。在第三大创新——"改造教室"的尝试中，山东杜郎口中学的学生授课地点搬到了大学，而授课内容早已抛弃了应试。课堂讨论占到了成绩的 60%，由成绩最优秀和最差的学生构成学习小组，跨学科中心博士生教研组和博士后教研组授课，主要以讨论形式进行。其实，看似在大学推行以学生为中心的授课方式比中小学更容易，因为没有那么大的应试压力，但也正因为没有中学的应试压力，学生的学习动机要依靠主动性来解决。学生的自发性学习动机真的是一进大学就有了吗？笔者讲授过必修课和选修课，依笔者之见，必修课由于有硬性的学分规定，很难真正看出学生的真实学习动机，只有在过百人的"大课"上才容易看出，睡觉的、聊天的、上网的、看其他书的比比皆是；而当课程是选修课时，如果授课要求需要大量学生自学和课堂

---

① 参见汪丁丁著《青年对话录：我的教育生涯》（东方出版社，2014 年，33-35 页）。

报告，很可能学生就跑光了，这恰恰是学生缺乏内在学习动机的明证。第四大创新——"招生办法"的创新主要着眼点在问题的开放性、跨学科、问题导向，评价原则是"合作求解问题的能力；表达不同于既定观点的能力；激发同伴想象力的能力"[1]，在书中列举的试题示范中，"这些试题几乎来自真实生活的各个方面，同时保持着与金融学、经济学、心理学（这是行为经济学和行为金融学的必修课）的内在联系。这就是我们跨学科教育的风格——批判性思考、问题导向、社会责任感"[2]。

上述四大创新被归纳为跨学科教育的特点，那么跨学科教育实施的实际效果如何呢？从2008年东北财经大学第一届实验班的本科生到现在，不到十年时间，能否看出一些初步的效果或端倪呢？实验班同学在"相与之情、向上之心、独立之精神与自由之思想"方面的变化是怎样的？在书中列举了不少汪老师与学生亦师亦友的通信和对话，通观这些交流可以发现，与汪老师交流比较深入的学生往往是同汪老师类似的学界同仁：攻读博士，从事学术职业的年轻人居多；而本科实验班同学，书中仅在附录一和附录二展示了两篇学生发表的文字，对这些本科同学触动较大的还是积极心理学的课程"心理学与正念实践"。这也在一定程度上反映出跨学科教育同通识教育有类似的困难，即知识过程与人生感悟结合的困难。跨学科教育的知识地图同通识教育的知识包一样，如何能够侵入每个学生的人生体验之中？这也是积极心理学这样的课程能够产生更大影响的原因之一。作为人本主义的一个分支，积极心理学就是从学生日常生活实践出发的，以笔者为北京师范大学连续四年开设积极心理学（课程名称叫"电影与幸福感"）的全校公选课的经验出发，学生的日常生活经验是否能进入课堂，决定着这门课程的实际效果，否则跨学科教育仍会成为一种"打包知识"，隔离生活经验，进而隔离情感、态度和价值观的东西，也就难以

---

[1] 参见汪丁丁著《青年对话录：我的教育生涯》（东方出版社，2014年，50页）。

[2] 参见汪丁丁著《青年对话录：我的教育生涯》（东方出版社，2014年，54页）。

实现"相与之情厚,向上之心强"①。

7.3 钱颖一与清华大学经管学院改革

清华大学经济与管理学院钱颖一院长,在过去 10 年的院长任期里,进行了一系列改革,并将改革的相关文献结集出版,由中信出版集团出版了两大本《大学的改革》(第一卷 学校篇和第二卷 学院篇)。

笔者首先关注的是第二卷学院篇中第三编研究的第十五章"学院与大学融合"中提到的,将不同学科引入经济管理学院中来,"心理学概论"向清华经管学院全体 2009 级一年级本科生开设必修课②,在 MBA 课程如"管理思维与沟通""领导力开发与组织行为""伦理与企业责任"等都以心理学作为重要基础,另外,同商科研究也密切相关。此外,还有社会学、政治学、艺术设计、信息技术、医药、环境、机械工程等不同学科与管理学科的交叉融合。这种交叉融合让人很容易联想到前面提到的北大教授汪丁丁的"跨学科教育"实验。同样令人期待和留有疑问的,是这种交叉融合的实际效果是怎样的?如何不仅仅是通过一些论坛进行交流,而能落实在学生的实际培养上?来自学生的反馈是怎样的?用人单位的反馈是怎样的?对这种跨学科的教育效果评估是如何进行的?

其次,在跨学科教育之外,还有本科生的通识教育。清华经管学院自 2009 年开始实施的通识教育课程,困难出在通识教育课程授课教师难以落实上③。为什么合适的教师那么难找?钱教授认为:"通识课很难教,学生并不是这个专业的,老师是为了学生成为一个现代文明人来教。这些课的内容都是人类文明的核心部分。要让非本专业的学生学懂这些课,是非常

---

① 或者我们可以进一步追问跨学科教育同"洗脑"有何根本不同。我想任何教育都需要在实践层面,尤其是长期的实践层面来解决这个差异,在个人行为和实践层面体现出的差别,才可能说明这种根本不同。

② 参见"心理学走进商学院",钱颖一著《大学的改革》(第二卷 学院篇)(中信出版社,2016 年,436 页)。

③ 参见"心理学走进商学院",钱颖一著《大学的改革》(第二卷 学院篇)(中信出版社,2016 年,172 页)。

难的。"① 我们在《学校积极领导力》第九章对国内大学博雅教育的问题进行过讨论，在笔者看来，通识课程的困难在于课程的提供者都是专业学科教师，教授们自己是不是严格意义上的博雅教育承载之人，是不是清华经管学院培养目标里所谓的"现代文明人"，这本身如果都有疑问的话，自然就没有合适的教师能够教授这样的课程。这是现代学科长期分工造成的一个负面结果，跨学科背景的教师不仅大学缺乏，中小学同样缺乏。所以，问题并不像钱教授所说，仅仅出在学生身上，学生擅长"死记硬背""刷题"，而对大量阅读没有太多兴趣。"大量阅读"即便是"人类文明的核心部分"，不是学生自己选择的结果，那就同中小学不同学科的知识灌输没有本质区别。要解决这个问题，就必须考虑学习心理学的问题。教师授课或者大量阅读必须有能力同学生的现实经验发生充分的共鸣和震荡，否则，这样的通识教育仍然会成为另一种形式的"灌输"，无法长在学生身上。钱教授在书中提到了"通识教育与个性发展相结合"，如何结合，如何融合？他认为要靠"批判性思维"，"这应该算作一个创新，因为之前没有人这么提过"②。他以此作为申请国家级教学奖的基础，《通识教育与个性发展相结合——经济管理本科教育改革的理论与实践》获得了国家级教学成果一等奖。③ 如笔者上述，这种结合的关键需要基于学生的个体经验，来自家庭父母的、学校教师的、同伴的以及自己生活阅历的，如果不考虑这一个体经验，而依靠一种思维方式，笔者很怀疑这种做法的实践效果。此外，批判性思维如何避免学生在未来职业生涯中进入愤世嫉俗或者随大流的状态。④ 从建设性的角度讲，通识教育与个性发展相结合的方向没有错，只是目前教育的困境是既没有通识教育承载者作为示范的教师，又没有对学生个性充分的了解和调研，学生本身也缺乏内在的自发性学习

---

① 参见钱颖一著《大学的改革》（第二卷 学院篇）（中信出版社，2016年，172页）。

② 参见钱颖一著《大学的改革》（第二卷 学院篇）（中信出版社，2016年，173页）。

③ 参见钱颖一著《大学的改革》（第二卷 学院篇），（中信出版社，2016年，169页）。

④ 这两种状态是汪丁丁所言，今日社会最常见的两种生存状态。参见汪丁丁"获得幸福的能力——儿童教育政治学之五"和"教育的代价——儿童教育政治学之七"（《财经》，2013年5月20日，6月20日）。

动机。笔者认为，积极心理学在解决学生的内在动机和了解学生个性差异上具有独特的作用，积极心理学在国际上形成积极教育运动也并非偶然。

本科阶段的教育改革之中，除了大力推行的通识教育之外，还有所谓的"优秀人才培养计划"，主要培养三个方向的"杰出人才"："学术大师、兴业之士、治国之才"①。尽管钱教授意识到"在美国的顶尖大学中多数是没有'优秀人才培养计划'（Honors Program）的，原因可能是他们觉得自己的学生都很优秀，不需要专门的项目来培养其中的少数人"，但是这并不妨碍清华经管学院的本科教学改革仍然实施这种"优秀人才培养计划"。从书中的陈述看，这一培养计划更像另一个精英俱乐部的培养方案，只是在以往"拔尖人才创新计划"的学术大师之外，增加了"兴业之士"和"治国之才"，说得通俗一点就是官、学、商都要有领袖，官要做大官、学要做大师、商要做大商人，总之要做每个领域的"杰出人才"。这同社会上广泛宣扬的所谓"成功人士"有何根本区别？尽管钱教授一直声称育"人"要重于育"才"，但怎么看这个"优秀人才培养计划"还是一个"成功人士"的高校版本，在这个计划中，高晓松、李健这样的学生该如何选择？让他们去创业吗？这类"优秀人才培养计划"共性的问题是有一个统一、一元的"优秀"价值观在幕后作指导，在这样的指导下，学术、创业和从政是被鼓励的，而从事其他职业则很难被认同。如果经管学院毕业生去中小学做一名普通老师，或者仅仅是某个艺术表演行业里的普通人，就只好"隐姓埋名"吗？

第三，MBA教育改革中涉及课程改革，亮点之一是"整合实践项目"课程，"就是让MBA学生做'临床实习'，让学生深入企业，研究、分析、解决实际问题，把第一年学到的知识最终付诸实践"②。之所以说这门课程是整个MBA教育课程改革的亮点，原因在于从美国顶尖商学院到国内的MBA课程，共性的问题就是"主要依据教授的学术兴趣和学科特长设计，

---

① 参见"本科教育改革：设计与实施"，钱颖一著《大学的改革》（第一卷　大学篇）（中信出版社，2016年，438-439页）。

② 参见钱颖一著《大学的改革》（第一卷　大学篇）（中信出版社，2016年，453页）。

与商业实践之间相差很远""过于偏向学术化，脱离管理现实"。① "整合实践项目"课程"是到目前为止我们花力气最大、投入资源最多的课程，收效也最为显著。据我们调查评估，学生对于'整合实践项目'的反应非常积极，因为这一项目强调实践，让他们获得了与'纸上谈兵'的案例学习截然不同的感受"②。

MBA 招生改革的做法，先通过"申请材料评审""面试""笔试"进行"综合素养考评"，获得"条件录取资格"；再参加 MBA 全国联考，只需通过国家线即被清华录取，这种做法非常值得肯定。既能防止只会考试而缺乏综合素养的学生考进来，又能把综合素养好而不擅长考试的学生招进来，值得在全国各高校 MBA 招生中推广。这种招生办法美中不足的地方，就是优秀学生招进来，经过清华经管学院的培养，"增值"的部分到底体现在哪里？这是 MBA 教育必须要考虑的问题。

在笔者看来，国内 MBA 课程最大的挑战同通识教育类似，仍然出在师资队伍上，商学院的教授以科研评估体系的要求为职业发展导向，而不是以商学课程的教学质量为导向，这同大学任何其他院系的科研评估方式没有任何本质不同，这种评价导向不改变，商学院教授的管理教育就不可能真正同商学实践密切相关。即使在美国一流商学院的管理教育中，同样存在着上面提到的"过于偏向学术化、脱离管理现实"的问题。MBA 教育改革的根本出路在于改变管理教育师资队伍的评价方式，鼓励提供管理教育的教师具备商业实践的经历，同时吸纳更多在职学生进一步深造成为商学教育的师资储备。管理教育师资队伍建设不可能仅仅依靠去美国名校读博士的办法来解决，因为美国一流商学院管理教育同样存在类似的问题。

在 EMBA 教育、后 EMBA 项目、管理硕士项目、会计专业硕士、金融专业硕士等以职业为导向的教育改革中，都存在与 MBA 教育类似的问题。师资队伍不能真正满足职业教育需要，关键在于教师评价制度没有根本性的改变。那么为何这些职业类教育项目在清华仍然受追捧？这主要是文凭

---

① 参见钱颖一著《大学的改革》（第一卷　大学篇）（中信出版社，2016 年，443—444 页）。

② 参见钱颖一著《大学的改革》（第一卷　大学篇）（中信出版社，2016 年，454 页）。

效应在起作用,而非教育改革取得了如何显著的效果。或许可以让一些二三流搞管理教育的学校来试试钱教授所说的这些改革办法,看看会有什么效果。

第四,在 EMBA 教育改革中,一个亮点是"清华探究"课程的开设。该课程分为四个单元,其中一个单元是清华人文历史探究,三个单元是清华实验室探究。"在人文历史探究中,我们将实地探寻清华文物珍藏,现场感受百年清华发展脉络……在实验室探究中,我们将走进代表新兴产业和先进技术的实验室,这些实验室将覆盖新材料、新能源、新型环保、电子通信、生物医药和现代装备制造等新兴行业。我们将请出知名教授,包括多位两院院士,介绍他们的前沿研究。"① 这个"清华探究"课程的内容更像目前中小学开设的校本课程,这样的课程当然是有益的。然而问题在于,一方面,这个课程同管理教育没有必然关系,其实,任何职业性教育、专业硕士培养都需要这类课程。另一方面,为何这门课程仅针对 EMBA 学员?难道 MBA 学员、管理硕士、会计专业硕士、金融专业硕士等就不需要吗?看起来,这门课程更像是成本收益核算的结果。当然,整个 EMBA 授课教师的阵容堪称"豪华":"多位清华经管学院的教师参加 EMBA 课程的授课。我和弗里曼讲席教授李稻葵共同讲授'中国经济与金融',清华同方讲席教授魏杰讲授'中国经济前沿问题解读',经管学院党委书记杨斌教授讲授'思维、决断与领导力:组织的人性面',以研究公司治理知名的宁向东教授讲授'家族企业公司治理',以研究商业模式知名的朱武祥教授讲授'行知中国',学院兼职教授、国资委前主任李荣融讲授'搞好企业的实践与思考'。为 EMBA 授课的清华其他院系的教师有:法学院院长王振民教授和公共管理学院院长薛澜教授共同讲授'中国法治与政治',社会学系教授孙立平讲授'中国社会前沿问题解读',国际问题研究所所长阎学通教授讲授'新时期中国的国际关系',心理学系系主任彭凯平教授讲授'管理沟通',历史系教授秦晖讲授'大历史观:从诸子争鸣到新文化运动',国学研究院副院长、哲学系教授刘东讲授'中西文化:跨越与回归'……为 EMBA 授课的还有来自海外知名商学院的多位著

---

① 参见钱颖一著《大学的改革》(第一卷 大学篇)(中信出版社,2016 年,291 页)。

名教授……"① 这样的师资阵容在保障 EMBA 和后 EMBA 授课质量的同时，带来这样的问题：这类 EMBA 更接近成本收益的核算项目，高投入和高成本令其他院校难以模仿。这样的课程改革对其他院校也缺少实际的借鉴意义。同时，更为重要的是，它反射出今日国内大学类似 EMBA、后 EMBA 的项目基本需要脱离原有的商学院教师队伍的现实，对学院来讲，几乎变成了纯粹的"创收项目"，对本院师资队伍而言有何实质性的促进和帮助？在不对师资队伍考评方式进行根本性改革的情况下，EMBA、后 EMBA 项目同商学院已有的教师队伍建设和发展基本无关。

第五，就博士教育而言，或许每个人对博士教育的理解不一样，笔者认为大学教授最擅长的是培养跟自己同样的人，在各个层次和形式的教育项目中，博士教育恐怕是最为接近这一目标的。获得博士学位后是最有可能变成大学教师的，如果这一理解无误的话，那么钱教授在清华经管学院的教学改革，恰恰在最擅长的事情上投入的时间和精力恐怕是不成比例的。同通识教育、MBA 教育、EMBA 教育、后 EMBA 教育相比，博士教育改革的力度和进展很难说是令人满意的。如果说生源决定了毕业生的水平和质量，清华经管学院的教育似乎并没有多少"附加值"在毕业生身上，而更接近于教育经济学中所说的"信号理论"，就是给每个毕业生贴了一张清华大学的标签。清华的本科生很少留在本校攻读博士，博士教育的生源决定了博士毕业生的整体水平，这就注定博士教育改革短期内不可能培养出高水平的博士生，这里的高水平显然是相对前往欧美深造的清华本科生而言的。也正是由于博士教育改革短期内难以见效，投入大，见效慢，所以，在博士教育的投入和改革推动上没有其他项目那么大。当然，博士教育改革中的具体做法是值得肯定的。例如：博士招生不按照导师报名，而是按照博士项目报名；坚持学术研究导向，取消在职博士；严格控制培养质量；成立论文指导小组等。②

第六，教师人事制度改革方面，先来看几项重要制度建立的决策机制。首先，在职称聘任方面，采取了精英决策方式："经过反复征求学院

---

① 参见钱颖一著《大学的改革》（第一卷　大学篇）（中信出版社，2016 年，483-484 页）。

② 参见钱颖一著《大学的改革》（第二卷　学院篇）（中信出版社，2016 年，209-210 页）。

系主任、系党支部书记和骨干教师等方面的意见，2006年12月25日学院学术委员会和院务会通过了《清华大学经济管理学院关于教师专业技术职务聘任学术条件的若干规定（试行）》，并于2006年12月29日在全体教师大会上公布，自2007年1月1日起实施。"① 对全体教师影响巨大的职称聘任改革，对涉及人数占多数的普通教师都没有征求意见，而是公布实施，这对普通教师尤其对青年教师的影响是，经管学院是否有真正意义上的凝聚力、向心力。其次，2009年11月23日，经院务会通过，学院出台《清华大学经济管理学院关于规范学院管理的若干规定》，废除了本校博士留校和取消在职博士的做法。该做法非常值得效仿，但是决策机制仍然是院务会通过的方式。此外，2010年12月13日，院务会通过《清华大学经济管理学院教师学术假制度规范》；2011年2月28日，院务会通过《清华大学经济管理学院教师公共服务管理规定》；2011年初，"学院按照国际规范，落实了讲席教授制度。学院建立了评审讲席教授的程序以及确定薪酬补贴的机制，通过院务会批准讲席教授聘任，并通过薪酬委员会决定讲席教授补贴。"② 以上这些都采取了以院务会为主要决策主体的精英决策方式。这对形成有凝聚力的学院文化是不利的。值得肯定的是，涉及全体教师的薪酬制度改革和长期聘用制度，都采取了全院教师参与的决策方式："因为涉及薪酬，又是全员改革，所以学院上上下下，改革方案不知道征求了多少意见，小组讨论，个别交流，系主任会、院务会、工会、教代会，历时一年半，改革者保持了非常强的耐心和对教师们非常大的信心。2010年7月22日，学院全体教师大会一致通过了《清华大学经济管理学院教师薪酬年薪制实施规范》，并回溯到2010年1月1日起实施。"③ "从2011年暑期院务工作会议开始，学院班子就把在学院建设规范的、覆盖全员的长期聘用轨制度，作为深化教师人事制度改革的下一个奋斗目标。在这一过程中，院务会立意高远，不回避矛盾，同时充分听取学院教师的意

---

① 参见钱颖一著《大学的改革》（第二卷　学院篇）（中信出版社，2016年，467页）。

② 参见钱颖一著《大学的改革》（第二卷　学院篇）（中信出版社，2016年，472页）。

③ 参见钱颖一著《大学的改革》（第二卷　学院篇）（中信出版社，2016年，470页）。

见，群策群力，终于使得《清华大学经济管理学院 TENURE（长期聘用）制度管理规范化方案》在 2011 年 12 月 29 日的全院教师大会上得到了教师们的同意，并于 2012 年 1 月 1 日起实施。"①

除了决策机制之外，从教师人事制度改革的内容来看，主要还是采取了一套绩效考核的管理办法。例如，准聘长聘制基本上是将美国高校的"非升即走"的竞争机制作适当改动之后用到清华经管学院；年薪制则主要是一套量化考核的措施办法，"满工作量的时间可以对应为 20 学分的等价教学时间。教学工作部分要求教师每年承担 8 学分的教学工作。公共服务部分要求教授和有长聘的副教授每年承担 2 学分等价时间的工作。其余时间用于研究工作，教授和有长聘的副教授为 10 学分等价时间……助理教授第一年、第二年是 13 学分时间做研究，6 学分时间做教学，1 学分时间做公共服务。"② 在这样的绩效考核措施下，重视"用人"甚于重视"培养人"。例如，2011 年学院全职教师 155 人中，98 人是自 2002 年开始招聘的，2006 年之后每年引进 11 人，共引进 66 人，"2007 年我们创造性地一年招聘了 5 名会计系助理教授……学院严格考核，推进流动，非升即转，非升即走。自 2006 年以来，学院流动教师共 21 人，其中离开学院 15 人，包括海外博士 10 人"③。2002 年 4 月至 2012 年 6 月，"一共有 36 名特聘教授在清华经管学院授课"④。从上面几组数据可以看出，清华经管学院教师的引进和流出速度在高校中是比较快的，这是"用人"策略带来的必然现象。在教师职称聘任的制度改革中规定："教研系列教师规定在国际国内学术期刊上发表论文的篇数，在教学评估中不能落入后 10%，比学校要求的 5% 更为严格。教学系列慎重设岗，教学评估必须位于前 1/3。"⑤ 在全

---

① 参见钱颖一著《大学的改革》（第二卷 学院篇）（中信出版社，2016 年，472 页）。

② 参见钱颖一著《大学的改革》（第一卷 大学篇）（中信出版社，2016 年，156—161 页）。

③ 参见钱颖一著《大学的改革》（第二卷 学院篇）（中信出版社，2016 年，461—463 页）。

④ 参见钱颖一著《大学的改革》（第二卷 学院篇）（中信出版社，2016 年，475 页）。

⑤ 参见钱颖一著《大学的改革》（第二卷 学院篇）（中信出版社，2016 年，463 页）。

院教师的教学评估中，总有人要做后10%，如果成为这后10%怎么办？如果大家整体教学水平很高，落入后10%有什么关系呢？在职称聘任的申报条件中，"突出一定数量的匿名审稿的高水平学术杂志的高质量论文作为入门条件；在评审过程中，用'全面审核申请人的学术水平、学术成果、教学情况和科研情况（特别是教书育人、获省部级以上奖励和承担国家自然科学基金和社科基金情况）'"①。可见，在对教师职业发展影响重大的职称聘任上，主要采取的是绩效考核的办法；在用人和培养人上，主要是侧重用人；基于此，学院的教师与教师之间形成的文化会是什么样的？无疑是竞争性的文化，缺失的是人文性的关怀。在钱院长看来，"虽然大学不是企业，但是制度经济学的一些基本原理也可以运用到大学中。大学和学院要可持续发展，也必须有健全的制度。大学和学院的制度建设要求程序公正，保障学术自由，鼓励高水平的研究和教学，运行有效率、有竞争力，并且这些制度透明、可预测。这是基本的思路"②。学院的创造性更多表现在"外来的和尚好念经"，而不是培养和支持已有教师的发展上。以笔者在清华工作的两年体验看，这种用人方针同学校的用人策略是高度一致的。而所谓的"教师治学"和"管理者治校""管理者治院"不过是在不对现行校、院管理体制做任何根本改动的情况下新贴的一些标签而已。

整体来看，钱教授的这两本厚书，对清华经管学院的改革进行了展示，有不少改革的措施和做法值得其他院校商学院学习，但同时也有局限之处。局限之一是材料呈现形式过于单一，主要是钱教授在各种会议、论坛的个人演讲稿汇编③；局限之二是两书展现的主要是钱教授自己的声音，而学生的声音、普通教师的声音基本听不到，尤其是作为同事的教师群体，对经管学院的改革是否认同，有什么样的看法和做法，根本没有体现出来。这就难免让人有"老王卖瓜"之感。例如，在提到通识教育课程的

---

① 参见钱颖一著《大学的改革》（第二卷　学院篇）（中信出版社，2016年，468页）。
② 参见钱颖一著《大学的改革》（第二卷　学院篇）（中信出版社，2016年，490页）。
③ 读了这么多演讲稿以及论坛会议的发言，给笔者的感受是，作者认为开会越多，教育改革的力度就越大。从这个角度来说，两本定价如此昂贵的厚书实在有些对不起读者。

评价时，钱教授总结："有这样一条规律：一二年级的同学对这些课的评价是最低的，因为觉得它们没有用。但是到了三四年级，评价就高一些了。到了毕业十年、二十年后，评价就更高。"①虽然书中有这样一些陈述，但是却没有系统的评价分析和讨论，更谈不上严格的教育效果评估。在由教育部组织的国家教学成果一等奖评审答辩会上，钱教授的发言提到，"我们的改革效果可以从四方面认可中体现"②。仔细看这里所说的四个方面，在最为关键的第一方面"学生的认可"，"在校生称我们是'真心为了学生的教学改革'"③，一句在校生的说法就代替了全体学生的评价，而且这句评价肯定的是教学改革的动机和出发点，并不是实际效果。对学生没有起码的问卷调查和访谈（或者做了不好对外展示？），教育改革的评估难道不能做得稍微严谨一些吗？通过高分考生来论证教育改革更是让人摸不着头脑，在北京大学，每年录取高考状元最多的是光华管理学院，但是也没有搞所谓的通识教育改革啊，高分考生扎堆于此，无非是经管专业未来职业的高收入回报的影响，这同通识教育改革有何因果关系？至于优秀雇主和著名高校对毕业生的认可，难道在不搞通识教育之前，清华经管学院就没有这些认可吗？这些认可在多大程度上来自于对通识教育效果的认可？当然，剥离清华经管的名校效应、学生自身的变化等其他因素并不容易，但是有没有去做这方面的反馈调查才是问题的根本。至于其他两方面，学校的支持和媒体的正面报道实在同教育改革效果评估没有什么关系。又如，学院人事制度改革方案，"一直遵循如下程序：初步方案先由院务会充分讨论，然后交给全体教师讨论，特别重要的方案还要个别听取教师意见，听取教代会、工会意见，听取党支部意见。清华经管学院有一个人力资源与组织行为系，那里的教师们专门研究人力资源制度。学院特别花时间专门听取他们的意见，因为他们有相关的专业知识。所有方案都经过充分酝酿、几上几下、反复修改。整体方案最后要经过全体教师大会

---

① 参见钱颖一著《大学的改革》（第二卷　学院篇）（中信出版社，2016年，183—184页）。

② 参见钱颖一著《大学的改革》（第一卷　大学篇）（中信出版社，2016年，249页）。

③ 参见钱颖一著《大学的改革》（第二卷　学院篇）（中信出版社，2016年，250页）。

的通过或同意"①。虽然多次提到了"听取"不同教师意见，然而教师们的意见是什么样的，有什么不同？"听取"之后对改革方案产生了哪些实际影响，不同教师的意见在改革方案中起了多大作用，尤其是经管学院专门研究人力资源制度的人力资源与组织行为系的教师在多大程度上真正参与到了改革方案的具体设计和实施，该系教师能否以清华经管学院作为案例进行人事制度改革的专业性研究和分析，这些改革中关键的细节都是不清不楚的，如何能让"这一改革经历对于其他院系以及其他学校都具有一般性的参考价值"？

与上述问题相关联，清华经管学院的改革做了很多事情，如本科生的通识教育、研究生应用型改革、MBA、EMBA、后 EMBA、博士教育、教师人事制度和学院治理改革，等等。然而，"见事不见人"，缺失的是一个个鲜活的学生、教师的人与故事，更多反映的是来自院长和学校的"自上而下"式的意志贯彻，竞争性的氛围浓厚，人文关怀少了。在学生、教师对外引进上下的力气大，在培养人、形成利于师生成长的土壤上花费的力气小，依靠制度规章、绩效考核规范约束大家行为多，发挥钱教授个人领导力影响大家行为小。当然，改革不应求全责备，面向未来，保持积极开放的态度更为关键。

此外，在清华经管学院改革中，管理体制最核心的问题完全没有触及，那就是"去行政化"问题。钱教授用"教师治学"和"管理者治校""管理者治院"这样的说法来为现存管理体制提供辩护，这不能不说是这些改革的局限和保守之处。

7.4 何以为师：教师专业发展和教师教育的挑战

教师最擅长、最能胜任的工作是什么？或者现有的教师能否胜任教师工作的要求，尤其是教师工作中不断出现的各种挑战？与之相关联的问题就是，培养教师的教师教育能否真正满足教师职业的种种需要和面临的挑战？上述这些问题该从何谈起？主要是从目前教师专业发展工作，以及教

---

① 参见钱颖一著《大学的改革》（第一卷　大学篇），（中信出版社，2016 年，152 页）。

师教育工作面临的现实挑战说起。

在中小学阶段,对教师工作的挑战可以追溯到2001年开始的新课程改革,要"改变课程过于注重知识传授的倾向,强调形成积极主动的学习态度……避免过于注重书本知识的现状,加强课程内容与学生生活以及现代社会和科技发展的联系,关注学生的学习兴趣和经验,精选终身学习必备的基础知识和技能。改变课程实施过于强调接受学习、死记硬背、机械训练的现状,倡导学生主动参与、乐于探究、勤于动手,培养学生搜集和处理信息的能力、获取新知识的能力、分析和解决问题的能力以及交流与合作的能力……改变课程管理过于集中的状况,实行国家、地方、学校三级课程管理,增强课程对地方、学校及学生的适应性"①。新课程改革的要求,是针对传统应试教育中"接受学习、死记硬背、机械训练"的种种弊端提出的,这种改革要求实际上意味着教师在学校的工作需要做出重大转变,也就是从传统的重复性、机械式、算法式的任务状态转变为挑战性、非常规性、创造性的工作状态②。

在新课程改革的"课程结构"中,提出了"综合课程"和"综合实践活动"的要求:"小学阶段以综合课程为主……初中阶段设置分科与综合相结合的课程……从小学至高中设置综合实践活动并作为必修课程,其内容主要包括:信息技术教育、研究性学习、社区服务与社会实践以及劳动与技术教育。强调学生通过实践,增强探究和创新意识,学习科学研究的方法,发展综合运用知识的能力。增进学校与社会的密切联系,培养学生的社会责任感。在课程的实施过程中,加强信息技术教育,培养学生利用信息技术的意识和能力。了解必要的通用技术和职业分工,形成初步技术能力。"③

---

① 参见"教育部关于印发《基础教育课程改革纲要(试行)》的通知"(教基〔2001〕17号)(http://old.moe.gov.cn//publicfiles/business/htmlfiles/moe/s8001/201404/167357.html)。

② 关于这一挑战,参见侯龙龙著《学校积极领导力探索》第2章相关内容。

③ 参见"教育部关于印发《基础教育课程改革纲要(试行)》的通知"(教基〔2001〕17号)(http://www.moe.gov.cn/s78/A26/jces_left/moe_711/s8001/201404/t20140417_167357.html)。

在这样的要求下，全国各地的中小学进行了一定的探索和创新，其中北京十一学校亦庄小学的"全课程"教学引起注意。在小学低年级，由两位教师负责一个班级的全部课程教学活动。"一年级的始业课程，共设计了八个主题（一个主题用一个月左右的时间完成）：①我是一名小学生了；②我和我的动物朋友；③拼音国探险记；④和冬爷爷在一起；⑤我爱我家；⑥春天在哪里；⑦神奇的海洋世界；⑧我们不一样，我们都很棒。这八个主题，从儿童的生活出发，到儿童与自然、世界的关系，最后回到儿童对自己生命的理解，帮助儿童建构起一个懵懂而完整的世界。每一个主题的学习，由语文、数学、音乐、美术、科学、体育游戏等学科共同支撑，知识、生活、生命之间的互相打通是主题学习的核心。为此，学校对教材进行了重新定位，编写了《开学啦》《下雪天》《春天在哪里》《我们都很棒》四本读本（一个学期两本），作为师生共同学习的重要载体。"①与传统学科专业分类不同，"传统教学学科林立，给孩子挖的是一口又一口的学科深井，但是学科之间缺少关联。于是就出现了这样的现象：看上去我们的孩子学科知识学得深透，但是他们解决实际问题的能力却偏弱。而'全课程'的一个核心就是将被割裂的学科打通，让深井连成汪洋！"②面对课程综合化、"全课程"的教学改革，教师是否有能力胜任这样的挑战？教师教育又如何培养出这样的师资？教师教育的提供者自身如何能够超越学科分工的限制，自己首先做到成为一个名副其实的综合化、"全课程"的承载者？来自一线教学改革的实践对教师能力、教师教育能力提出了挑战。

---

① 参见"常丽华：什么是全课程？我怎么做全课程？"（http://learning.sohu.com/20160711/n458807485.shtml）。

② 参见"全课程到底是怎么回事"（http://learning.sohu.com/20150515/n413089654.shtml）。值得一提的是，北京十一学校亦庄小学在管理上也采取了一种自主支持式的管理方式："学校把统一要求的东西降到最低限度，学校不考勤，不检查教案，开会不必签到（把全校性的行政会议减少到最低），甚至不统一要求老师交各种材料——这一切的目的就是给老师提供尽可能大的空间，让他们全力以赴研究孩子、研究教学。学校化小管理单元，把一切能够下放的权力都下放到级部——一个级部相当于一所小学校，于是，各个级部都在努力个性化发展，每个老师都在自如和舒展地做不一样的事情。"此外，类似的做法还可参见深圳明德学校。明德学校管理的情况参见程红兵"把学校打开"（《人民教育》，2015 年第 18 期，30-37 页）。

此外，在新课程改革中还提出，"农村中学课程要为当地社会经济发展服务，在达到国家课程基本要求的同时，可根据现代农业发展和农村产业结构的调整因地制宜地设置符合当地需要的课程，深化'农科教相结合'和'三教统筹'等项改革，试行通过'绿色证书'教育及其他技术培训获得'双证'的做法。城市普通中学也要逐步开设职业技术课程。"[1] 这样的要求能否获得符合要求的师资，传统的师范教育如何培养出这样的教师？

上述新课程改革提出的挑战，反映在中小学的实践中，就是传统的教师教育和教师培养无法满足实际需求。例如，深圳明德实验学校在教师招聘时为了招到适用的教师，在用人上实现"三个打破"：一是打破了师范院校的源头限制。"众所周知，大多数师范院校在师资培养上的突出问题就是，他们的应届毕业生上岗实际能力十分堪忧，无法满足学校教师岗位的需求。因此，我们只看本人素质，不管出身什么类型的学校。"[2] 二是打破了资历称号的限制。"我们招聘教师并不看重资历或者是荣誉称号……而更看重他的未来发展，甚至曾经拒绝过包括特级教师称号获得者在内的一些资深教师，反倒招聘了三分之二的应届本科、硕士毕业生，教师平均年龄28岁。"[3] 三是打破了行业身份的限制。"明德实验学校聘用的教师……有来自专业协会的专业人员，如聘用深圳市航模协会、车模协会的专业人士担任拓展课程的教师，聘用国际象棋大师、深圳棋院副院长刘适兰及其团队作为我们的课程教师；还聘用学校课程所需的行业专业人员，如聘用国安队退役足球队员担任我们足球俱乐部的教练，聘用省级电视台节目主持人来学校开设'节目主持人'的专项选修课程。"[4] 经过这样的打破限制招到的教师，更有利于"学科重组""跨学科教学"的需要："专题重组方

---

[1] 参见"教育部关于印发《基础教育课程改革纲要（试行）》的通知"（教基〔2001〕17号）(http://old.moe.gov.cn//publicfiles/business/htmlfiles/moe/s8001/201404/167357.html)。

[2] 参见程红兵《当下学校教育的反思与突围——基于教师培养的视角》(《人民教育》，2014年第12期)。

[3] 参见程红兵《当下学校教育的反思与突围——基于教师培养的视角》(《人民教育》，2014年第12期)。

[4] 参见程红兵《当下学校教育的反思与突围——基于教师培养的视角》(《人民教育》，2014年第12期)。

面，文科类的课程有：以中国历史为主轴，将语文、中国地理、政治融会贯通；以世界历史为主轴，将英语、世界地理、政治融会贯通。理科类的课程或以生命为主题，或以环保为主题，或以新能源为主题，或以航空航天为主题，把生物、化学、物理、数学、计算机等相关课程组合在一起教学。戏剧重组方面，我们的设想是，小学可以开设儿童舞台剧，中学可以成立莎翁剧社，由此将语文、英语、音乐、舞蹈、历史、思想品德等课程组合在一起，营造具有文化意蕴的教学场域。"[1] 深圳明德实验学校在教学课程改革、用人改革方面不仅摸索着自己的出路，更对现行大学师范教育学科化、专业化的教师培养模式和传统教师专业发展提出了直接的挑战。

再如，从 2013 年开始，山西晋中八所初中进行的项目学习探索，就语文教学来说[2]：

将每个学期的教学任务分解成六个项目，每个项目大体上用两周的时间完成；学生以做项目的方式学习语文……比如：初中语文第二册的项目和驱动任务包括——

项目一：整理家族历史（写出自己的家族小史）

项目二：探寻传统节日（选写一个节日报告）

项目三：走进体育世界（编一期体育杂志）

项目四：品读魏晋诗文（写曹、陶比较文章）

项目五：唱响经典音乐（策划、编辑一期音乐栏目）

项目六：探究神话寓言（写一篇寓言故事）

……我们非常重视项目学习的活动流程，这个流程非常具体。如整理家族历史的具体流程包括以下四方面：活动一，寻根采风（了解自己家族历史）；活动二，边读边写（提供九篇阅读参考文章）；活动三，撰写家史（撰写自己家族小史）；活动四，交流共享（家庭、小组、班级）。

类似这样的项目学习，在传统的语文教育专业的师范教育中，并没有提供任何项目学习的培养方案，如何能够为一线教学培养出胜任的语文教师？

---

[1] 参见程红兵《当下学校教育的反思与突围——基于教师培养的视角》（《人民教育》，2014 年第 25 页）。

[2] 参见张卓玉《项目学习何以可能》（《中小学管理》，2017 年第 4 期）。

不仅中小学课程和教学改革对教师专业发展和职前教师教育提出了挑战，大学课程与教学同样对教师专业发展和教师教育有着挑战。如前所述，在清华经管学院自2009年开始实施的通识教育课程①，困难就出在通识教育课程授课教师难以落实上②。，这是现代学科长期分工造成的一个负面结果，跨学科背景的教师不仅中小学缺乏，大学同样缺乏。

大学课程中不仅通识教育课程师资缺乏，职业性的专业学位课程同样面临师资水平是否符合课程培养要求的问题。目前，大学师资主要是学术性博士培养进入大学教师岗位的，大多数大学教师并没有在相应职业学位（如法律硕士、教育硕士、工程硕士、MBA、MPA等）的行业中有过直接的实践经验，而大学教师的评价又以科研为导向，这导致许多教师在这些职业性学位授课中偏重理论，而脱离学员的实际工作经验。以北京师范大学面向中小学管理层的MBA课程为例，该课程由经济与工商管理学院提供，该学院的教师主要以企业和公司作为调研对象，在为中小学管理者提供MBA课程时，有许多授课教师几乎没有去中小学校进行过调研，即使面向企业和公司的MBA课程，有一些经济学的教师也是从来不去企业和公司做调研的。现有的大学教师的学术性培养模式和科研评价的导向，都导致专业性学位的课程面临难以找到合适师资的局面。同样的问题在EMBA或者后EMBA教育中更为突出。这类课程在所在高校的院系往往找不到合适的师资，基本主要依靠从外单位、外校聘请大量师资来进行。问题是这类课程教育培养模式主要依靠外单位、外校聘请来保障，还能说是该校院系的课程和培养吗？高校和院系总不能仅仅是一个贴文凭标签的地方吧。这个现象在各大高校各个院系的各类形式、层次的"高级研修班""领导力培训班"等培训中更为普遍。

在高校教师最为擅长的博士生培养上，教授们的投入又恰恰是不成比例的。科研评价中的项目导向的取向导致博士生培养在许多学科成为依附于课题和项目的"副产品"，尤其是在人文社会科学领域，博士生培养依附于课题项目的结果是，博士学位论文主要以课题项目作为选题，其学术

---

① 参见钱颖一著《大学的改革》（第二卷 学院篇）（中信出版社，2016年，172页）。

② 这种困难的原因见P226的相关内容。

性研究质量往往无法得到保障。例如，2015年7月厦门大学研究生院官网发布《关于启动2015年度2014级、2015级博士研究生导师配套经费收取工作的通知》，"要求博士生导师按照相关标准缴纳导师配套经费。通知显示，博导可以采取全程缴交或分3年逐年缴交的方式，完成学校所规定的博士生的配套经费，并划转至学校研究生奖助学金专用账户。这笔经费因专业而有所不同。对于文史哲艺博士生，博导为每名学生缴纳3年的配套经费，共2.9万元，经管法教类是4.5万元/人，数学（一级学科）4.5万元/人，理工医（不含数学一级学科）为7.7万元/人。"[1] 这种没有科研项目就无法招收博士的做法，导致博士生培养更紧密地捆绑在科研项目上，在人文社科领域，科研项目往往同博士生的学术培养取向不同。科研项目主要以关注人文社科领域热点、现实问题为主，而博士生培养尤其是博士学位论文撰写主要是以学术性和创新性为取向。

对教师教育的挑战还反映在目前各级各类名目繁多的"国培""省培"的各种职后教师培训上，根据田虎和贾玉霞对某省315所中小学幼儿园的共计1156位接受培训教师的调查，受训教师的培训期望与实际获得的培训收获是存在偏差的："大部分教师参与培训的首要动因都在于提升自身素质和职业能力，特别期望在培训中提升教学设计能力和教学实施能力，获得可以在工作上应用的技巧或技术，不断提高个体的教学素质。但从收获来看，参培教师收获明显的却是在培训中开阔了教育视野，更新了教育理念。"[2] 培训的供给和培训需求之间是失调的、不匹配的："当前教师培训的课程针对性不强，教师培训呈给教师的知识和技能与教师的实际需求存在一定的偏差，教师参与培训最想收获的是实践能力的增强而实际得到的更多是变革教育理念等理论水平的提升，存在着培训供给与培训需求相互失调的结构性缺陷。"[3] 目前培训供给偏重理论化，而对一线教师的工作实践缺乏关联度，更谈不上指导实践："目前的理论培训在帮助教师将理论

---

[1] 参见"不交钱不能招博士生？"厦大一博导发公开信质疑（http://edu.sina.com.cn/kaoyan/2016-02-26/doc-ifxpvysv4909173.shtml）。

[2] 参见田虎、贾玉霞《基础教育教师培训的问题探源与体制改革——基于对×省参培教师的调查分析》（《当代教师教育》，2016年第4期，73页）。

[3] 参见田虎、贾玉霞《基础教育教师培训的问题探源与体制改革——基于对×省参培教师的调查分析》（《当代教师教育》，2016年第4期，73页）。

融入课堂教学实践方面有所欠缺,理论培训不能有效地指导教师的教学实践,结果造成教师虽然花费了时间和精力,但却没能有效提高自己的业务水平和教学能力,严重挫伤教师的培训动机,理论培训与实践培训的关联度有待增强。"① 上述调研结果只是某省的调研,但是调研发现却同另一项全国性培训调研结果比较一致。薛海平、陈向明(2012)对来自全国九个省区市(北京、上海、江苏、山东、江西、河北、贵州、新疆、甘肃)的共计9026名中小学教师的培训情况进行了调研,结果发现,"53.9%的被调查教师表示,在参加培训前,相关机构或培训者并没有向他们了解任何内容。45.1%的被调查教师认为培训方不重视学员的需求调查,内容脱离教师专业发展和教学实践的需要。这表明不重视培训需求调查分析已成为制约我国中小学教师培训质量提高的首要因素"②。

从上述教师培训中反映出的问题可以看出,教师培训首要的因素就是缺乏优秀、合格的培训教师队伍。在薛海平、陈向明(2012)的大规模调研中,还包括298名参加过中小学教师培训的培训者,"对参与过中小学教师培训的培训者的调查显示,高达38.8%的培训者未经过相关认证或考核,40.3%的教师培训者认为现在中小学教师培训的最主要问题或挑战是缺乏优秀的教师培训者,25.5%的教师培训者认为县(区)级以下培训机构和培训者的建设严重滞后"③。造成这种培训供给无法满足培训需求的深层次原因是:"由高等院校实施的教师继续教育,在培训师资队伍的人员构成中专门服务于基础教育阶段教师培训的专业化培训者数量极少,师资主体主要是相关学科和专业的高校教师,仅有极少数技能优秀的一线教师。这是造成当前基础教育阶段师资培训总体上表现为'理论专家多、实践专家少'的深层原因。"④

对于上述提到的教师专业发展和教师教育与培训的困境,该如何解决

---

① 参见田虎、贾玉霞《基础教育教师培训的问题探源与体制改革——基于对×省参培教师的调查分析》(《当代教师教育》,2016年第4期,73-74页)。

② 参见薛海平、陈向明《我国中小学教师培训质量调查研究》(《教育科学》,2012年第6期,53-57页)。

③ 参见薛海平、陈向明《我国中小学教师培训质量调查研究》(《教育科学》,2012年第6期,53、57页)。

④ 参见田虎、贾玉霞《基础教育教师培训的问题探源与体制改革——基于对×省参培教师的调查分析》(《当代教师教育》,2016年第4期,74页)。

呢？笔者以为，需要从两个方面来进行改革：一方面，从短期的、眼前的需求看，一线教师需要从自我培养和自我发展的角度，朝着综合化、跨学科、学科整合、理论提升（对于一线教师）、实践积累（培训者）的方向，进行自我提升。另一方面，从长远的、根本性解决教师发展和教师教育与培训的困境着眼，则需要改变目前仍然固守的学科分化的教师培养和培训模式，从跨学科、全科培养的角度对教师培养方案进行设计。教师教育最重要的是示范性的教师，提供教师教育或教师培训者自己首先必须成为跨学科、综合化的教师，才可能真正提供这样的教育和培训。

7.5 语文教材编写的决策机制

2017年3月17日，澎湃新闻报道了小学语文教材中出现的问题。[①] 报道主要关注的是现行小学语文教材中内容真实性的问题，以《爱迪生救妈妈》为例，早在2013年由凤凰卫视推出的纪录片"盗火者——中国教育改革调查（一）"[②] 中，来自民间的教育组织"第一线"于2009年对小学语文教材所做的调查之一就是"事实缺失"，而且就是这篇《爱迪生救妈妈》的文章，距离"第一线"调查已经过去了8年，距离凤凰卫视的这期纪录片也已经过去了4年，语文教材中同样的问题始终得不到解决。这让我们看到的首先就是消极领导力下精英决策机制丧失纠错职能。全国人教版的语文教材由少数几十人组成的专家组来决定全国小学生的学习内容，当教材内容不断受到质疑时，我们看到的不是尽快想办法把这篇文章换掉，而是各种拖延和推卸责任的"说法"和"解释"。[③] 以上述《爱迪生救妈妈》为例，得到的"解释"来自北京大学中文系教授、语文教育研究所所长温儒敏，"1940年美国拍摄的电影《Young Tom Edison》，里面就有一段爱迪生救妈妈的情节"。显然，编选文章的"专家"无人核实这部电影的真实性，而前面提到的民间教育组织"第一线"却对此进行了核

[①] 参见"个别小学课文被指内容杜撰，人教社否认：已向教育部说明情况"（http：//www.thepaper.cn/newsDetail_forward_1641294）。

[②] 参见 https：//www.iqiyi.com/v_19rrkymwz8.html。

[③] 参见2017年3月20日"中青报聚焦教材'假课文'：有些并非杜撰，语文包括虚拟文学"（http：//www.thepaper.cn/www/v3/jsp/newsDetail_forward_1642986）。

实,这篇文章显然是"以讹传讹"。

实际上,类似《爱迪生救妈妈》这样的语文课文出现的问题,症结出在这种少数专家的精英决策机制上,缺少吸收像"第一线"这类民间组织广泛参与教材编写的机制。这种精英式决策机制导致问题发生后,主要精力不是用在纠正和修订错误上,而是用来否认、辩解和推卸责任。这种决策机制不改变,类似语文教材这类问题会持续发生。澎湃、中青社等多家媒体在两会期间对语文教材问题的关注,导致 2016 年 9 月之后的新版人教社教材不再使用这类有争议的文章,"在新版教材中,没有选用《爱迪生救妈妈》等有争议的文章"①。为何 2009 年教育组织"第一线"就已经指出的教材问题,要等到 2016 年才解决?这恐怕还是因为教材编写的精英式决策机制导致纠错机制缺乏,在没有新闻媒体和舆论关注的情况下,类似事件恐怕会一直持续。

7.6 为什么会有"星期一"

在山东某地听公开课,小学三年级数学下册,主题是"时间的周期问题"。授课教师在导学案中对学习目标是这样说明的:"1. 结合具体情境,探索并发现一些简单周期现象中的规律,能根据周期的规律解决相关的实际问题。"在授课过程中,授课教师确实列举了不少情境问题,如 2017 年 5 月 19 日是星期五,6 月 3 日是小华的生日,这一天是星期几?又如,6 月 28 日放暑假是星期三,9 月 1 日开学是星期几?最后,在这节课的结尾,授课老师又提出一个问题:2017 年 2 月 20 日是星期一,老师的生日 3 月 6 日是星期几?在同学解答完毕后,老师又问"同学们还有问题吗?"一位同学踊跃举手问"为什么会有星期一?"有意思的事情出现了,老师没有直接回答这位同学的提问,而是说"谁来回答这位同学的提问?",结果第二位同学站起来答道,"因为有星期一,才会有老师的生日是星期几这个问题。"更为有意思的是,授课教师没有做任何评价就结束了这堂数学课。

这节课的主题是时间的周期问题,主要是训练学生的推理能力,但是

---

① 参见"人教社:新版教材不再收入《爱迪生救妈妈》等争议文章"(http://www.thepaper.cn/newsDetail_forward_1645020)。

创设的情境都是：先假设知道 2 月 20 日是星期一，然后再推理后面的某个日期是星期几，学生提的问题非常有"探究意识"，可以说是这节课上我认为最有"探究"性的问题。"为什么会有星期一？"言外之意，如果能知道 2 月 20 日是星期一，为何不能用同样方法找到 3 月 6 日是星期几？或者回到现实中来，我知道今天是星期几，要了解未来或过去的某日是星期几，看日历、台历、电脑、手机不都可以查到答案吗？为什么需要依靠推理呢？这就涉及这节课的一个缺陷：星期一是假设出来的，并不是真实生活中的实际问题，授课教师并没有试图从真实生活中寻找有关时间的周期问题的真实案例，这是导致学生提出的问题被草率处理、束之高阁的主要原因。"结合具体情境""解决实际问题"不能依靠假设来编造不存在的问题，如果实在找不到合适的问题，也应在课堂上对学生的疑问进行引导、支持和鼓励，并做出相应的说明。这节课的授课教师的处理方法，仍然是把课程重心放在知识技能和方法上，而对学生的情感、态度和价值观层面基本没有考虑。

课本和教材脱离学生生活和实际的例子比较普遍，我们在《学校积极领导力》第九章中提到了初中地理教材，基本不涉及本省、本地的自然地理，也很少有在校本课程中涉及本地人文地理的内容。又如，在山东某地初中八年级英语公开课上，"Module 8 Unit 2 We thought somebody was moving about"，课文内容主要是 Lingling 和 uncle 去张家界的见闻和感受。对于山东该县初中的孩子来说，大部分没有去过张家界，课文的背景体验是自己没有经历过的，如何在这样的课文中进行情感、态度和价值观的学习？这就需要授课教师对课文进行适当转换，结合所在地的某个景区，了解学生的真实经历，如该地有桑树园，每年还举办桑葚节，完全可以将课文内容转换为学生在桑树园、桑葚节的体验和感受，文章中的句式、用法可以模仿、照搬。

7.7 新高中应该建在哪里

受河北某县政府的委托，由笔者所在的大学教师组成的研究小组对该县准备设立的新办高中选址提供可行性方案。之所以要设立新高中，是因为该县仅有的两所高中无法满足当地初中生升学的需求。该县现有的两所高中提供的学习名额和初中毕业生的总人数之间有 2000～3000 人的缺口，这导致该县很多家长和学生只能通过两种方式解决自己的升学需求：一是到邻近的市县异地求学，显然这样做家庭需要负担更高的交通、往返家校的成本；二是通过在本县县城购买"学区房"的办法解决入学问题，这让一些本地的房地产商打起了主意，承诺购买自己的楼盘就可以解决孩子入学问题，但随之而来的无法兑现的问题又导致社会矛盾激化。

在这样的背景之下，我们分别对高中生主要就学的该县县一中的学生、家长（住在县城的）、教师和管理层，县教育局的普通行政人员和科室股长，以及县国土资源局、规划局进行了调研，并多次在规划选址的不同区域进行实地调研。在调研的过程中，我们发现一个尴尬的现象：那就是新办高中影响最大的学生群体在调研中的反应。未来就读的是同县一中同龄的高中生，我们在访谈中对高二某班级的学生进行调研，在介绍了调研的目的后，我们提出问题"你希望新高中建在哪里？"接着就拿出了该县的县城规划地图。令人尴尬的是，这些高二的学生多数不知道县城的方位，甚至连自己所在的县一中也是花了好长时间才找到，至于我们提出的问题，多数同学都显得很茫然，不知道该选在哪里。进一步了解才发现，这些同学多数来自下面的乡镇，到县一中学习期间食宿都在校内进行，节假日直接回家，所以他们除了长途汽车站或者购买日常用品的小商品市场之外，没有去过县城的其他地方，对整个县城的地理环境、规划和方位基本没有概念。由于学校的封闭式办学，学生的日常学业、生活全部在学校里解决，基本不与周围的社区和环境发生联系，这导致学生在求学的过程中，对学校周围的环境有着相当的陌生感和隔离感。这种封闭式办学的一个直接后果就是，当面临类似新高中选址这样对高中生影响最直接、最大的问题，需要他们提供解决方案时，他们根本没有决策需要的资讯、直观的体验等信息。

这种封闭式办学导致的后果在我们对县教育局的股长进行调研时得到了反映。其中一位受访者认为，新建高中实际上设在任何地方都可以，距离县城足够远也没有问题，因为学生都是在学校里面活动，唯一需要考虑的就是任课教师回家是否方便，而这个问题完全可以通过学校班车来解决。实际上，不仅是高中，大学城也是如此。从封闭式办学我们很容易联想到全国各地的大学城办学方式，把新生放在与校本部相距甚远的远郊县，学生所有的学业、生活都在大学城内部进行，而不必同大学城之外的社区发生联系，教师往返的问题主要通过校车接送来解决。从幼儿园、中小学到大学基本上都是一种比较封闭的办学模式，这种封闭的办学模式割裂了学生同周围社区和环境的联系，加之目前的学习内容同学生日常生活环境没有太多直接关系，学生实际上丧失了培养情感、态度和价值观最直接有效的途径。

在《学校积极领导力》第三章中提到过一位人民大学的邱教授的外甥[1]，他是北大数学系一名很优秀的学生，却在没能去美国留学的情况下，不找工作，整天无所事事。为什么会出现这种情况呢？很重要的一个原因就是他是在封闭式办学的学校模式中成长起来的，学校的学习内容基本没有关于家乡的，关于学校所在县、市的真实环境的，关于当地的经济、政治、文化、地理、历史、生态各方面的；他学习的内容都是书本上的，没有直接的体验和经验作为基础的抽象知识，也就无法形成他对家乡、学校和周围环境的真实的情感、态度和价值观。

那么，如何改善目前这种封闭式办学的局面？我们在调研中发现，县规划局下有一个直属的规划馆，把该县的经济、文化、城市发展各个方面都进行了精彩纷呈的呈现，通过这个规划馆，其实是很容易了解该县的县情、规划发展情况的。然而，这么好的教育资源却不对外部公众开放，而是在政府公共事务接待时才能进入，我们也是由于参与了县政府的委托调研项目才有机会进入规划馆。笔者也是第一次进入政府规划部门的规划馆，此前，从来没有机会进入规划馆。所以，这次调研为改变封闭式办学提供了一个很好的方向，比如，建议全国各市县的规划馆应当向当地中小学校师生开放，作为校外的一个重要教育基地，不论是德育活动、校本课程或者综合实践课程，都可以借助像县规划馆这样的当地资源来开展。

在突破封闭式办学方面，研学旅行的方向也值得肯定。2016 年 11 月 30 日，教育部等 11 部门出台了《教育部等 11 部门关于推进中小学生研学旅行的意见》[2]，其中指出，"中小学生研学旅行是由教育部门和学校有计划地组织安排，通过集体旅行、集中食宿方式开展的研究性学习和旅行体

---

[1] 参见侯龙龙编著《学校积极领导力》（机械工业出版社，2017 年，44 页）。
[2] 参见《教育部等 11 部门关于推进中小学生研学旅行的意见》（http://www.moe.edu.cn/srcsite/A06/s3325/201612/t20161219_292354.html）。

验相结合的校外教育活动,是学校教育和校外教育衔接的创新形式,是教育教学的重要内容,是综合实践育人的有效途径。"也就是说,研学旅行被视作校外教育活动、综合实践活动。在研学旅行的具体开展上,这份意见要求:"各中小学要结合当地实际,把研学旅行纳入学校教育教学计划,与综合实践活动课程统筹考虑,促进研学旅行和学校课程有机融合……一般安排在小学四到六年级、初中一到二年级、高中一到二年级,尽量错开旅游高峰期。"也就是说,研学旅行同校内课程具有同等的重要性,要纳入"教育教学计划",在小学、初中、高中阶段都要开展;此外,"学校根据学段特点和地域特色,逐步建立小学阶段以乡土乡情为主、初中阶段以县情市情为主、高中阶段以省情国情为主的研学旅行活动课程体系"。小学、初中和高中的不同研学旅行内容,主要是针对学校的当地化、本地化的人文历史景观、自然资源景观进行的,小学阶段了解了学校周围的乡土乡情,初中阶段了解学校周围的县情市情,到了高中阶段就可以对省情和国情进行研学。这基本上是符合学生不同学段,随着年龄增长,学习内容由近及远的学习过程。

按照上述意见的要求,上面提到的县一中的高中生应该在初中学段就已经研学过该县的县情,甚至附近的市情,应该在征求新高中选址时很清楚县城的方位和规划;而在高中学段,学生应该对省情和全国国情进行研学。显然该县的县一中学生在初中阶段并未进行相应的县情市情研学,所以才会出现我们征求意见时的尴尬场面。如果各地中小学校能够认真履行实施教育部等11部门提出的研学旅行意见,以县市规划馆作为研学旅行的教育资源之一,那么上述问题应该会得到很好的解决。

当然,研学旅行、以规划馆作为教学资源只是打破封闭式办学的手段之一,开放办学还可以通过多种不同的方法来实现,关键取决于校长、教育行政主管领导能否坚持开放办学的理念。在《学校积极领导力探索》一书中提到的深圳明德实验学校在校长程红兵的带领下,开设针对深圳红树林公园的湿地课程,引入社会不同行业专家进入学校课堂教学等;卢安克在广西农村开展的华德福教育,将小学同所在村的公路、桥梁建设和森林生态保护密切联系等,都是开放办学的结果。

7.8 数学教育、数学竞赛与数学研究

选择这样一个题目,显然需要有一点"无知者无畏"的精神,毕竟笔者虽然从事教育学科的教学和科研工作,但一未从事过真正的数学学科教学,从中小学数学到大学数学都没有一线教学经验;二未参加过任何数学竞赛或竞赛辅导;三更不是数学领域的研究者。而之所以想讨论这个问题,一是因为数学教育和数学竞赛对中小学数学教学影响巨大;二是因为数学研究涉及学校积极领导力一个重要的话题,就是创造力。所以,这里从人本主义的角度,谈谈一个数学外行对这些问题的看法。

首先,笔者认为,数学教育、数学竞赛和数学研究在取向上是非常不同的,甚至可以说是三种不同的取向。今日数学教育中的种种问题,主要出在忽视自身取向,而以数学竞赛取向或研究取向来主导数学教学。数学教育和教学的取向应当是什么呢?从人本主义的角度看,就是从实践应用出发的数学教育取向,数学教育应当密切结合学生的学习、生活实际。其实,现在的 STEAM 教学中的数学,在某种程度上就是这种实践应用导向的体现。数学应该紧密结合学生生活中的实际,而不应当成为仅仅存在于课堂教材和黑板上的东西,以往的数学教学比较多的侧重在这种抽象的数学教学上,就像"黑板经济学"一样,是一种"黑板数学",它同真实世界发生的事情无关。目前,中小学新课程改革后的数学课程,相比之前有了很多改进,但是仍然存在很多问题,其中比较突出的就是"虚构"很多不存在的应用题,或者说的好听点就是"模拟""仿真"式的应用题。但是"模拟""仿真"的应用题同真实世界发生的题目是两回事,你在"模拟"飞机上驾驶飞机再熟练,也不意味着你马上就可以开真飞机。所以,在中小学数学课观课的过程中,发现比较多的问题是出在这个方面,像前面 7.6 提到的"为什么会有星期一",就是一个典型例子。因此,在数学教学方面,应当更多提供真实的应用题,以及学生身边的应用题。在数学

教育方面，尤其是小学阶段，应当主要是激发学生的数学兴趣，探究的意识。①

其次，数学竞赛和数学研究的关系。2017年北京大学数学科学学院教授许晨阳应IMO（国际数学奥林匹克竞赛）国家队教练熊斌之邀撰写的文章《平衡 成长 识别——数学竞赛与数学研究》对此有着专业的分析和讨论②，从一个数学家的角度看数学竞赛，又是受数学竞赛国家队教练邀请来写，其中的观点很值得玩味。许晨阳首先表明了自己对数学竞赛的了解程度，"从一个没有很强数学竞赛传统的中学里出来，和很多人比起来，我对数学竞赛的了解并不算非常深，进入大学之后的近20年，我对数学竞赛也基本只是一名旁观者。我唯一一次参加全国级别的数学竞赛是在1999年，作为入选冬令营的四川队最后一名通过冬令营考试，幸运地被选进了国家集训队。"③ 这个意思大概是想表明，他对数学竞赛的判断不具有专业性或者权威性。尽管如此，许晨阳还是谈了很多数学竞赛的积极面："数学竞赛和数学研究有很强的正相关性"，"很多人选择了其他工作，并取得了优秀的成绩，而在他们取得成就的各种素质中，数学竞赛培养出来的能力占有一个显著的位置"，"数学竞赛作为一种社会组织教育模式，最积极的一点是让很多对数学有兴趣的志趣相投的孩子，很早地共同处于一个团体之中，相互影响，产生良性竞争"，"反映了在全世界数学的精英教育中，有一种日渐增强的趋势，即把数学竞赛尤其是IMO作为选拔培养数学家的一个环节"。④ 在对IMO这样的竞赛做出积极肯定的同时，他也指出了竞赛中存在的问题："数学竞赛能够培养出的能力类型，只是做数学研

---

① 正是从人本主义的角度看，我们不能认同曾经两次获得IMO（国际数学奥林匹克竞赛）金牌，目前在广东第二师范学院任数学教师的付云皓对数学教育的理解，虽然在从事数学教师的师范教育，但他更多还是从数学竞赛的角度去理解数学教学工作。参见"奥数天才坠落之后"的报道（https：//baijiahao.baidu.com/s？id=1599411919065801915&wfr=spider&for=pc），以及付云皓本人的回应文章"奥数天才坠落之后——在脚踏实地处 付云皓自白书"（https：//zhuanlan.zhihu.com/p/36397449）。

② 参见许晨阳"平衡 成长 识别——数学竞赛与数学研究"（http：//www.sohu.com/a/126642605_223014）。

③ 参见许晨阳"平衡 成长 识别——数学竞赛与数学研究"（http：//www.sohu.com/a/126642605_223014）。

④ 参见许晨阳"平衡 成长 识别——数学竞赛与数学研究"（http：//www.sohu.com/a/126642605_223014）。

究的各种能力类型中的一（小）部分。我认识的一些优秀数学竞赛参加者，他们的共同之处是在某个时间节点上，自觉或者不自觉地认识到了数学竞赛的这种局限性，而选择了扩大自己的能力范围，为后来成长为杰出数学家奠定了关键的一步。所以，对于那些有兴趣参与数学竞赛的年轻人，一定的训练对于数学研究是有益的，但是过度的训练就往往过犹不及，事倍功半，在能力和心理上阻碍了其他数学能力的发展。"这部分观点，笔者以为更为关键，因为这部分观点更多是从数学家的专业角度发表见解，而前述很多观点是社会经验的角度。然而，问题是在数学竞赛中，什么是"一定的训练"，而什么又是"过度的训练"？如何判断参加的数学竞赛是否是适度的训练？这恐怕没有标准。那我们来看看许晨阳在国家集训队的训练是不是适度的训练："在我自己的经验中，我很清晰地记得，自己正是在1999年的国家集训队一个月的训练里，逐渐开始意识到那个时候的我，已经获得了数学竞赛能给予我的所有东西，需要朝着下一个目标前进。"① 而在此之前，2013年许晨阳在接受求是科技基金会专访时，则对当时国家队的集训有着更为详细的描述②：

  对于"这样参加数学竞赛的经历对你的职业选择，后来的学习等起到了什么样的影响？"这一提问，许晨阳的回答是："冬令营的最大作用就是让我进入了北大数学系。等我进入集训队之后，实际上对数学竞赛已经失去兴趣了，因为在集训队就是不停地做题，感觉挺无聊的。那个时候，每两到三天就要考试，一共大概要考十次试。所以我后来反而把时间用来学英语了，也看了看高等数学。"当被问到"集训班里有没有老师辅导？怎么给你们上课？"时，许晨阳答道："有老师，但主要是辅导我们怎么做题。其实我觉得集训班是个蛮好的机会，应该有老师来给我们这些孩子讲讲现代数学的观念，给我们介绍竞赛以外的东西。好像有那么一两个老师讲过这方面的内容，但是大多数老师就是训练你做竞赛题。"对于"与其让你们这些人天天做题，是不是应该专门为你们办个数学夏令营？"这个问题，许晨阳回答："我知道苏联就是用这种渠道培养了很多数学家，他

---

  ① 参见许晨阳"平衡 成长 识别——数学竞赛与数学研究"（http：//www.sohu.com/a/126642605_223014）。

  ② 参见"像运动员一样的数学家——采访北京大学许晨阳教授"（http：//www.qiushi.org/html/qiushihome/press/interviews/2014/0303/210.html）。

们的奥数训练就是让他们最好、最成功的数学家来给学生讲课。中国的奥数训练主要是讲题，当然那些老师也许也是好的数学家，但从效果上看，中国学生在集训队里接触最多的是解题技巧，而不是数学思想。而实际上真正的现代数学思想和解题是完全不同框架的东西。"① 从上述问答中可以看出，国家冬令营集训队对许晨阳本人而言，已经属于过度训练，而不是"一定的训练"。不然，他不会在集训队里"学英语""看高等数学"。而且，他觉得国家集训队应当学习苏联的做法，让"最好、最成功的数学家"来给同学们讲授"现代数学的观念""现代数学思想"这些"竞赛以外的东西"，而不是现在这样"训练你做竞赛题""讲题"。因此，在许晨阳应国家队教练之邀撰写的文章中，也提出了这样的建议："我建议对数学竞赛佼佼者进行更全面的教育，把数学竞赛视为整个科学甚至文化教育的一部分，我相信这对他们漫长的人生之路而言，是更有益的教育方式。自然这也对数学竞赛教育者提出了更高的要求，但我想如果把数学竞赛教育的目的定位在取得成绩的同时，让学生通过数学竞赛的学习，而最终跳出数学竞赛，逐渐理解数学作为人类文化里'自由的艺术'的价值，那么这种教育才不会陷入功利的责难而让自身更有生命力。"②

显然，数学竞赛的导向和数学研究的导向是非常不同的，那么，为何我们不能以一种数学研究导向的夏令营来取代数学竞赛的选拔呢？实际上，目前暑期在各大高校进行的中学生暑期夏令营，作为自主招生考试的提前选拔，更多都是以所在高校专任教师的学术报告和交流为主，其导向也主要是学术研究取向的。相比较而言，中学生暑期夏令营在招生、自主招生中所起的作用远远弱于奥赛，这才是数学选拔的问题所在。

最后，我们所说的数学教育被数学竞赛和数学研究的导向所干扰、影响是什么意思呢？在中小学的数学教学中，奥数的干扰和影响巨大，人所共知，这里不必赘述。这种干扰的结果就是解题技巧、刷题成了数学教学的主要目标，数学的探究意识、数学兴趣往往成了牺牲品。而数学研究导向对数学教育的影响主要体现在高中和大学阶段。为什么说数学研究对数

---

① 参见"像运动员一样的数学家——采访北京大学许晨阳教授"（http：//www.qiushi.org/html/qiushihome/press/interviews/2014/0303/210.html）。

② 参见许晨阳"平衡 成长 识别——数学竞赛与数学研究"（http：//www.sohu.com/a/126642605_223014）。

学教育也是一种干扰？因为即使在大学数学专业，从毕业生最终的职业去向看，多数学生是不会从事数学的学术研究的，那么大学本科的数学教育为何要以少数、个别学生的未来学术取向作为全体学生的培养目标呢？原因出在我们的精英教育目标上，总是以少数人的去向作为整体的培养目标。那么合适的大学数学教育应该是什么？笔者以为，对多数将来不从事数学学术研究的学生来说，到底需要掌握什么程度的数学，具备什么样的数学素养，这些问题应该由各界人士一起来讨论，而不是几位大学数学教授或院士专家来决定。不论大学数学素养应当是什么，它显然不同于一个未来从事数学学术研究的学生应当具备的素养。

后　记

从 2017 年 4 月出版《学校积极领导力》到 2018 年 6 月出版《学校积极领导力探索》，再到本书《学校积极领导力评论》，笔者出版了三部有关"学校积极领导力"的主题图书。出版过程中一度有同事疑问"你这不是同一本书吗？"，连我自己也惊讶，在不重复的情况下，怎么会有那么多的文字内容可以用来探讨同一个主题？这同人本主义的思想和教育实践的多样化有关。人本主义的思想并不复杂，从亚伯拉罕·马斯洛、道格拉斯·麦格雷戈、卡尔·罗杰斯等创立人本主义思想流派，至今几十年的时间过去，人本主义的思想并没有大的突破和进展。而在学科层面，积极心理学、积极组织行为学和积极组织心理学，以及创造力研究等大放异彩，这些学科由于兵强马壮、经费充足，在学科的知识累积上进展很快，国际同行中心理学系和商学院的研究都在不断推进。在教育领域，积极教育的发展也相当迅速，积极心理学在学校教育中的应用越来越得到重视，在国际和国内的积极心理学会议上，都进行了积极教育的主题学术研讨。

然而，在教育管理、学校管理、学校领导力领域，有意识地应用人本主义的思想，以积极心理学、积极组织行为学和积极组织心理学、创造力研究等为工具和基础，进行自觉的专业性学术研究，在国际和国内学术界都还不多见。从某种意义上说，"学校积极领导力"是一块尚待开发的处女地，这就意味着这一领域存在着大量有待不断探究和开拓的研究主题和问题。这也是为什么笔者在对教育现象进行分析和讨论时，总是感觉要言不烦，有话要说。

此外，以"学校积极领导力"为主题的三部作品的写作，也受到了榜样的激励。北京作家冯唐在经商的同时，兼职写作，三个年假完成一部小说，感觉"欠老天十部小说"。清华大学政治学副教授刘瑜，政治随笔和评论不断，从《民主的细节》《送你一颗子弹》到《观念的水位》，同时业余爱好还写小说。这些同龄人的创造力，不仅是笔者研究的对象，更是榜样的示范，激励着笔者在"学校积极领导力"这一领域不断前行。

忽然想起作家贾平凹的一本书《自在独行》，独行需要自在，前提就是独行和独行的方向是你自己选择的结果，而不是"乘势而上"或者"不得不"如此。

侯龙龙

2018 年 7 月 8 日于西二旗